Lesereise 10

Neubearbeitung für Gymnasien in Bayern

Herausgegeben von Hans Holzbauer
Bearbeitet von Hans Holzbauer
Heinrich Pleticha
Karl Pörnbacher
Hermann Stadler
Ricarda Winterswyl
Beratung: Barbara Bondy

Mit Bildern von Friedrich Hechelmann

1. Auflage   Druck 4 3 2 1   Jahr 98 97 96 95

Alle Drucke dieser Auflage können im Unterricht nebeneinander
verwendet werden.

Druck: Fürst & Sohn, Berlin

ISBN 3-464-04656-7

Bestellnummer 46567

 gedruckt auf säurefreiem Papier, umweltschonend
hergestellt aus chlorfrei gebleichten Faserstoffen

Man muß nie denken, dieser Satz ist mir zu schwer, der gehört für die großen Gelehrten, ich will mich mit den andern hier beschäftigen. Dieses ist eine Schwachheit, die leicht in eine völlige Untätigkeit ausarten kann. Man muß sich für nichts zu gering halten.

Georg Christoph Lichtenberg

Inhalt

3 Nachdenkliches über die Welt der Medien   66

4 Verfolgung – Widerstand – Exil   84

„Juden unerwünscht"   86

5 Thema „Liebe"   112

1
„Sprache auf dem endlosen Weg zum Hause des Nachbarn"

„Das Wunder der Natur / das überweise Thier / hat nichts das seiner zungen sey zugleichen", schreibt der Barockdichter Andreas Gryphius und stellt damit die Sprache als ein besonders bedeutendes Merkmal des Menschen heraus. Er zeigt, wie sie der Mensch gebraucht, die Welt zu „entdecken", wie er sie aber auch mißbraucht, indem er, ihre Schärfe, ihr „Gift" benutzend, „Haß" und „Zank" hervorruft. Diese Vorstellung von der Souveränität des Menschen über die Sprache macht Rhetorik möglich. Sie analysiert und verwendet die sprachlichen Mittel, mit deren Hilfe der Mensch andere überzeugen oder überreden zu können glaubt. Seit der Mitte des 18. Jahrhunderts steht diese Rhetorik in Deutschland in enger Verbindung zur Literatur. Christian Fürchtegott Gellert ist Professor für Beredsamkeit, Poesie und Moral in Leipzig und lehrt die Regeln, die geeignet scheinen, „Die Welt zu überreden, ihr zu gefallen, sie zu rühmen". Schiller steht in einer Tradition, wenn er innerhalb seiner Dramen Formen und Wirkungen von Reden auf die Bühne bringt. Die Rede des Fiesco ist ein Beispiel. Besonders aufschlußreich hat Walter Jens die Möglichkeiten einer rhetorischen Inszenierung dargestellt. Dagegen wirkt Dürrenmatts Bürgermeister in der Tragikomödie „Besuch der alten Dame" schon fast „normal" schlitzohrig. Loriots satirische „Bundestagsrede" – vor dem Hintergrund des Chorlieds von Gryphius gesehen – „ertränket", aber „tränket" nicht mehr (V. 43). In ihr steckt auch Skepsis der Sprache gegenüber. Das 20. Jahrhundert ist sich der Fähigkeit des Menschen, sich ihrer Mittel zu bedienen, nicht mehr sicher. „Für gewöhnlich", sagt Hofmannsthal, „stehen nicht die Worte in der Gewalt der Menschen, sondern der Mensch in der Gewalt der Worte".

Die für Gryphius noch selbstverständliche Übereinstimmungen der Benennungen mit den Dingen ist nicht mehr gegeben. Das Leiden am Sprachverbrauch trifft am deutlichsten die Dichter. Bobrowski und (auf andere Weise) Enzensberger lassen sich unter diesem Aspekt verstehen, aber auch Gomringer, wenn unter dem Eindruck abgegriffener Formen Neues notwendig scheint. Wie man Gomringer (und auch Morgenstern) lesen lernen muß, zeigt Gerhard Kaiser. Neben dem Dichter ist der Journalist vom Verbrauch der Sprache besonders betroffen. Wie kann man das Entsetzliche sagen, das in unserer Zeit geschieht? Nicolas Borns Reporter Laschen scheitert daran.

Auch unter anderem Aspekt gewinnt Gryphius' Chorlied Bedeutung. Ist der Mensch noch *das* „überweise Wesen"? „Werden wir die Sprache der Computer sprechen?" fragt Hans Maier. Die Antworten, die die Texte geben, können eine Diskussion in Gang setzen, die heute besonders wichtig erscheint.

schweigen schweigen schweigen
schweigen schweigen schweigen
schweigen   schweigen
schweigen schweigen schweigen
schweigen schweigen schweigen

Eugen Gomringer

Andreas Gryphius

Reyen* der Höfflinge

Satz

Das Wunder der Natur / das überweise Thier
Hat nichts das seiner zungen sey zugleichen
Ein wildes Vieh' entdeckt mit stummen zeichen
Deß innern herzens sinn; mit worten herrschen wir!
5 Der Türme Last / vnd was das Land beschwert.
Der Schiffe baw' / vnd was die See durchfährt /
Der Sternen grosse krafft /
Was Lufft vnd flamme schafft /
Was Chloris* läst in ihren gärtten schawen /
10 Was das gesetzte Recht von allen Völckern wil.
Was Gott der welt lies von sich selbst vertrawen;
Was in der blütte steht was durch die zeit verfiel
Wird durch diß werckzeug nur entdecket.
Freundschafft / die todt vnd ende schrecket /
15 Die Macht / die wildes Volck zu sitten hat gezwungen /
Deß Menschen leben selbst beruht auf seiner zungen.

Gegensatz

Doch / nichts ist das so scharff / als eine zunge sey!
Nichts das so tief vns arme stürzen könne.
O daß der Himmel stumm zu werden gönne!
20 Dem / der mit worten frech; mit reden / viel zu frey;
Der städte grauß / das leichen volle feldt /
Der schiffe brand / das Meer durch blutt verstellt.
Die Schwarze Zauberkunst /
Der eiteln Lehre dunst /
25 Die macht durch gifft / den Parcen vorzukommen:
Der Völcker grimmer haß / der vngehewre Krieg.
Der zanck der Kirch' vnd Seelen eingenommen /
Der Tugend vntergang / der grimmen Laster sieg /
Ist durch der zungen macht gebohren:
30 Durch welche Lieb vnd trew verloren.
Wie manchen hat die Zung' in seine grufft gedrungen!
Deß Menschen Todt beruht auf jedes Menschen zungen.

Zusatz

Lernt / die jhr lebt / den zaum in ewre Lippen legen!
In welchen heil vnd schaden wohnet /
Vnd was verdammt / vnd was belohnet.   35
Wer nutz durch wortte such't / sol jedes wort erwegen.
Die Zung ist dieses Schwerdt
So schützet vnd verletzt.
Die flamme so verzehrt.
Vnd eben wohl ergetzt.   40
Ein Hammer welcher bawt vnd bricht /
Ein Rosenzweig / der reucht vnd sticht /
Ein strom der trâncket vnd ertrâncket:
Die Artzney welch' erquickt und krâncket,
Die bahn: auf der es offt gefehlet vnd gelungen.   45
Dein Leben / Mensch / vnd todt hâlt stâts auf deiner Zungen.

„WÖRTER LEICHT WIE PAPPELSAMEN“
SPRACHSKEPSIS UND SPRACHVERSAGEN

Gerhard Kaiser

Konkrete Poesie beispielsweise

Der folgende Text von Eugen Gomringer[1] (*1925) gehört der sogenannten Konkreten Poesie an, deren Name auf die Analogie von Denkstruktur und Zeichenstruktur im konkreten Sprachgebilde weist[2] – also auf die Zeichenhaftigkeit des Buchstabengefüges selbst:

5

               schweigen schweigen schweigen
               schweigen schweigen schweigen
               schweigen   schweigen
               schweigen schweigen schweigen
               schweigen schweigen schweigen

10 [...] Die Frage nach dem Verhältnis von Ich, Du und Welt in der Sprache ist erloschen; Ich, Du und Welt kommen im Text nicht mehr vor. Gomringer versteht ihn als Information[3], d. h. Mitteilung ohne Meinung, Sinn, Stimmung, Individualität, Ausdruck. Nach Person- und Sachbezug dieses Textes zu fragen, wäre ebenso verfehlt wie die Frage an eine den Verkehr regelnde Lichtampel, warum ‚rot‘ das Haltesignal und ‚grün‘ das Bewegungssignal ist, welche Beziehung sie zwischen den Menschen oder welche Beziehung des Menschen mit sich selbst sie herstellt. Die Verkehrsregelung durch die Ampel funktioniert gerade deshalb, weil die reine Konventionalität des Zeichens jede Sacherkennung oder Sacherinnerung erübrigt und weil es in seiner Personen- und Situationsneutralität an die Stelle der Kommunikation tritt. Schon die Straßenverkehrsordnung hat ihre Wirksamkeit darin, daß sie den Menschen nur in seiner Eigenschaft als Verkehrsteilnehmer anspricht – unabhängig von Alter, Geschlecht, Gesundheitszustand, Charakter, Stimmung usw. Die Verkehrsampel erübrigt darüber hinaus der Idee nach noch die flüchtigste Kontaktaufnahme und Verständigung über die Situation zwischen den am Verkehr Beteiligten. Sie reduziert den Verkehrsteilnehmer für den Augenblick, in dem er unter ihrer Regelautomatik steht, auf die abstrakte Funktion, ihrem Signal folgend regelmäßig zu funktionieren.

So Gomringers Text. Ein Erlebnisgedicht Goethes stellt, indem es die Seele zur Sprache bringt, höchste Erlebnisintensität her; ein Gedicht wie Heines „Seegespenst*“ denunziert Leben als Literatur.

Alles das ist aus Gomringers Text verschwunden, der nur in seiner Buchstäblichkeit als Struktur erscheint. Wo bei Goethe die Vögelein im Walde schweigen, spricht sich eine innere Stimme, ein Hauch, dem Verstummen zu. [...] Wenn

Christian Morgenstern in „Fisches Nachtgesang"[4], der schönsten Parodie des
zweiten „Nachtliedes*" von Goethe, an die Stelle des Gedichts mit seinem
ausdrucksvollen Spiel von Metrum und Rhythmus ein kahles metrisches Schema
stellt – noch dazu ein sprachlich unrealisierbares –, dann macht er wenigstens
einen Witz, indem der ‚Gesang' durch die metrischen Zeichen an die Metrik als   5
Sparte der Poetik und durch die Überschrift sowohl an die lyrische Tradition wie
an das zoologische Grundwissen appelliert, daß Fische nicht zu singen pflegen:

‒

◡ ◡

‒ ‒ ‒   10

◡ ◡ ◡ ◡

‒ ‒ ‒

◡ ◡ ◡ ◡

‒ ‒ ‒

◡ ◡ ◡   15

‒ ‒ ‒

◡ ◡ ◡ ◡

‒ ‒ ‒

◡ ◡

‒   20

Ganz abgesehen davon, wie hier Erlebnis in die einfachsten, oppositionellen
Elemente von Schrift (Strich und Bogen), Ausdruck in Formel, Individuum in
Regel, Akustik in Optik umschlägt; abgesehen davon also lädt das Schema zu
Bildassoziationen ein – seien es geöffnete Fischmäuler unter einem Wasserspie-
gel, sei es – wenn man das Gebilde um neunzig Grad kippt – der Schuppenleib des   25
Fisches selbst. All das wäre nicht witzig, unterliefe Morgensterns „Nachtgesang"
nicht eine *gültige* Norm dessen, was ein Gedicht ist. Es ist eine Norm, der sich
Morgenstern – als Dichter der „Galgenlieder*" ein Galgenstrick – als lyrischer
„Gottsucher" mit weihevollen Aphorismen über Kunst zuordnet: „Neue Dichter
seh ich kommen, nach innen den Blick gerichtet – – –."[5] Bei Gomringer dagegen   30
ergeht nicht einmal eine Aufforderung zum Lachen; der Text erinnert an nichts.
Er enthält keinerlei Gebrauchsanweisung, außer daß er nichts als gelesen sein
will, weil seine Anordnung um ein Loch im Schriftgefüge nicht lautlich vergegen-
wärtigt werden kann. Da aber Schweigen als Tatbestand nicht lesbar ist, sondern
nur als Buchstabenfolge, wird es vom Text ebenso unausdrücklich wie nach-   35
drücklich als Tatbestand ausgeschlossen. Vorbei die Übersetzung von Seele in
Sprache, Sprache in Schrift, Schrift in ‚innere Stimme'; vorbei die Bilder, die
Vorstellungs- und Sinntiefe enthielten, keine Spannung auch zwischen Bild und
Seele, Sache und Bedeutung. Das einzige „Bild" ist das Schriftbild, die Typogra-
phie. [...] Schweigen ist nicht das Gegenteil von Stimme; es ist das Wort für die   40
Lücke im typographischen Gefüge; die Lücke im typographischen Gefüge ist

kein Ausdruck des Schweigens, sie ist die pure Opposition zum Bedruckten. In ihr führt sich vor, was Druck ist und was die Lesbarkeit von Gedrucktem ausmacht: so wie dieser weiße Fleck entsteht durch seine bedruckte Umgebung, so entstehen Druckbilder von Wörtern im Außenverhältnis durch Wortabstände und im Innenverhältnis durch Buchstabenabstände, wobei die Buchstaben ihrerseits durch die umgebende weiße Fläche definiert sind und diese definieren. Strikt auf dieses binäre Schema sind die Texte Gomringers durch universale Kleinschreibung und Auslassen der Interpunktion reduziert. Großschreibung von Substantiven würde Tätigkeiten von Zuständen unterscheiden und damit in den Text als außertextuelle Referenzen einführen; Interpunktion und Großschreibung der Satzanfänge würde Wortbestände zu übergreifenden Einheiten gliedern. Kurrente Schrift würde neben Buchstaben und Abständen zwischen ihnen eine dritte Größe einführen: Buchstabentrennung oder -verbindung. Schreibmaschinenkleinschrift ist noch einfacher als die Verkehrsampel mit drei Farben. Gomringer vollzieht den Durchstoß zum Technischen der Schriftherstellung in seinem Grundbestand. [...] Text ist autonym* geworden, und die Autonymie vollendet sich in der Titellosigkeit, denn jeder Titel gibt Leseanweisungen, die über die Anweisung: du sollst das lesen! hinausgehen. Die Verkehrsampel

René Magritte (1898–1967): La Trahison des Images, 1948 (Der Verrat der Bilder)

vermittelt Informationen; Gomringers Text vermittelt die Information, was Information ausmacht. Das Medium ist hier in der Tat die Botschaft.

Hinter Signifikanten* ohne Signifikat* sind Welt und Mensch vergangen, ohne Andeutungen zu hinterlassen, wohin. Es besteht bei dieser konkreten Poesie eine Verwandtschaft zur modernen Musik und zur modernen bildenden Kunst, soweit alle drei nichts außer ihrem Material thematisieren und reflektieren. Innerhalb dieser Verwandtschaft aber ist eine Steigerungsreihe anzusetzen, da Töne, Farben und Formen schon aus sich selbst Gestimmtheiten und Bedeutungsanklänge im Menschen hervorrufen, Buchstabenserien aber nicht. Dieser Unterschied wird besonders deutlich an den Übergängen zwischen konkreter Poesie und bildender Kunst, die darin bestehen, daß sich bei Buchstaben und Buchstabenfolgen der Akzent von der Zeichenfunktion innerhalb des Alphabets zur Bildfunktion verschiebt.

Eugen Gomringer hat seine konkrete Poesie als Aufruf zur Konzentration, Sparsamkeit und Schweigen, als Beitrag zu einer neuen Ganzheitsauffassung bestimmt[6], aber verifizierbar am Gebilde ist diese Absicht nicht. Eben weil der Text nichts ist als er selbst, kann man keine und jede Relation zu ihm herstellen, alles und nichts mit ihm machen, alles und nichts in ihn hineinlesen. Er fordert an sich selbst zu nichts auf und leistet gegen nichts Widerstand, aber es gleitet auch alles von ihm ab. Mögen die von Bedeutung befreiten Menschen spielen, mögen die von Bedeutung verlassenen Menschen verzweifeln, mögen die von bedeutungslosen Informationen überschwemmten Menschen protestieren, mögen sie überhaupt verschwinden – der Rest ist jedenfalls
schweigen.

Anmerkungen

[1] Text zit. nach: konkrete poesie. Deutschsprachige autoren. Anthologie von eugen gomringer. Stuttgart 1972. S. 58. Erstveröffentlichung in: worte sind schatten. Reinbek 1969.

[2] Eugen Gomringer: konkrete poesie. Ebd. S. 159f.; dort S. 160.

[3] Ebd. S. 159. Er unterscheidet dabei allerdings nicht zwischen Information und Kommunikation.

[4] Christian Morgenstern: Alle Galgenlieder (Erstveröffentlichung 1905). Wiesbaden 1956. S. 31.

[5] Ders.: Stufen. Eine Entwickelung in Aphorismen und Tagebuch-Notizen. München 1918. 81-86. Tausend 1949. S. 39.

[6] Eugen Gomringer: vom vers zur konstellation. In: konkrete poesie. S. 153–158; dort S. 156 konkrete dichtung. a.a.O. S. 160. Zum sprachtheoretischen Zusammenhang von Gomringers Lyrik siehe Günther Saße: Sprache und Kritik. Untersuchungen zur Sprachkritik der Moderne. Göttingen 1977. S. 24–37.

Nicolas Born

... und nichts als die Wahrheit?

*Nicolas Born (1937–1979)
veröffentlichte 1965 seinen ersten
Roman („Der zweite Tag“), den er
später nur als „Versuch“ gelten lassen
wollte. Schon dort wird ein wesentliches
Anliegen seiner Kunst sichtbar: zu
erforschen, inwieweit persönliche
Wahrnehmung und Beschreibung
übereinstimmen. Individuelle
Erfahrung ist für ihn auch der
wichtigste Inhalt seiner Hörspiele (z. B.
„Innenleben“, 1970) und Gedichte
(z. B. „Das Auge des Entdeckers“,
1972).*

*Erst 1976 wagte Born einen zweiten
Roman („Die erdabgewandte Seite der
Geschichte“), von dem der Kritiker
Marcel Reich-Ranicki meinte, er
enthalte „das Aroma dieser (d. h. der
68er) Jahre“.*
*„Die Fälschung“ ist Borns dritter
Roman (1979). Er wurde auch verfilmt.
Der Zeitungsreporter Georg Laschen
reist im Januar 1976, begleitet von dem
Photographen Hoffmann, nach Beirut,
um, unterstützt von der*
*Botschaftsangestellten Ariane, über den
Libanonkonflikt, v. a. die politisch
sinnlosen Greuel und Massaker der sich
bekämpfenden Gruppen (Christliche
Milizen, Palästinenser Arafats,
Muslims, Drusen), zu berichten.
Während Hoffmann unberührt seinen
Auftrag erfüllt, empfindet Laschen
seine Tätigkeit mehr und mehr als
unzulänglich und die scheinbare
Sachlichkeit dieser Dokumentation als
„Fälschung“.*

Den Nachmittag verbrachte er in seinem Zimmer. Die Notiz für Hoffmann hatte noch in dessen Fach gesteckt, als er vom Essen zurückkam. Mit Ariane war ausgemacht, daß er sie am Abend anrief, wenn es nicht schon zu spät wäre, sonst eben morgen.

5 Während er schrieb, die Informationen aus dem Fernschreiber, der Zeitung und aus dem Gespräch mit Ariane beim Essen in die Kladde übertrug, dachte er an Greta und die Kinder. Mühevoll kamen die Vorstellungen zustande, und er mußte nachrechnen, so unglaubhaft kam es ihm vor, daß er sie erst vorgestern verlassen hatte, erst nach dem Mittagessen den Koffer gepackt, wobei sie ihm

10 half, auch ein paar Kleidungsstücke wieder herausnahm, um sie erst einmal richtig zu falten. Sie hatte eine lange Strickjacke angehabt, darunter eine rote Bluse, die oben aufgeknöpft war, so daß er, wenn sie sich bückte, ihre Brüste sah.

In der Diele putzte er die Schuhe, die er mitnehmen wollte, und die Kinder beobachteten ihn wie bei etwas Verbotenem. Sie stand wieder mit verschränkten Armen über ihm. Ihr sei kalt. Sie ging mit den Kindern in die Küche, wo er sie oft gegen die Heizkörper gelehnt stehen sah.

Schon im Mantel, hatte er auf dem Küchenboden gehockt, mit ausgebreiteten Armen, in die hinein sich die Kinder mit einem Jubelgeschrei stürzten. Greta rauchte nervös, und sie sah sehr gespannt aus und abwesend.

Genau kam er nicht hinter seine Gefühle für die Kinder. Deren ahnungslose Gesichter machten ihn nur manchmal betroffen, daß sie schutzlos Dinge erleiden würden, Ungerechtigkeiten spüren sollten. Wieso? Wenn er sie schlafen sah, war ihm ganz heroisch zumut, es kamen ihm auch dumme Vorstellungen, wie er sie retten, was alles er für sie tun würde. Aber das waren nur solche Gelegenheiten, Anfälligkeiten, die er ergriff, Zuneigung rundum zu verteilen, so ein bißchen war das nur, aus sicherer Entfernung, keine richtige Liebe, keine wahre Verantwortlichkeit, eben nur Zuneigung, wie sie ihm kam und mit der er sie leicht ganz verfehlen konnte. Vielleicht waren sie ihm hineingeraten in die Liebesmühe, die er sich, genußvoll und schmerzlich, mit Greta machte. Und Greta konnte nicht wissen, daß ihn, wenn er weit weg war, Anfälle von Treue geradezu schüttelten, nein, Treue war nicht ganz richtig, es waren Anfälle von Hilflosigkeit ohne sie, richtig, und deshalb auch von Sehnsucht, wenn die Entfernung von ihr ihn sich selbst ganz unverständlich machte, mehr noch als sowieso immer seit Jahren, verheerender. Er rettete sich dann, versuchte es wenigstens, mit dem Gesicht irgendeiner Frau von der er nichts wußte, mit ihrem Haar, die Haut, das Lächeln, meist in irgendeiner Bar, auch wenn Hoffmann dabei war. Da waren ein paar Frauen, die man wenigstens sehen konnte, die wenigstens nicht woanders waren. Er sah sich schwer, mit einem Ausdruck erstarrter Offenheit in dunklen, plüschbezogenen Räumen sitzen. Er nahm Greta in die Arme und drückte sie so lange fest an sich, bis die Kraft in den Armen erschöpft war. Sie übertrieb das Luftholen danach.

Das Körperliche, Körperhafte war dennoch nicht das, was ihm dieses stille, langanhaltende, weiche, flaue Entsetzen in den Bauch und in den Kopf zugleich hineintrieb, obwohl er da nicht ganz sicher war. Wahrscheinlicher waren das die Verbindungen von außen, Berührungen, Wörter, die sie mit hereinschleppten, an sich trugen, die sie sich gegenseitig vorsetzten und vorenthielten. Die Kinder wiederum hatten den Geruch von Kindern, etwas Süßes und Mehliges an sich, etwas Kaltes und Warmes, den Geruch von anderen Kindern, von frierenden Gesichtern, wenn sie langsam warm werden. Er zog sie an sich, alle drei, drängte sich an sie und wollte etwas Bedeutendes verschwenderisch über sie ausgießen.

Er schrieb „Haufen Menschenknochen am Strand… Es waren Menschen, die von anderen Menschen ermordet, mit Benzin übergossen und verbrannt worden sind." Dutzende Menschen verschwänden täglich. Ein Menschenleben sei nur noch etwas wert als Tauschobjekt, und es sei auch etwas wert als Mordopfer

der Revanche für andere Mordopfer. „Kein Zweifel, daß die Tiger-Miliz von Chamoun*, die Falange* und die „Wächter der Zeder"* diese Methoden am perfektesten ausüben. Geschulte Mordbrenner. Dagegen nehmen sich die Gegenaktionen der Muslims wie verzweifelte, kurzatmige und desorganisierte
5 Rachezüge aus. Anders die Palästinenser, deren Lager, jedenfalls die im östlichen Beirut, umzingelt sind und allnächtlich beschossen und bombardiert werden. Sie gehen gegen ihren Feind kaum weniger gnadenlos vor als die Christen, um so gnadenloser, je auswegloser ihre Lage wird, und ihre Lage wird zusehends aussichtsloser."
10 Er wollte das alles ganz anders formulieren, er beruhigte sich für vorläufig, dies hier sei ja nur erst Rohmaterial, Fakten, Ansätze von Kommentar. Er schrieb „Karantina und Maslakh, die Muslim- und Palästinenserslums sind belagert und liegen unter teilweise, zeitweise heftigem Beschuß. Im Gegenzug sind Muslims, Palästinenser und Drusen dabei, die Christenstadt Damur (20 km südl.)
15 abzuriegeln . . ."
Es konnte so nicht überzeugen, ihn nicht und niemand anderen. Er mußte in die Berge hinauf, um das brennende Karantina zu sehen, um schreiben zu können: „das brennende Karantina". Er wählte Hoffmanns Nummer. Hoffmann war noch nicht da. Er rief die Botschaft an und verlangte Ariane. Ob man abends mit
20 dem Taxi nach Baabda oder Djaide fahren könne. Ariane sagte, sie glaube das nicht, kein Fahrer fahre am Abend durch die Altstadt, und auch die Rue Damas zu überqueren, sei Selbstmord. Es gebe nur eine Möglichkeit, bei Tage in die Berge zu fahren und am nächsten Tag erst zurückzukehren.
Er rief die PLO*-Zentrale an und ließ sich mit Mahmud Khaleb verbinden. Seit
25 wann er wieder in Beirut sei, seit gestern? Gut, schreiben Sie, schreiben Sie alles, was die Faschisten in Karantina machen, in Maslakh, in Dbyie. Wollen Sie neue Informationen? Ich schicke sie Ihnen. Wo wohnen Sie? Unsere Leute werden getötet, unsere Frauen und Kinder. Wir haben in den Lagern keine Medikamente mehr, kein Blutplasma, nicht einmal einfachen Verbandsstoff.
30 Ja, schicken Sie mir Material, sagte Laschen. Er war von der Stimme ergriffen, die ruhig und erregt war, gedämpft und heiser. Er hatte Khaleb ein paarmal gesehen und konnte sich gut vorstellen, wie diesen Mann in der Zentrale die Meldungen langsam töteten. Laschen sagte, er könne ja nicht einseitig schreiben, müsse objektiv schreiben, ja ja, natürlich, was ist schon objektiv, und selbstver-
35 ständlich sei er persönlich nicht neutral, seine Meinung vielmehr parteilich, aber die Meinung sei eine Sache, des Kommentars und der Bewertung nämlich, eine andere Sache sei der Bericht, Sie wissen das doch, Herr Khaleb. Er fragte, wie die Aussicht sei, ein neues Interview mit Arafat zu bekommen, aber Khaleb wich aus. Er wollte weder sagen, Arafat sei da, noch er sei nicht da, weder es sei
40 möglich, noch nicht möglich. Ich schicke Ihnen erst einmal das Material. Sie sind im Commodore. Gut. Ein Interview vielleicht, wenn Sie länger bleiben.
Ist es möglich, am Abend nach Karantina zu kommen?
Da müssen Sie die Faschisten fragen.

Laschen ersetzte immer, auch in der wörtlichen Rede, die Bezeichnung *Faschist*
durch *Falangist*. Khaleb hatte aufgelegt. Laschen wollte erst einmal abwarten,
was Hoffmann meinte, wohin sie sich heute abend wagen sollten. Er betrachtete
den Brief an Greta, wählte entschlossen die Nummer der Vermittlung und fragte,
wie lange man auf eine Verbindung nach Deutschland warten müsse. Der Mann   5
sagte ihm, es sei aussichtslos, man müsse froh sein, wenn einmal das Ortsnetz
funktioniere. Greta betrachtete sicher wieder ihre Fotos von arbeitslosen Werftarbeitern, oder war das Thema längst abgeschlossen? Was war an den Fotos von
arbeitslosen Werftarbeitern nicht in Ordnung? Das Problem Arbeitslosigkeit?
Schön, Arbeitslosigkeit war nicht in Ordnung. Vielleicht waren alle Fotos von der 10
Wirklichkeit nicht in Ordnung, falsch, alle Sätze über die Wirklichkeit falsch. Es
passierte dabei etwas mit der Wirklichkeit, mit den Gesichtern der Arbeitslosen,
mit dem falschen Auge, dem verdrehten, das die Bilder aufnahm, mit den bösen
verdrehenden Beschreibungswörtern, die etwas herstellten, wie sie damit etwas
verschlimmerten und auch verbesserten, nebenbei andeuteten, ob und wie noch 15
Geschäfte zu machen seien in jener (jener!) Wirklichkeit. Oder, wenn Leute
keine Geschäfte in jener Wirklichkeit zu machen hätten, ihre Nerven zu beschäftigen mit rasanten Einübungen in einen Tod, mit dem sie persönlich nichts zu
schaffen haben. Er haßte die eigenen Berichte, ohne bisher mit dem Haß in sich
zu dringen, er haßte sie besonders, wenn sie fertig waren und gedruckt, dann sah 20
er sich selbst in den Sätzen sitzen und feixen, obszöne zweideutige Winke geben,
sich hindurchwagen und -lügen durch ein Lügengewebe, sich hindurchschlagen
und hindurchbehaupten, schwören, etwas gesehen zu haben, jenen Tod, jene
Wunde, er, ein einzelner, mitgestorben zu sein, hineingestarrt zu haben in die
Gefahr, in den unverständlichen Abgrund. Wieder lauter erklärende und klar- 25
machende Sätze, Mischungen, da stand es. Wie er turnte. Wo war das Wichtige?
Und wie er das Wichtige haßte, wie er es haßte, den Tod, der so etwas wie eine
Vergeßlichkeit war, hinüberzuretten in ein Weiterleben, das ein Weiterlesen
war, ein Kannibalismus, ein Dabeisein ohne Dasein. Abgeschmackt.
Er schrieb ein paar weitere Notizen in die Kladde, wie um etwas abzustreiten, 30
zitierte dabei auch aus dem Gedächtnis, was Khaleb gesagt hatte. Er ging ins Bad
und rasierte sich. Noch einmal wollte er versuchen, Hoffmann zu erreichen, ging
aber dann direkt im lose wehenden Hemd auf den Gang hinaus und klopfte an
Hoffmanns Tür. Die Tür war nicht abgeschlossen, Hoffmann lag auf dem Bett,
die Beine in den Stiefeln gespreizt auf dem Fußende. Laschen – er hätte sich 35
beinahe auf die Lippen gebissen – erzählte ihm von den Menschenknochen am
Strand. Hoffmann sagte, das lohnt sich nicht, das Bild sehe ich nicht, nichts für
die Optik, das kann ja nur so tot sein wie die Knochen tot sind.
Laschen schlug vor, heute abend so dicht wie möglich an Karantina heranzukom-
men. Hoffmann betrachtete seine Hände.   40

Johannes Bobrowski
Sprache

Johannes Bobrowski, geboren 1917 in Tilsit, begann 1943/1944 als Lyriker und wurde in der Bundesrepublik zuerst durch die Gedichtsammlung „Sarmatische Zeit" (1961) und den Roman „Levins Mühle" (1964) bekannt. Das Land zwischen Weichsel und Memel (das frühere Ostpreußen) nennt er Sarmatien in Anlehnung an Sarmatia, das im Altertum so bezeichnete Gebiet zwischen Weichsel und Wolga. Er selbst erklärt, sein Thema seien „die Deutschen und der europäische Osten". Dabei geht es ihm um Ausgleich, „eine Hoffnung wert, und einen redlichen Versuch in deutschen Gedichten". Bobrowski

erhielt u. a. den Preis der Gruppe 47. Er starb drei Jahre später in Berlin. (Das Bild auf S. 21 stammt von unserm Maler Friedrich Hechelmann.)

Der Baum
größer als die Nacht
mit dem Atem der Talseen
mit dem Geflüster über
5   der Stille

Die Steine
unter dem Fuß
die leuchtenden Adern
lange im Staub
10   für ewig

Sprache
abgehetzt
mit dem müden Mund
auf dem endlosen Weg
15   zum Hause des Nachbarn

Hans Magnus Enzensberger
windgriff

*Hans Magnus Enzensberger (geb. 1929
in Kaufbeuren) wurde 1957 durch seine
Gedichtsammlung „verteidigung der
wölfe“ als zorniger, gesellschaftskritisch
engagierter Lyriker schnell bekannt.
Bereits sieben Jahre später wurden seine
literarischen Leistungen mit dem Georg-
Büchner-Preis gewürdigt. Neben
seiner Themenwahl verdankte er dies
vor allem der ungewohnten Sprache
mit ihren Montagen aus
Redensarten und Werbesprüchen,
Bibeldeutsch und poetischen
Elementen. Rasch verbreiteten sich
daher die folgenden Sammlungen
„landessprache“ (1960) und
„blindenschrift“ (1964). Ab etwa 1962
galt sein Interesse mehr dem politischen
bzw. gesellschaftskritischen Essay
(„Einzelheiten“, 1962, „Politische
Brosamen“, 1982), und als*

*Herausgeber des „Kursbuchs“ (seit
1965) schuf er sich für zehn Jahre
ein Forum für die „politische
Alphabetisierung Deutschlands“. Mit
den Bänden „Mausoleum“ (1975) und
„Die Furie des Verschwindens“ (1980)
wandte er sich dann wieder der Lyrik
zu. Das Gedicht „windgriff“ stammt
aus der Sammlung „blindenschrift“.*

     manche wörter
     leicht
     wie pappelsamen

     steigen
5   vom wind gedreht
     sinken

     schwer zu fangen
     tragen weit
     wie pappelsamen

10 manche wörter
     lockern die erde
     später vielleicht

     werfen sie einen schatten
     einen schmalen schatten ab
15 vielleicht auch nicht.

„DIE MACHT, DIE WILDES VOLK ZU SITTEN HAT GEZWUNGEN"
RHETORIK

Friedrich Schiller
„Genueser!"

Friedrich Schillers zweites Bühnenstück ist „Die Verschwörung des Fiesko zu
Genua". Es wurde als „Republikanisches Trauerspiel in 5 Aufzügen" in einer
ersten Fassung 1783 in Bonn, in der heute allgemein bekannten zweiten Fassung
am 11. 1. 1784 in Mannheim, uraufgeführt.
Der Neffe des Dogen von Genua, Gianettino Doria, der wegen seines
ausschweifenden Lebens bekannt ist, möchte sich selbst zum Herrn von Genua
machen. Gegen ihn bilden sich zwei Verschwörergruppen; die eine wird von dem
ehrgeizigen Grafen von Lavagna, Fiesco, angeführt, der sich zunächst den
Anschein gibt, die Republik vor einer drohenden Tyrannei retten zu wollen.
Allmählich zeigt er jedoch seine eigentlichen Absichten, zuerst gegenüber einer
Gruppe von „Mißvergnügten", später (Szene II/8) aufgebrachten Handwerkern
gegenüber: Genua soll eine Monarchie (mit ihm als Herrscher) werden. Die zwölf
Handwerker erscheinen vor Fiesco, um ihn um Hilfe gegen die Dorias, denen sie
die Verletzung ihrer Rechte vorwerfen, aufzufordern: „Schlage! Stürze! Erlöse!"

FIESCO: Euer Zutrauen schmeichelt mir sehr. Kann ich es durch Taten verdienen?
ALLE *lärmend:* Schlage! Stürze! Erlöse!
FIESCO: Doch ein gut Wort werdet ihr noch annehmen?
EINIGE: Redet, Lavagna.
FIESCO *der sich niedersetzt:* Genueser, das Reich der Tiere kam einst in bürgerli-   5
    che Gärung, Parteien schlugen mit Parteien, und ein *Fleischerhund* bemäch-
    tigte sich des Throns. Dieser, gewohnt, das Schlachtvieh an das Messer zu
    hetzen, hauste hündisch im Reich, kläffte, biß und nagte die Knochen seines
    Volks. Die Nation murrte, die Kühnsten traten zusammen und erwürgten den
    fürstlichen Bullen. Itzt ward ein Reichstag gehalten, die große Frage zu ent-   10
    scheiden, welche Regierung die glücklichste sei? Die Stimmen teilten sich
    dreifach. Genueser, für welche hättet ihr entschieden?
ERSTER BÜRGER: Fürs Volk. Alle fürs Volk.
FIESCO: Das Volk gewanns. Die Regierung ward demokratisch. Jeder Bürger gab
    seine Stimme. *Mehrheit* setzte durch. Wenige Wochen vergingen, so kündigte   15
    der Mensch dem neugebackenen Freistaat den Krieg an. Das Reich kam
    zusammen. Roß, Löwe, Tiger, Bär, Elefant und Rhinozeros traten auf und
    brüllten laut: Zu den Waffen! Itzt kam die Reih an die übrigen. Lamm, Hase,
    Hirsch, Esel, das ganze Reich der Insekten, der Vögel, der Fische ganzes
    menschenscheues Heer – alle traten dazwischen und wimmerten: Friede. Seht,   20

Genueser! Der Feigen waren *mehr* denn der Streitbaren, der Dummen *mehr* denn der Klugen – *Mehrheit* setzte durch. Das Tierreich streckte die Waffen, und der Mensch brandschatzte sein Gebiet. Dieses Staatssystem ward also verworfen. Genueser, wozu wäret ihr itzt geneigt gewesen?

25 ERSTER UND ZWEITER: Zum Ausschuß! Freilich, zum Ausschuß.

FIESCO: Diese Meinung gefiel! Die Staatsgeschäfte teilten sich in mehrere Kammern. *Wölfe* besorgten die Finanzen, *Füchse* waren ihre Sekretäre. *Tauben* führten das Kriminalgericht, *Tiger* die gütlichen Vergleiche, *Böcke* schlichteten Heuratsprozesse. Soldaten waren die *Hasen, Löwen* und *Elefant* blieben

30 bei der Bagage, der Esel war Gesandter des Reichs, und der Maulwurf Oberaufseher über die Verwaltung der Ämter. Genueser, was hofft ihr von dieser weisen Verteilung? Wen der Wolf nicht zerriß, den prellte der Fuchs. Wer diesem entrann, den tölpelte der Esel nieder. Tiger erwürgten die Unschuld; Diebe und Mörder begnadigte die Taube, und am Ende, wenn die Ämter

35 niedergelegt wurden, fand sie der Maulwurf alle unsträflich verwaltet – Die Tiere empörten sich. Laßt uns einen *Monarchen* wählen, riefen sie einstimmig, der Klauen und Hirn und nur *einen* Magen hat – und *einem* Oberhaupt huldigten alle – *einem*, Genueser – aber *(indem er mit Hoheit unter sie tritt)* es war der Löwe.

40 ALLE *klatschen, werfen die Mützen in die Höh:* Bravo! Bravo! das haben sie schlau gemacht!

ERSTER: Und Genua solls nachmachen, und Genua hat seinen Mann schon.

FIESCO: Ich will ihn nicht wissen. Gehet heim. Denkt auf den Löwen. *Die Bürger tumultuarisch hinaus.* Es geht erwünscht, Volk und Senat wider Doria. Volk

45 und Senat für Fiesco –

(Zweiter Aufzug, 8. Auftritt)

Walter Jens

Die Generalprobe

„Die Generalprobe" von Walter Jens, Professor für Rhetorik in Tübingen und Verfasser zahlreicher literarischer und wissenschaftlicher Werke, setzt voraus, daß man Shakespeares Drama „Julius Caesar" kennt. Die Leichenrede des Marcus Antonius (das historische Vorbild lebte von 82–30 v. Chr. und war 44 Konsul neben Caesar) gilt als ein Meisterstück literarischer Rhetorik. Ihre Wirkung im Stück ist so groß, daß das Volk sich gegen die Mörder Caesars (Brutus, Casca u. a.) wendet.
Walter Jens zeigt – Shakespeare „inszenierend" – die Vorbereitung dieser Rede noch zu Lebzeiten Caesars und gibt der Ermordung damit auch eine andere Bedeutung.

CAESAR *zu Servius:* Sieh nach, ob Antonius wartet und laß ihn herein.
Caesar beginnt erneut in seinen Papieren zu lesen. Er nimmt einen Stift, streicht etwas an, schreibt ein paar Zeilen. Inzwischen tritt Antonius ein.
ANTONIUS: Verzeih, ich wurde aufgehalten durch Caecilius.
CAESAR: Wann kommt Caecilius zurück? 5
ANTONIUS: Spätestens in einer Stunde.
CAESAR: Dann haben wir nicht mehr viel Zeit. *Blättert.*
   Ich habe inzwischen das Testament abgeändert. Du wirst gleich hören. Das Original liegt im Geheimfach. *Macht eine Geste.*
   Die Notare wissen Bescheid: Es ist vier Tage nach meinem Tode, also am 10
   19. März gegen Mittag, zu öffnen und einen Tag später, während der Leichenfeier, dem Volk zu verlesen.
   zu Antonius Diese Kopie ist für dich. Du mußt die Hauptpunkte auswendig lernen. Zum Beispiel dies: „Ich bestimme, daß jeder Plebejer, wer immer er sei, dreihundert Sesterzen erhält." 15
ANTONIUS: Ich bin kein guter Redner, Caesar.
CAESAR: Aber glaubhaft. Darauf kommt es an.
ANTONIUS: Wenn es im Feld wäre, vor den Soldaten ...
CAESAR: Du *bist* im Feld, Antonius. Glaub mir, du wirst eine Rede halten, von der man noch nach Jahrhunderten spricht. 20
   Vorsprechend. Ich bestimme ...
ANTONIUS *einfallend:* ... daß jeder Plebejer, wer immer er sei, dreihundert Sesterzen erhält.
CAESAR: Die Pause vor der Zahl muß länger sein. Dreihundert ... das ist schließlich viel Geld für einen Proleten. Mit achtzig werden sie rechnen, vielleicht 25
   auch mit hundert. Aber dreihundert, das ist beinahe ein Vermögen für die meisten von ihnen.
   Spricht vor. ... wer immer er sei, dreihundert Sesterzen ... Du wirst sehen, das tut seine Wirkung. –

Und dann dies: „Ich bestimme, daß aus meinen Gärten jenseits des Tiber öffentliche Anlagen werden. Auch meine Häuser und den gesamten Besitz an Grund und Boden vermache ich mit dem heutigen Tage dem römischen Volk.“ *Blickt auf, prüft die Reaktion, nickt dann befriedigt.* Schon nach diesem Satz

5   dürfen die Verschwörer keine Chance mehr haben. Mit Caesar wurde der größte Freund des Volkes ermordet … das ist der Sinn des Testaments. – Aber hör weiter: „Als meine Erben setze ich ein …“
Blätternd. Das ist der dritte Paragraph: „Caius Octavius, Marcus Antonius, Servilius Casca …“

10   ANTONIUS *aufspringend:* Casca? Aber hat Caecilius dir denn nicht gesagt …
CAESAR: Daraufhin habe ich ja das Testament abgeändert. Das Opfer setzt – wie sagt doch Caecilius immer? – den Fingermann* zum Erben ein: so ahnungslos, Freunde, ist Caesar gewesen. – Und noch ein letzter Paragraph.
Zu Antonius: Es ist allerdings möglich, daß du ihn nicht mehr vorlesen kannst,

15   weil das Volk inzwischen etwas … unruhig geworden ist. *Liest.* „Sollte mir nach meinem Tod ein Sohn geboren werden, so ernenne ich zu seinen Vormündern meine Gefährten Antonius und meinen alten Freund … Marcus Brutus.“
– Und nun deine Rede, Antonius.
Servius gibt Caesar ein Zeichen.

20   Natürlich, wir haben die Tafel vergessen.
Eine Wandtafel wird hereingefahren. Caesar nimmt ein Stück Kreide, zeichnet, während er spricht:
Das ist das Forum; in der Mitte, hier ungefähr, die Rednertribüne, und davor die Bahre mit dem Totengewand. *Schaut an sich herunter.* Das ist schwarz von

25   Blut. Wenn man es gegen das Licht hält, sind sogar die Löcher zu sehen. Unter dem Hemd liegt eine Puppe aus Wachs. Man hat sie mir heute morgen gezeigt. Basilius hat sich selbst übertroffen. Nein, ich möchte nicht, daß ihr sie seht. Es ist Sache der Ärzte, die Wunden einzuzeichnen.
Außerdem muß noch der Mechanismus überprüft werden: es ist nämlich keine

30   gewöhnliche Puppe. Wenn man auf einen Knopf drückt, richtet sie sich auf.
Caesar blickt empor, als sähe er, entzückt von solcher Phantasmagorie, die Puppe deutlich vor sich. Dann geht er auf Antonius zu, stellt sich neben ihn und zeigt ihm die Szenerie auf dem Forum.*
Siehst du die Menschen? Es sind mindestens zehntausend, sie stehen bis zum

35   Palatin. Da drüben die weinenden Frauen, und da meine alten Soldaten in Waffen, die Veteranen mit ihren Orden. Hörst du? Jetzt schlagen sie mit den Schwertern gegen die Schilde … und jetzt die Klagegesänge der Kinder! Das ist dein Stichwort, Antonius. Mach schnell, du mußt auf die Tribüne. Nun ist es still.

40   *Caesar gibt Antonius das Zeichen zum Einsatz.*
ANTONIUS: Caesar ist tot, er war mein Freund …
CAESAR: Nicht so schnell, du mußt viel langsamer sprechen, und feierlicher. Man versteht dich sonst nicht.

Spricht vor. Caesar ist tot, er war mein Freund wie er ein Freund von allen Gutgesinnten war.

ANTONIUS: Ein Freund des Volkes und ein Freund auch...

CAESAR: Jetzt die lange Pause.

ANTONIUS: ...des Senats.

CAESAR: Das Wort muß wie ein Peitschenschlag sein.

ANTONIUS: War es nicht der Senat, der ihm ein Denkmal erbaute mit der Inschrift: „Dem unbesiegbaren Gott..."?

Während Antonius deklamiert, bezeichnet Caesar mit den Händen die Satzmelodie.

Hat nicht der Senat, dieser Senat, das Bildnis Caesars auf dem Capitol neben die Bilder der Götter gestellt? Der Senat ihm Triumphe bewilligt...

CAESAR *einfallend im Stil der Litanei:* Ihm, der die Küstenvölker unterwarf, die Britannier besiegte, die Usipeter* und Tencterer* schlug,

ANTONIUS: ...Sizilien eroberte, Sardinien und Korsika...

CAESAR: Spanien und Ägypten...

ANTONIUS: ...dem Helden von Bibracte und Thapsus, von Marsilia und Alexandrien, von Pharsalus und von Munda.

CAESAR: Wer bin ich denn...

ANTONIUS: Ich, ein sterblicher Mensch, daß ich ihn preisen könnte, wie er es verdient? Einen Caesar zu rühmen, das vermag nur der Staat... und dieser Staat hat gesprochen durch die Gesetze, die ihr, das Volk von Rom...

CAESAR: ...und der Senat...

ANTONIUS: ...zu seinen Ehren erließet.

CAESAR: Ja, so ist es gut. An dieser Stelle gehst du einen Schritt weit zur Seite, ungefähr bis zur Bahre, und läßt den Herold den Senatsbeschluß verlesen, durch den *Rezitiert geschäftsmäßig.* Caesar der Titel eines Vaters des Vaterlandes und das Recht zuerkannt wurde, sein Bild auf die Münzen zu setzen... eine Ehre, die vorher noch nie einem Lebenden... und so fort und so fort. *Mit einer Handbewegung.* Nun wieder du!

ANTONIUS: Und dieser gleiche Senat, Sprecher des Volkes von Rom, hat sich verpflichtet, sein Leben zu schützen und hat geschworen: ‚Den Rachegöttern sei geweiht, wer nicht zu Caesars Rettung herbeikommt, wenn ihm Gefahr droht.'

CAESAR *leise:* Wendung des Kopfes. Die Veteranen –

Weit vorgebeugt, den rechten Arm ausgestreckt

ANTONIUS: Du, Faber, hast deinen Feldherrn geschützt, vor Bibracte; du, Niger, hast seinen Leib mit deinem eigenen Körper gedeckt, als Vercingetorix angriff; zeig ihnen die Narben, Metellus: der Speer, der dich traf, war für deinen Feldherrn bestimmt. Aber du hast ihn geschützt, während diese hier zusahen, du da und du hier, du hier und du... zusahen wie man ihn ermordete!

CAESAR *in höchster Erregung:* Und nun die Toga! Hoch damit! Und ausgebreitet und geschwenkt!

Schreit auf, als sei er die Menge, die in diesem Augenblick das Totenhemd sieht.

ANTONIUS: Schaut euch die Toga an, Soldaten. Es ist das Kleid, das er im Felde trug. Euer General ist tot!

CAESAR: Jetzt läßt du die Toga sinken, gehst ganz langsam zur Bahre und fällst nieder; die Puppe richtet sich auf, und alle sehen das Blut. Die Soldaten stürzen nach vorn, küssen das zerfetzte Kleid, deine Stimme wird leise.

ANTONIUS: Er war voll Sanftmut – ihr habt ihn ermordet. Großmütig war er – ihr aber bewahrtet ihn nicht vor seinen Verfolgern. Er war milde, schützte die Kleinen und hat das Brot mit den Armen geteilt – doch ihr danktet ihm nicht. Er war der Herr der Welt – und ist gestorben wie ein Vieh.

Caesar klatscht begeistert in die Hände.

CAESAR: Und nun das Testament! Das ist vorzüglich, Antonius! Selbst Cicero wird dich bewundern!

für sich: Und dann erst die Klagechöre und der Scheiterhaufen: Bretter, Bretter von überall her! Wie sie laufen und suchen, die Bänke zerbrechen, die Stühle zerschlagen, wie sie trampeln und brüllen, die Kränze und den Schmuck in den Brand hineinwerfen, ihre Waffen und Kleider! Und ich brenne und brenne und der Himmel wird hell sein über der Stadt, hell wie am Tag, und Krieg wird kommen, überall Blut, die Erde wird in Aufruhr geraten, Städte sinken in Asche, Seuchen breiten sich aus, die Frucht verfault im Leib, und die Sonne wird sich verdunkeln.

anderer Tonfall: Ich fürchte, Brutus' Sache steht nicht gut; ich sehe die Treibjagd voraus, in der Nacht nach dem Leichenbegängnis, und es mag sein, daß nicht allein der Scheiterhaufen brennt. Die Leute sind so leicht erregbar.

ANTONIUS: Und sehr vergeßlich!

CAESAR: Aber wenn Caesar stirbt ... der Bürgerkrieg wird dafür sorgen, daß die Tränen so bald nicht versiegen.

Friedrich Dürrenmatt

„Gnädige Frau, meine lieben Güllener!"

In „Der Besuch der alten Dame", Friedrich Dürrenmatts „tragischer Komödie in 3 Akten" (1955), kehrt Kläre Wäscher als inzwischen schwerreiche Claire Zachanassian in ihre Heimatstadt Güllen zurück, um sich für das ihr angetane Unrecht zu rächen: Eine Milliarde bietet sie den Güllenern, wenn sie ihren ehemaligen Geliebten Alfred Ill, der sie mit einem Kind sitzen hat lassen, töten. Bei ihrer Ankunft ahnen die Güllener davon nichts. Sie halten sich für anständige Bürger, und ihr Bürgermeister erwartet wie sie alle, daß ihre „Kläri", die sie in ihrer „Rechtschaffenheit" aus der Stadt vertrieben haben, ihnen aus der wirtschaftlichen Not helfen wird, in die sie auf scheinbar unerklärliche Weise geraten sind.

Alle setzen sich. Claire Zachanassian nimmt zwischen dem Bürgermeister und Ill Platz. Neben Ill sitzt Frau Ill und neben dem Bürgermeister dessen Gattin. Rechts hinter einem anderen Tisch der Lehrer, der Pfarrer und der Polizist, links die Vier. Weitere Ehrengäste mit Gattinnen im Hintergrund, wo das Spruchband leuchtet: Willkommen Kläri. Der Bürgermeister steht auf, freudestrahlend, schon die Serviette umgebunden, und klopft an sein Glas.

DER BÜRGERMEISTER: Gnädige Frau, meine lieben Güllener. Es sind jetzt fündundvierzig Jahre her, daß Sie unser Städtchen verlassen haben, welches vom Kurfürsten Hasso dem Noblen gegründet, so freundlich zwischen dem Konradsweilerwald und der Niederung von Pückenried gebettet liegt. Fünfundvierzig Jahre, mehr als vier Jahrzehnte, eine Menge Zeit. Vieles hat sich 5 inzwischen ereignet, viel Bitteres. Traurig ist es der Welt ergangen, traurig uns. Doch haben wir Sie, gnädige Frau – unsere Kläri – *Beifall* – nie vergessen. Weder Sie, noch Ihre Familie. Die prächtige, urgesunde Mutter, die ganz in ihrer Ehe aufging – *Ill flüstert ihm etwas zu* – leider allzufrüh entschwunden, der volkstümliche Vater, der beim Bahnhof ein von Fachkreisen und Laien 10 stark besuchtes – *Ill flüstert ihm etwas zu* – stark beachtetes Gebäude errichtete, leben in Gedanken noch unter uns, als unsere Besten, Wackersten. Und gar Sie, gnädige Frau – als blond – *Ill flüstert ihm etwas zu* – rotgelockter Wildfang tollten Sie durch unsere nun leider verlotterten Gassen – wer kannte Sie nicht. Schon damals spürte jeder den Zauber Ihrer Persönlichkeit, ahnte 15 den kommenden Aufstieg zu der schwindelnden Höhe der Menschheit. *Er zieht das Notizbüchlein hervor.* Unvergessen sind Sie geblieben. In der Tat. Ihre Leistung in der Schule wird noch jetzt von der Lehrerschaft als Vorbild hingestellt, waren Sie doch besonders im wichtigsten Fach erstaunlich, in der Pflanzen- und Tierkunde, als Ausdruck Ihres Mitgefühls zu allem Kreatürli- 20 chen, Schutzbedürftigen. Ihre Gerechtigkeitsliebe und Ihr Sinn für Wohltätigkeit erregte schon damals die Bewunderung weiter Kreise. *Riesiger Beifall* Hatte doch unsere Kläri einer armen alten Witwe Nahrung verschafft, indem sie mit ihrem mühsam bei Nachbarn verdienten Taschengeld Kartoffeln kaufte und sie so vor dem Hungertode bewahrte, um nur eine ihrer barmherzigen 25 Handlungen zu erwähnen. *Riesiger Beifall* Gnädige Frau, liebe Güllener, die zarten Keime so erfreulicher Anlagen haben sich denn nun kräftig entwickelt, aus dem rotgelockten Wildfang wurde eine Dame, die die Welt mit ihrer Wohltätigkeit überschüttet, man denke nur an ihre Sozialwerke, an ihre Müttersanatorien und Suppenanstalten, an ihre Künstlerhilfe und Kinderkrippen, 30 und so möchte ich der nun Heimgefundenen zurufen: Sie lebe hoch, hoch, hoch! *Beifall*

(1. Akt)

Bei der „Bundestagsrede" ging es Loriot besonders um
das gesprochene Wort. Redebegleitende Kommunikations-
mittel – Mimik und Gestik – können indes schon Zustimmung, Kampfbereitschaft, Verteidigung, Konzen-
trationsbemühen zeigen. Nicht nur Politikerinnen und
Politiker wissen das und lassen sich in Rednerschulen
ausbilden. Diese Einrichtung kannte man in Griechenland schon im 5. Jh. v. Chr., nur stand Rednern zur
Kontrolle die Videokamera noch nicht zur Verfügung.

Foto: dpa

Loriot

Die Bundestagsrede

MODERATOR: *Guten Abend, meine Damen und Herren, seit kurzem hat sich die
Szene in Bonn verändert. Der zur Zeit parteilose Abgeordnete Werner Bornheim
hielt eine Rede, die für einen neuen politischen Stil richtungweisend sein könnte.
Werner Bornheim gehörte in der Weimarer Republik der Deutschen Volkspartei*
5 *an, wurde nach dem Kriege Mitglied der L.A.P., wechselte 1952 aus Gewissensgründen zur CDU und stieß 1957 zur F.D.P. 1961 legte er jedoch sein Mandat
nieder und wurde Landtagsabgeordneter der SPD. 1964 überwarf er sich mit dieser
Partei und zog als CSU-Abgeordneter in den Bundestag ein. Danach war er noch je
zweimal Abgeordneter der SPD und der CDU, bevor er aus Gewissensgründen*
10 *vorerst die Parteilosigkeit wählte. Die Rede, die Werner Bornheim am vergangenen Montag im Bundestag hielt, stellt durch ihre Unbestechlichkeit und ihre
politische Linie, so meine ich, alles in den Schatten, was man an Äußerungen von
seiten der Regierung gehört hat.*

WERNER BORNHEIM: Meine Damen und Herren, Politik bedeutet, und davon sollte
15 man ausgehen, das ist doch – ohne darum herumzureden – in Anbetracht der
Situation, in der wir uns befinden. Ich kann meinen politischen Standpunkt in
wenige Worte zusammenfassen: Erstens das Selbstverständnis unter der Voraussetzung, zweitens, und das ist es, was wir unseren Wählern schuldig sind, drittens,
die konzentrierte *Be-inhaltung* als Kernstück eines zukunftweisenden Parteipro-
20 gramms.

Foto: dpa

Wer hat denn, und das muß vor diesem hohen Hause einmal unmißverständlich ausgesprochen werden. Auch die wirtschaftliche Entwicklung hat sich in keiner Weise... Das kann auch von meinen Gegnern nicht bestritten werden, ohne zu verkennen, daß *in* Brüssel, *in* London die Ansicht herrscht, die Regierung der Bundesrepublik habe da – und, meine Damen und Herren... warum auch nicht? Aber *wo haben* wir denn letzten Endes, ohne die Lage unnötig zuzuspitzen? *Da,* meine Damen und Herren, liegt doch das Hauptproblem. – Bitte denken Sie doch einmal an die *Altersversorgung. Wer war* es denn, der seit 15 Jahren, und wir wollen einmal davon absehen, daß niemand behaupten kann, als hätte ich damals – so geht es doch nun wirklich nicht! Wir haben immer wieder darauf hingewiesen, daß die Fragen des Umweltschutzes, und ich bleibe dabei, wo kämen wir sonst hin, wo bliebe unsere Glaubwürdigkeit? Eins steht doch fest, und darüber gibt es keinen Zweifel. Wer das vergißt, hat den Auftrag des Wählers nicht verstanden. Die Lohn- und Preispolitik geht *von* der Voraussetzung aus, daß die mittelfristige Finanzplanung, und *im* Bereich der Steuerreform ist das schon immer von ausschlaggebender Bedeutung gewesen... Meine Damen und Herren, wir wollen nicht vergessen, draußen im Lande, und damit möchte ich schließen. Hier und heute stellen sich die Fragen, und ich glaube, Sie stimmen mit mir überein, wenn ich sage... Letzten Endes, wer wollte das bestreiten! Ich danke Ihnen...

SPRACHE UND COMPUTER

Gerhard Schwengler

Computervariationen zu Goethes „Maifest*“

Einer begrenzten Anzahl von Gedichten des Sturm und Drang wurden die
Substantive entnommen. Die Wortart Substantiv wurde gewählt, weil sie als
„feste Größe" am ehesten Hinweise auf die gedankliche Grundordnung gibt.
Der Computer stellte aufgrund eines einfachen Datenbankbefehls „Gib die
5   Häufigkeit an!" eine Rangfolge der Substantive auf. Die so gewonnenen Wörter
wurden dann auf denkbar unpoetische Weise mit denen des Gedichts der Reihe
nach von oben nach unten ausgetauscht. Die Struktur des Gedichts wurde beibehalten.
Ein glücklicher Zufall wollte es, daß tatsächlich an einer Stelle das ursprüngliche
10 Substantiv mit dem statistisch ermittelten identisch war.
Grund für diese sehr einfache (und leicht nachvollziehbare) Auswertung waren
einige Fragen: Wie sehr repräsentiert sich im einzelnen Gedicht der Wortschatz
der Epoche? Wie groß ist die individuelle Abweichung des Dichters? Gibt es so
etwas wie einen unbewußten Erfüllungswunsch? Wie beliebig ist das Wortmate-
15 rial? Wie beweglich und frei ist der poetische Ausdruck?

1. Variation nach Wortfrequenz und Zufallsgenerator

Wie herrlich leuchtet	Und Mensch und Band 25
Mir das Herz!	Aus jeder Brust
Wie glänzt die Nacht!	O Blick, o Mensch
20 Wie lacht der Wind!	O Nacht, o Rose,
Es dringen Blicke	O Herz, o Herz
Aus jedem Zweig	So golden schön 30
Und tausend Rosen	Wie Götter
Aus dem Gesträuch	Auf jenen Höhn!

2. Variation (Zufall aus alphabetischer Liste)

Wie herrlich leuchtet	Und Flügel und Zärtlichkeit
35 Mir die Glut!	Aus jeder Brust
Wie glänzt der Schmerz!	O Leben, o Welle,
Wie lacht das Auge!	O Rose, o Freude, 45
Es dringen Nächte	O Lieb', o Liebe,
Aus jedem Zweig	So golden schön
40 Und tausend Pferde	Wie Wanderer
Aus dem Gesträuch	Auf jenen Höhn!

Friedrich Belzner

Entstehung einer Computergrafik

Der Ausgangspunkt für eine Computergrafik der hier gezeigten Art liegt nicht in einer fertigen Bildidee („Ich möchte eine mächtige, sich drohend aufreckende Gestalt zeichnen, die sich vor einer Stadtsilhouette erhebt"), sondern in einer abstrakten Form, etwa einem Kreis, einem Quadrat oder einer Folge von Dreiek- ken, und im spielerischen Variieren solcher Formen und Abtasten ihrer Möglich- keiten; und wohin der Weg von diesem Beginn aus führen wird, ist zunächst meist ganz offen.

Am Anfang standen hier mit den unterschiedlichsten Mustern gezeichnete Kreis- flächen, in denen dann verschiedene Bereiche farbig ausgefüllt wurden.

Je nachdem, wo man diesen vom Computer gesteuerten Ausfüllvorgang begin- nen und wie weit man ihn ablaufen läßt, entstehen die verschiedenartigsten, oft nahezu nichtssagenden Muster, manchmal aber auch interessante Strukturen. Bei dem tastenden Erproben verschiedener Möglichkeiten (der Computer erlaubt es ja, ein nicht befriedigendes Ergebnis zu löschen und jederzeit wieder von vorne zu beginnen) ergab sich schließlich eine ausgeprägte Figur, an der einige weitere Veränderungen plötzlich zu dem zwingenden Bildeindruck führ- ten: da steht ja, aus breitem, zerklüftetem Sockel sich erhebend, eine große Gestalt, mit zuckenden, flatternden Umrissen, ein zerfressener Arm streckt sich

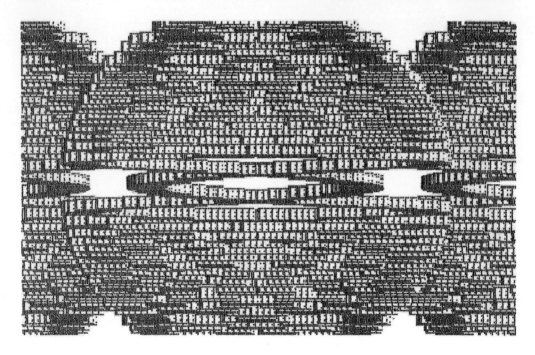

nach rechts – dieses erste Auftauchen eines Bildeindrucks ist immer der entschei-
dende Wendepunkt beim Entstehen eines Bildes. Noch lange liegt keine fertige
Gestaltung vor; aber es ist, als ob da etwas die Augen aufschlägt und dich
anblickt: Hier bin ich, das will ich werden. Bei diesem Bild war dies der Augenblick, wo sich schlagartig die Vorstellung eines drohend aus der Tiefe auftauchen-
den Dämons einstellte, und ebenso plötzlich verband sich diese Vorstellung mit
den unheimlichen und bildgewaltigen Versen, mit denen Georg Heym sein
Gedicht „Der Krieg" beginnt:

Aufgestanden ist er, welcher lange schlief,
Aufgestanden unten aus Gewölben tief.
In der Dämmerung steht er, groß und unerkannt,
Und den Mond zerdrückt er in der schwarzen Hand.

Nun war der weitere Weg klar: Einzelheiten wurden korrigiert, Störendes
gelöscht, die Stadtsilhouette und der Mond hinzugefügt und das Bild dadurch
seinem Gegenstand noch deutlicher angepaßt; Paul Klee hat das einmal genannt:
„Das gegenständliche Jawort sprechen." Am Ende der Arbeit stand der Druck,
ausgeführt mit einem einfachen Matrixdrucker: mit Pastellkreiden eingefärbte
Papiere wurden wie ein Kohlepapier verwendet, und acht Druckvorgänge führten schließlich zu der fertigen Farbgrafik „Der Krieg".

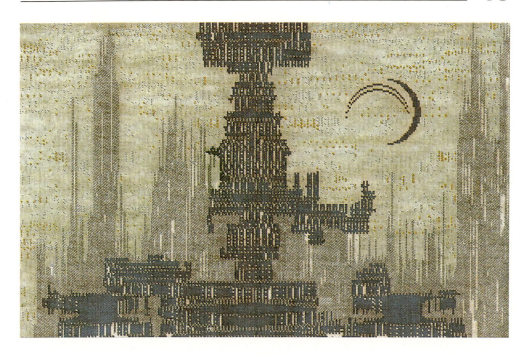

Hans Maier

Auf Auge und Ohr hin entworfen
Der Minister, der Computer und die Sprache

„Werden wir die Sprache der Computer sprechen?" … Zunächst einmal, das
muß man festhalten, sprechen auch Computer die Sprache von Menschen; welche andere sonst? Zwar eine hochformalisierte Sprache mit vielen zunächst
abstrakt erscheinenden Symbolen, aber bei genauerem Hinsehen doch eine, wie
sie Mathematiker und Philosophen seit Thales und Pythagoras, Physiker seit ⁵
Kepler, Galilei und Newton zu sprechen gewohnt sind.
Es war Leibniz, der das Wort geprägt hat, es sei „ausgezeichneter Menschen
unwürdig, gleich Sklaven Stunden zu verlieren mit Berechnungen". Vieles von
dem, was Schüler und Lehrer, aber auch berufsmäßige Programmierer im
Umgang mit dem Computer zu ihrem Handwerkszeug zählen, steht bereits seit ¹⁰
dem Mittelalter in formalisierten Denk- und Schlußverfahren bereit. Diese Verfahren können sich erst neuerdings in ihrer alltäglichen Bedeutung erweisen,
gerade weil sie sich von der „natürlichen", umständlichen, auf Auge und Ohr hin

entworfenen Sprache gelöst haben und mit Hilfe von Prozessoren und Bildschirm in ganz anderer Weise darstellbar geworden sind, als es Abälard und Petrus Hispanus mit Hilfe des bloßen Wortes ihren Schülern vermitteln konnten.

An ihrem „menschlichen" Charakter ändert das nichts, und es bleibt auch dabei, daß der heutige Anwendungsinformatiker nicht nur mathematisch gebildet sein muß, sondern daß er zuerst und vor allem seine Muttersprache in Wort und Schrift beherrschen muß. Auf dieser Grundlage sind die Informatik als Lerninhalt und der Computer als Hilfsmittel längst in die Schulen eingezogen. Sie werden in wenigen Jahren so selbstverständlich sein wie Atlanten, Logarithmentafeln und Geschichtstabellen.

Erweitert sich so mit dem Computer der Bildungsradius der Mathematik, allgemeiner gesprochen: des kalkulierenden, schlußfolgernden Denkens, so ist freilich auch die Gegenwirkung zu bedenken. Denn der Computer spricht ja nicht nur unsere Sprache; er veranlaßt uns auch zur Anpassung an die seinige (wenngleich auch diese, wie gesagt, vom Menschen stammt!). Unser Gehirn hat sich neue Fühler geschaffen, hat auf neue Aufgaben reagiert, wie es immer reagiert hat: Probleme, die nicht mit Hilfe des menschlichen Wahrnehmungs- und Bewegungsapparates lösbar sind, werden mit Hilfe von Werkzeugen, von Gegenständen, die außerhalb unserer körperlichen Ausstattung stehen, gelöst.

Die Beherrschung dieser Werkzeuge war schon immer gebunden an das Erlernen ihrer „Sprache", das heißt der Befehle, auf die hin sie so reagieren, wie sich der Benutzer das vorstellt. Nicht zufällig sprechen wir ja vom Werkzeug, das dem leisesten Druck „gehorcht". Der Computer ist ein solches Werkzeug. Zur Ausstattung des Homo sapiens wird schon bald die Fähigkeit gehören, mit ihm umzugehen, die in diesem Zusammenhang notwendigen äußeren Informationsspeicher und Verbreitungssysteme auffinden, verknüpfen und zum Wohl aller auch beherrschen zu können. Die Schule wird auf solche Fähigkeiten vorbereiten. Sie tut es heute schon.

Wenn wir uns also anschicken, die „Sprache" dieser Werk- und Denkzeuge zu sprechen, so ist das nichts gänzlich Neues. Problematisch würde die Entwicklung erst dann, wenn diese Sprache Monopolansprüche geltend machte, wenn sie andere uns liebgewordene Sprachen verdrängte, sie zumindest in ihrem Geltungs- und Wirkungsbereich beschnitte.

Unsere überlieferte Sprache ist auf Auge und Ohr hin entworfen. Sie „sagt" mehr, als sie mitteilt. Im Computerzeitalter kann diese Sprache – der Worte, der Gesten, der Mimik, der verschiedenen Gangarten und Tonlagen – zumindest partiell ersetzt, vielleicht sogar aus einigen Bereichen ganz verdrängt werden. Sprache würde so auf ihren Informationswert verkürzt. Sie verlöre ihr sinnliches Ambiente. Ihr Klang, ihre Wortgestalt würden gleichgültig. Festgelegt im Programm, könnte sie leicht alles Spontane und Ungeplante, alles Probierende, Sich-Entwickelnde einbüßen. Kein Dahinschlendern mehr, kein Querfeldein-Denken, kein „allmähliches Verfertigen der Gedanken beim Reden"*; dies alles fiele dahin.

Ich meine freilich nicht, daß der Zug in diese Richtung geht. Vielmehr sehe ich eine neue Verzweigung von Computersprache einerseits, alltäglicher „Sprech-sprache“ andererseits voraus: je metrischer die eine wird, desto ungebundener wird die andere. Gewiß, es gibt auch Versuche, dem Computer Eingang zu verschaffen in die Bereiche des Spontanen, Subjektiven, Nicht-Geplanten, Alea-torischen*, ja sogar der Dichtung. Aber sind sie, bisher wenigstens, nicht rührend erfolglos?

Ich denke hier nicht an die nützlichen Dienste, die der Computer schon heute im Bereich von Sprache und Literatur leistet, zum Beispiel bei der vollständigen Dokumentation aller Fassungen in der Entstehungsgeschichte des „Ulysses“ von James Joyce, bei der Erstellung von Wörterbüchern und ganz allgemein im Archiv-, Bibliotheks- und Druckwesen. Ich denke an ehrgeizigere Pläne wie zum Beispiel die Entwicklung einer „Lyrikmaschine“ – eines Computers also, der Gedichte schreibt.

Ein bayerischer Schüler hat jüngst ein mehr als 1000zeiliges Programm für eine solche Lyrikmaschine entwickelt. Sein Fleiß ist aufs höchste zu loben. Doch das lyrische Ergebnis ist angesichts des imposanten Aufwands eher bescheiden: einige in Gedichtform untereinander gedruckte Zeilen obskur expressionisti-schen oder surrealistischen Inhalts, die sich wie folgt lesen:

    Goldene Ränke zerschmettern eine Hoffnung.

    Das Auge schreit.

    Da immer wieder pulsierende Welten verwehen, stirbt das

    Universum.

Man sieht: Die Sprache der Menschen hat der Computer, das zeigen diese Zeilen, offensichtlich nicht gelernt; er tut nur so. Käme das Ganze nicht im Gewand der Dichtung daher, würde wohl kein Leser zögern, den Text für Unsinn zu erklären. Doch will ich nicht verkennen, daß wir in dieser Entwicklung noch am Anfang stehen. Wer weiß, vielleicht verbessert der Computer seine Form noch, vielleicht entwickelt er in absehbarer Zeit zumindest eine Form achtbarer Nonsens-Lyrik ...

Hans Maier eröffnete in seiner Eigenschaft als bayerischer Kultusminister die Mai-Tagung der Deutschen Akademie für Sprache und Dichtung, die das Thema gewählt hatte: „Werden wir die Sprache der Computer sprechen?“ Hier einige Anmerkungen des Ministers.

SZ vom 31.5./1.6.1986

2
„Alles hat seine Zeit"

Leben heißt: in der Zeit sein. Und Zeit vergeht. Wir bemühen uns, sie festzuhalten, indem wir versuchen, sie genau zu messen, einzuteilen und zu erklären. Aber sie entzieht sich uns und entflieht. Auf einigen alten Bildern ist der Tod als Gerippe personifiziert und trägt eine Sanduhr: Mahnung an die Lebenden, daß die Zeit verrinnt und für jeden einmal abgelaufen ist. Es fehlte daher nie an Aufforderungen, die so rasch dahineilende Zeit zu nutzen. Der sinnenfrohe Römer Horaz empfahl: „Carpe diem" („Pflücke den Tag"), freu' dich des Lebens, denn es ist so kurz! Andere hingegen fordern uns auf, aus unserem Leben etwas zu machen, es nicht nur im privaten Genuß zu verbringen, sondern etwas zu leisten: für andere Menschen, für eine Gemeinschaft, für eine bessere Welt.

Zeit hat ein Ende, und der Tod läßt nach dem Sinn des Lebens fragen. Nachgedacht wurde darüber stets in der Religion, in der Philosophie und in der Literatur. Die folgenden Texte sollen dazu anregen, sich einmal selbst darüber Gedanken zu machen.

Der erste Text stammt aus dem Alten Testament, aus dem Buche „Prediger" und bringt das Thema. Werner Bergengruen zeigt mit seinem Gedicht, wie man mit der Zeit umgehen kann. Das „Liedchen" von Joachim Ringelnatz enthält zum Thema mehr, als man ihm zunächst ansieht. Die beigefügte Interpretation von Reinhard Lauer zeigt beispielhaft, wie man den Gehalt eines scheinbar so simplen Textes herausfinden kann. Die Aphorismen Schopenhauers variieren das Thema unter dem Aspekt von Jugend und Alter. Heinrich Heine fragt dann – scheinbar respektlos, ja gotteslästerlich – nach dem Sinn (oder sollte man sagen „Un-sinn"?) des Lebens. Ambrose Bierce stellt die Frage nach dem Tod im Rahmen einer sehr dramatischen Geschichte, und Federico García Lorcas „Reiterlied" ist eine weitere Anregung, über Zeit und Leben nachzudenken. Franz Kafkas Parabel „Vor dem Gesetz" ist einer jener Texte, die weniger eine Antwort geben als selbst neue Fragen stellen. Walther von der Vogelweide blickt zurück auf sein Leben, und mit Hölderlins Gedicht „Hälfte des Lebens" wird die Antithetik des Eingangstextes wieder aufgenommen. Eduard Mörikes Gedicht mahnt uns in einprägsamer Bildhaftigkeit, des eigenen Endes zu gedenken. Hermann Hesses „Stufen" hingegen führen voller Zuversicht über das Ende hinaus. Peter Huchels Gedicht „Letzte Fahrt" verknüpft schließlich Erinnerung und Tod.

Altes Testament

Alles hat seine Zeit und Stunde

Der folgende Text stammt aus dem Alten Testament und zwar aus dem Buche
„Kohelet" („Prediger").
Es gehört innerhalb der Heiligen Schrift, zusammen mit fünf anderen Büchern
des Alten Testaments, zur sogenannten Weisheitsliteratur. Im 3. Jahrhundert vor
Christus entstanden, läßt es die philosophischen Einflüsse des Hellenismus
erkennen.
In ihm geht es immer wieder um die Frage: Was hat der Mensch von all seinen
Mühen? Und die Antwort darauf ist die Feststellung, daß alles letztlich vergeb-
lich ist und man am besten das gelassen hinnimmt, was kommt.
In unserem Abschnitt geht es weniger um die Zeit an sich, als bloße Dauer, son-
dern um den Zeitpunkt, zu dem etwas in Erscheinung tritt, und um den ständigen
Wechsel des Geschicks.
Bemerkenswert sind hier die Verbindung entgegengesetzter Vorgänge, die
Antithetik, und das Stilmittel der Wiederholung desselben Wortes
am Satzende (Epipher).

Alles hat seine Zeit, und jedes Ding hat seine Stunde unter dem Himmel:

Gebären hat seine Zeit
und Sterben hat seine Zeit.
Pflanzen hat seine Zeit
und Gepflanztes ernten hat seine Zeit.
5 Töten hat seine Zeit
und Heilen hat seine Zeit.
Niederreißen hat seine Zeit
und Aufbauen hat seine Zeit.
Weinen hat seine Zeit
10 und Lachen hat seine Zeit.
Klagen hat seine Zeit
und Tanzen hat seine Zeit.
Steinewerfen hat seine Zeit
und Steine auflesen hat seine Zeit.
15 Umarmen hat seine Zeit
und Enthaltung vom Umarmen hat
seine Zeit.

Suchen hat seine Zeit
und Verlieren hat seine Zeit.
Aufbewahren hat seine Zeit
und Fortwerfen hat seine Zeit. 20
Zerreißen hat seine Zeit
und Nähen hat seine Zeit.
Schweigen hat seine Zeit
und Reden hat seine Zeit.
Lieben hat seine Zeit 25
und Hassen hat seine Zeit.
Krieg hat seine Zeit
und Frieden hat seine Zeit.

(Kohelet 3, 1–8)

Nikolaus Visscher d. J. (gest. 1709): Des Menschen Auf- und Niedergang

Werner Bergengruen

Leben eines Mannes

Gestern fuhr ich Fische fangen,
Heut bin ich zum Wein gegangen,
– Morgen bin ich tot –
Grüne, goldgeschuppte Fische,
Rote Pfützen auf dem Tische,   5
Rings um weißes Brot.

Gestern ist es Mai gewesen,
Heute wolln wir Verse lesen,
Morgen wolln wir Schweine stechen,
Würste machen, Äpfel brechen,   10
Pfundweis alle Bettler stopfen
Und auf pralle Bäuche klopfen,
– Morgen bin ich tot –
Rosen setzen, Ulmen pflanzen,
Schlittenfahren, fastnachtstanzen,   15
Netze flicken, Lauten rühren,
Häuser bauen, Kriege führen,
Frauen nehmen, Kinder zeugen,
Übermorgen Kniee beugen,
Übermorgen Knechte löhnen,   20
Übermorgen Gott versöhnen –
Morgen bin ich tot.

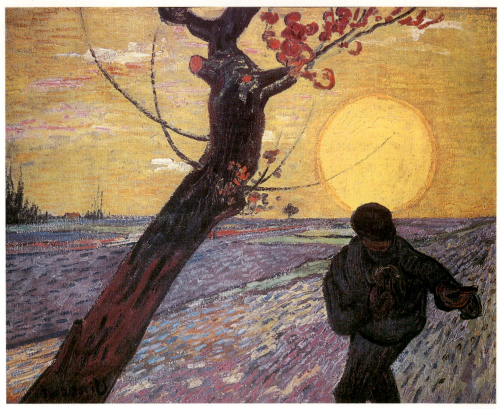

Vincent van Gogh (1853–1890): Der Sämann, 1888

Joachim Ringelnatz

Liedchen

Die Zeit vergeht.
Das Gras verwelkt.
Die Milch entsteht.
Die Kuhmagd melkt.

5 Die Milch verdirbt.
Die Wahrheit schweigt.
Die Kuhmagd stirbt.
Ein Geiger geigt.

Reinhard Lauer

Werden und Vergehen

Joachim Ringelnatz hat dieses „Liedchen" zum Jahresende 1930 in der „Welt-
bühne" veröffentlicht. Schlicht und einfach klingen die acht Verse, fast wie ein
Kinderlied. Daß die Zeit vergeht, daß Milch entsteht und dann verdirbt, daß eine
Kuhmagd melkt und irgendwann einmal stirbt – das scheint so dahingesprochen
zu sein. Und doch gibt es auch Irritation in dem Gedichtchen, so wenn es plötzlich   5
heißt: „Die Wahrheit schweigt". Und was soll der geigende Geiger am Schluß?
Ist, was hier ausgesagt wird, doch nicht so belanglos, wie es auf den ersten Blick
schien?
Die acht simplen Verse sind allesamt nach dem gleichen syntaktischen Muster
gebaut: Artikel – Substantiv – Verb. Siebenmal erscheint der bestimmte Artikel,   10
diese Reihe wird im Schlußvers durch den unbestimmten Artikel unterbrochen.
So haben wir achtmal die einfachste Satzkonstruktion vor uns, die denkbar ist:
Subjekt und Prädikat. Die Präsensformen legen nahe, daß das, was geschildert
wird, gerade jetzt und immerzu geschieht. Hört man genau hin, so klingen die
zweihebigen jambischen Verse wie das träge Ticken einer Perpendikeluhr*, den   15
Ablauf der Zeit markierend.
Auch die Bildpartikel, die hier Vers für Vers aneinandergereiht werden, sind
nicht so beliebig verschieden, wie es zunächst scheinen mochte. Verwelkendes
Gras, also Heu, Melken, das Gewinnen der Milch und der Tod derer, die daran
beteiligt sind, stehen durchaus in einem sachlich-logischen Zusammenhang. Fast   20
zeichnet sich eine kleine Geschichte ab. Denkt man nun wieder an die Zeit als
bestimmendes Thema, so erkennt man, daß in einfachen Worten und Versen ein

großer Bogen von Vergänglichkeit gezogen wird, begründet nicht durch „nachdem" und „sodann", sondern allein durch den Wechsel der Verben (vergeht,
verwelkt, entsteht, verdirbt, stirbt).

Der das Liedchen singt oder spricht – im Zweifel also wohl der schnodderig-
nachdenkliche Joachim Ringelnatz selbst – hat nun in seine einfach-konkrete
Geschichte ein abstraktes Thema einfließen lassen: das Verhältnis von Zeit und
Wahrheit. „Die Wahrheit schweigt", heißt es im sechsten Vers, nachdem Ver-
welken und Verderben um sich gegriffen haben. Ist damit gesagt, daß die auf
die Wahrheit gerichtete Wissenschaft, die Philosophie also, vielleicht auch die
Religion, zum Vergehen keine Erklärung hat? Und die Magd – stirbt sie gar,
weil sie die Wahrheit nicht erkennen konnte? Noch bleibt der Geiger. Bloß eine
Pointe, ein Gag, der seine Wirkung aus dem Kontrast zum Vorausgegangenen
bezieht, oder eine Antwort auf Fragen, die das Liedchen unmerklich aufgewor-
fen hat?

In einem so kurzen lyrischen Gebilde wiegt jedes Wort, jeder Laut schwer. Daher
wird man für nicht gering nehmen, daß sich durch die Verse eine Steigerung des
Diphthongs *ei* zieht, die von „Zeit" über „Wahrheit schweigt" zum Schlußvers
führt, der ganz von ihm getragen wird. Sollte hier der Schlüssel zum Verständnis
unseres „Liedchens" liegen? Wirklich schafft er ja so etwas wie einen „philosophischen" Kontrapunkt zur einfachen Moritat*. Denn man wird im geigenden
Geiger am Schluß nicht nur jenen sehen, der ein Grablied auf den Tod der
Kuhmagd spielt, sondern den Künstler überhaupt. Und sein Spiel stünde dann
für die Kunst, die einzig, über Wissenschaft und Philosophie hinaus, der Drift der
Zeit widersteht. Aus der Schnoddrigkeit des Bänkelsangs taucht der Schatten
Schopenhauers auf.

FAZ vom 26. 3. 1988

Arthur Schopenhauer

Jungsein und Altwerden

Arthur Schopenhauer kam 1788 in Danzig zur Welt. Er zählt neben Kant, Hegel und Schelling zu den großen deutschen Philosophen seiner Zeit. Nach einer wenig erfolgreichen Tätigkeit als Privatdozent in Berlin lebte er von 1831 an in Frankfurt am Main als Privatgelehrter.

Seine Schriften, darunter sein Hauptwerk „Die Welt als Wille und Vorstellung", fanden bei seinen Zeit- und Zunftgenossen zunächst wenig Echo und Würdigung, was die negative Einstellung Schopenhauers zu Welt und Menschen nur noch verstärkte. Erst in seinen späteren Lebensjahren fand er Anerkennung und eine breitere Leserschaft.

Seine Philosophie zeigt die Welt als einen Ort, wo ein blinder Urwille in ein sinnloses Dasein drängt, wo Geburt und Tod in ständiger Wiederholung stattfinden. Die Welt erscheint ihm als ein Ort der Buße und das Leben als eine strenge Lektion. Der denkende Mensch, der Philosoph, sollte sich daher diesem blinden Willen zum Dasein entgegenstellen und Askese und Verzicht üben. Diese Erkenntnis, daß die Welt schlecht ist und Nichtsein besser als Sein, verrät den Einfluß der Erlösungslehre des Buddhismus und führt zum Pessimismus, dessen Hauptvertreter in der Geschichte der Philosophie Schopenhauer ist.

Er starb 1860 in Frankfurt am Main.

Man muß alt geworden sein, also lange gelebt haben, um zu erkennen, wie kurz das Leben ist.

* * *

In früher Jugend sitzen wir vor unserm bevorstehenden Lebenslauf wie die Kinder vor dem Theatervorhang, in froher und gespannter Erwartung der Dinge, die da kommen sollen. Ein Glück, daß wir nicht wissen, was wirklich kommen wird. Denn wer es weiß, dem können zu Zeiten die Kinder vorkommen wie unschuldige Delinquenten, die zwar nicht zum Tode, hingegen zum Leben verurteilt sind, jedoch den Inhalt ihres Urteils noch nicht vernommen haben. – Nichtsdestoweniger wünscht jeder sich ein hohes Alter.

10 Wenn wir jung sind, vermeinen wir, daß die in unserm Lebenslauf wichtigen und
folgenreichen Begebenheiten und Personen mit Pauken und Trompeten auftreten werden: im Alter zeigt jedoch die retrospektive Betrachtung, daß sie alle ganz
still, durch die Hintertür und fast unbeachtet hereingeschlichen sind.

* * *

Vom Standpunkte der Jugend aus gesehen ist das Leben eine unendlich lange
15 Zukunft; vom Standpunkte des Alters aus eine sehr kurze Vergangenheit; so daß
es anfangs sich uns darstellt wie die Dinge, wenn wir das Objektivglas des
Opernguckers ans Auge legen, zuletzt aber, wie wenn das Okular.

* * *

Im Alter versteht man besser die Unglücksfälle zu verhüten; in der Jugend, sie zu
ertragen.

* * *

20 Jede Trennung gibt einen Vorgeschmack des Todes – und jedes Wiedersehen
einen Vorgeschmack der Auferstehung. Darum jubeln selbst Leute, die einander
gleichgültig waren, so sehr, wenn sie, nach zwanzig oder gar dreißig Jahren,
wieder zusammentreffen.

Heinrich Heine

Zum Lazarus

Laß die heil'gen Parabolen*,
Laß die frommen Hypothesen –
Suche die verdammten Fragen
Ohne Umschweif uns zu lösen.

5 Warum schleppt sich blutend, elend,
Unter Kreuzlast der Gerechte,
Während glücklich als ein Sieger
Trabt auf hohem Roß der Schlechte?

Woran liegt die Schuld? Ist etwa
10 Unser Herr nicht ganz allmächtig?
Oder treibt er selbst den Unfug?
Ach, das wäre niederträchtig.

Also fragen wir beständig,
Bis man uns mit einer Handvoll
15 Erde endlich stopft die Mäuler –
Aber ist das eine Antwort?

Ambrose Bierce

Parker Adderson, Philosoph

Der Amerikaner Ambrose Bierce kam 1842 in Miegs, Ohio, zur Welt. Er versuchte sich in verschiedenen Berufen, ehe er Journalist und Schriftsteller wurde.
Bierce machte sich einen Namen als Autor von Kurzgeschichten, die nicht zuletzt durch ihn zu einer selbständigen und anerkannten Gattungsform wurden.
Sein entscheidendes Erlebnis war der amerikanische Bürgerkrieg von 1861 bis 1865, der mit dem Sieg der Nordstaaten, der Union, über die Südstaaten, die Konföderierten, endete und die Sklaverei der Neger beseitigte. Seine besten und bekanntesten Geschichten handeln von diesem Krieg.
Mit seinem Hang zum Makabren kommt er in die Nähe zu seinem Landsmann Edgar Allan Poe. Vor Beginn des Ersten Weltkriegs ging er in das damals sehr unruhige Mexico, wo sich 1914 seine Spur verliert.

„Gefangener, wie heißen Sie?"
„Weil man morgen bei Tagesanbruch meinen Namen auslöschen wird, dürfte es kaum noch von Nutzen sein, ihn zu verheimlichen. Parker Adderson."
„Ihr Dienstgrad?"
„Ein ziemlich niedriger; aktive Offiziere sind zu kostbar, als daß man sie in   5
gefährlichen Spionageaffären aufs Spiel setzt. Ich bin Sergeant."
„Von welchem Regiment?"
„Sie müssen schon entschuldigen; meine Antwort wird Ihnen, nehme ich an, eine Vorstellung davon geben, womit Sie es hier zu tun haben. Ich habe Ihre Linien durchbrochen, um zu erfahren, welches Regiment hier liegt, und nicht, um über   10
meines Auskunft zu erteilen."
„Sie sind nicht ganz ohne Witz."
„Wenn Sie geduldig warten, werden Sie ihn morgen bereits bei mir vermissen können."
„Woher wissen Sie, daß Sie morgen sterben müssen?"   15
„Mit Spionen, die nachts gefangen werden, verfährt man üblicherweise so. Es ist eine der schönsten Gepflogenheiten, die zu diesem Beruf gehören."

Der General verzichtete von jetzt an darauf, das Respekteinflößende seiner Person – das jeden hohen Ofizier der Sezessionsarmee kennzeichnete, in diesem   20
Fall einen Offizier, der weithin auch für sein Lächeln bekannt war – besonders zu betonen. Doch keiner, der seinem Befehl unterstand und von seinem Wohlwollen abhing, hätte dieses äußerliche und sichtbare Zeichen einer gewissen Gewogenheit schon als glückliches Omen gedeutet. Der Gefühlsumschwung des Generals wirkte weder aufheiternd, noch wurde irgendein anderer davon   25
erfaßt; keiner der sonst Anwesenden bemerkte ihn überhaupt – der gefangene Spion nicht, der den Anlaß dazu gegeben hatte, und der bewaffnete Posten

nicht, der den Gefangenen in das Zelt geführt hatte und nun etwas abseits stand und ihn im gelben Kerzenschein beobachtete. Zu den Pflichten eines Kriegers gehörte das Lächeln nicht; er war für andere Aufgaben eingesetzt. Das Verhör wurde fortgeführt; eigentlich handelte es sich um die Untersuchung eines Kapi-
5 talverbrechens.

„Sie geben also zu, daß Sic ein Spion sind – daß Sie sich in mein Lager eingeschlichen haben – zur Tarnung zogen Sie die Uniform der Sezessionsarmee* an – um sich insgeheim Informationen über die Stärke und Verfassung meiner Truppen zu beschaffen."

10 „Besonders interessiert mich die Stärke. Die Verfassung der Truppen war mir bereits bekannt. Sie sind verdrossen."

Das Gesicht des Generals heiterte sich wieder auf; der Posten, der seine Verantwortlichkeit strenger einschätzte, bekam einen noch ernsteren Gesichtsausdruck, seine Haltung war jetzt noch ein wenig aufrechter als zuvor. Während er
15 seinen grauen Schlapphut auf seiner Fingerspitze wirbeln ließ, betrachtete der Spion müßig seine nähere Umgebung. Sie war einfach genug. Das Zelt war ein gewöhnliches ‚Hauszelt', ungefähr zwei Meter vierzig mal drei Meter groß; es wurde von einer einzigen Wachskerze, im Heft eines Bajonettes steckend, erleuchtet; das Bajonett selbst steckte in einem Kiefernholztisch, an dem der
20 General saß und gerade eifrig schrieb, wobei er offensichtlich seinen mißliebigen Gast vergessen hatte. Ein alter, zerschlissener Teppich bedeckte die blanke Erde; ein alter Lederkoffer, ein zweiter Stuhl und zusammengerollte Decken waren ringsum alles, was das Zelt sonst noch enthielt; unter General Claverings Kommando hatten sich konföderierte Schlichtheit und der Verzicht auf ‚Pomp
25 und Staat' zur höchsten Wirksamkeit entwickelt. Auf einem großen Nagel, der in den Zeltstock am Eingang geschlagen worden war, hingen ein Säbelkoppel mit Degen, eine Pistole mit Halfter und, absurd genug, ein Jagdmesser. Von dieser höchst unmilitärischen Waffe pflegte der General zu sagen, sie wäre für ihn ein Andenken an friedlichere Tage, da er noch Zivilist gewesen war.

30

Es war eine stürmische Nacht. Der Regen floß in Sturzbächen auf die Zeltbahn mit dem dumpfen, trommelnden Geräusch, das jedem Zeltbewohner so vertraut ist. Wenn die heulenden Böen auf das Zelt drückten, schwankte das lockere Gefüge und zerrte und riß an den Halteplöcken und Seilen.
35 Der General beendete sein Schriftstück, faltete das halbe Blatt Papier und sagte zu dem Soldaten, der Adderson bewachte: „Hier, Tassman, bringen Sie das meinem Adjutanten; dann kommen Sie zurück."

„Und der Gefangene, Herr General?" fragte der Soldat, als er grüßte und einen forschenden Blick in die Richtung des Unglückseligen warf.
40 „Tun Sie, was ich befohlen habe", erwiderte der General knapp. Der Soldat nahm das Schriftstück und verließ, sich bückend, das Zelt. General Clavering wandte sein edles Gesicht dem Spion zu, sah ihm in die Augen, jedoch nicht unfreundlich, und sagte: „Es ist eine böse Nacht, Mann."

„Für mich, ja."

„Können Sie sich denken, was ich geschrieben habe?"

„Sicherlich etwas Lesenswertes, möchte ich sagen. Und – vielleicht ist das aber nur meine Eitelkeit – ich wage zu vermuten, daß darin von mir die Rede ist."

„Jawohl; es ist ein Tagesbefehl, der den Truppen beim Morgenappell verlesen werden soll. Er betrifft Ihre Exekution. Außerdem sind es Anweisungen für den Chef der Feldgendarmerie, wie die Vorbereitungen zu treffen sind."

„Ich hoffe, Herr General, daß das Schauspiel mit Verstand arrangiert wird, denn ich selbst muß ja dabei sein."

„Gibt es irgendwelche Dinge, die Sie noch regeln möchten? Wollen Sie zum Beispiel vorher noch einen Pfarrer sprechen?"

„Mein innerer Friede wird kaum größer werden dadurch, daß ich ihm seinen Frieden nehme."

„Großer Gott, Mann! Glauben Sie wirklich, in den Tod gehen zu können nur mit Scherzen auf den Lippen? Ist Ihnen bewußt, daß es eine sehr ernste Sache ist?"

„Wie kann mir das bewußt sein? In meinem ganzen Leben bin ich noch nie tot gewesen. Ich habe zwar schon gehört, daß der Tod eine ernste Angelegenheit sein soll, aber niemals von denen, die selbst davon betroffen worden waren."

Der General schwieg einen Augenblick; der Mann interessierte, ja, amüsierte ihn vielleicht – es war ein Typ, dem er zuvor noch nie begegnet war.

„Der Tod", sagte er, „ist zumindest ein Verlust – ein Verlust des Glücksgefühls, das wir besitzen, und der Möglichkeit, es zu steigern."

„Ein Verlust, der uns nie bewußt wird, kann gelassen ertragen und darum ohne Angst erwartet werden. Ihnen wird bereits aufgefallen sein, Herr General, daß bei keinem der Gefallenen, die Sie nach Ihrem soldatischen Gutdünken auf Ihren Weg gestreut haben, Anzeichen des Bereuens festzustellen waren."

„Wenn auch der Zustand des Todes selbst nicht zu beklagen ist, so doch der Weg dahin – der Akt des Sterbens – er scheint eindeutig jedem gegen den Strich zu gehen, der die Kraft des Fühlens noch nicht ganz verlor."

„Schmerz ist zweifellos unangenehm. Ich habe ihn niemals ohne mehr oder weniger Unbehagen ertragen. Doch wer am längsten lebt, ist ihm auch am längsten ausgesetzt. Was Sie Sterben nennen, ist nur der letzte Schmerz – mit ihm allerdings kann sich wirklich nichts vergleichen. Nehmen Sie zum Beispiel einmal an, daß ich versuchen würde, zu fliehen. Sie würden den Revolver, den Sie höflicherweise in Ihrem Schoß versteckt halten, hochheben und . . ."

Der General errötete wie ein Mädchen, lachte dann leise, wobei seine prächtigen Zähne sichtbar wurden, beugte leicht seinen stattlichen Kopf und schwieg. Der Spion fuhr fort: „Sie würden schießen, und ich hätte etwas in meinem Bauch, das ich nicht verdauen könnte. Ich würde zwar hinfallen, wäre aber nicht tot. Nach einer halbstündigen Agonie* wäre ich schließlich gestorben. Aber in jedem Augenblick während dieser halben Stunde gehörte ich entweder dem Leben oder dem Tode an. Es gibt keinen Übergang.

Wenn ich morgen früh gehängt werde, wird es ebenso sein; solange ich das Bewußtsein habe, werde ich leben; wenn ich tot bin, dann ohne Bewußtsein. Die Natur scheint die Angelegenheit ganz in meinem Sinne geregelt zu haben – so, wie ich sie selbst geregelt hätte. Es ist alles so unkompliziert", fügte er mit einem Lächeln hinzu, „daß es kaum lohnt, überhaupt aufgehängt zu werden."

Als er mit seinen Ausführungen zu Ende war, trat ein langes Schweigen ein. Der General saß teilnahmslos da und sah dem Mann ins Gesicht; offenbar dachte er aber nicht darüber nach, was eben gesagt worden war. Nur seine Augen schienen den Gefangenen zu beobachten, während sein Geist sich mit anderen Dingen beschäftigte. Bald darauf atmete er lang und tief ein, erschauerte wie jemand, der aus einem schrecklichen Traum erwacht, und stieß fast lautlos hervor: „Der Tod ist entsetzlich!" – dieser Mann des Todes.

„Er war für unsere wilden Vorfahren entsetzlich", erwiderte der Spion ernst, „weil sie nicht genügend Denkvermögen besaßen, die Vorstellung des Bewußtseins von den physischen Formen zu trennen, in denen sich das Bewußtsein manifestiert – so, wie auf einer viel niedrigeren Intelligenzstufe, zum Beispiel der des Affen, es unmöglich sein mag, sich ein Haus ohne Bewohner vorzustellen oder beim Anblick einer zerfallenen Hütte nicht auch gleichzeitig den Bewohner zu sehen, den es gar nicht gibt. Für uns ist er entsetzlich, weil uns diese Denkweise angeboren ist; mit ihren wilden und phantasievollen Theorien über eine andere Welt prägt sie unsere Todesvorstellung – so lassen die Namen von Plätzen Legenden entstehen, die die Namen erklären, so rechtfertigen wir den Tod mit unbegründeten philosophischen Spekulationen. Sie können mich hängen lassen, Herr General, aber damit endet Ihre verderbliche Macht; Sie können mich nicht dazu verdammen, in den Himmel zu müssen."

Der General schien nicht zugehört zu haben; die Ausführungen des Spions schienen die Gedanken des Generals nur in ungewohnte Bahnen gelenkt zu haben, dort aber verfolgten sie unabhängig ihre eigenen Ziele und führten zu Schlußfolgerungen eigener Art. Der Sturm hatte aufgehört, und irgend etwas vom feierlichen Geist dieser Nacht hatte sich seinen Gedankengängen mitgeteilt und tönte sie düster mit einem übernatürlichen Grauen. Vielleicht lag eine Vorahnung darin. „Ich würde diese Nacht nicht sterben wollen", sagte er – „nicht diese Nacht."

Er wurde unterbrochen – falls er tatsächlich beabsichtigt haben sollte, weiterzusprechen – weil ein Offizier seines Stabes eingetreten war, Hauptmann Hasterlick, der Chef der Feldgendarmerie. Das versetzte den General wieder in die Wirklichkeit zurück; der abwesende Blick verschwand von seinem Gesicht.

„Hauptmann", sagte er und erwiderte den Gruß des Offiziers, „dieser Mann hier ist ein Yankee-Spion, er wurde hinter unseren Linien gefaßt, man fand belastende Aufzeichnungen bei ihm. Er hat gestanden. Wie ist das Wetter?"

„Der Sturm ist vorbei, Sir, jetzt scheint der Mond."

„Gut; stellen Sie ein Kommando zusammen, führen Sie den Mann sofort auf den Paradeplatz und lassen Sie ihn erschießen."

Ein schriller Schrei ertönte von den Lippen des Spions. Er warf sich nach vorn, reckte den Hals, riß seine Augen auf und rang die Hände.

„Großer Gott!" schrie er heiser, so daß es kaum zu verstehen war; „das kann doch nicht Ihr Ernst sein! Sie vergessen, daß ich nicht vor morgen früh sterben sollte."

„Ich habe nichts von morgen gesagt", antwortete der General kalt; „das war *Ihre* 5 Annahme. Sie sterben jetzt."

„Aber, Herr General, ich bitte Sie – ich flehe Sie an, erinnern Sie sich doch, ich soll ja gehängt werden! Es wird einige Zeit dauern, bis der Galgen aufgebaut ist – zwei Stunden – eine Stunde. Nach dem Kriegsrecht, das auch mir gewisse Rechte einräumt, müssen Spione aufgehängt werden. Um des Himmels willen, Herr 10 General, bedenken Sie, wie kurz . . ."

„Hauptmann, führen Sie meinen Befehl aus."

Der Offizier zog seinen Degen und wies schweigend, den Gefangenen nicht aus den Augen lassend, auf die Zelttür. Der Gefangene zögerte; der Offizier packte ihn beim Kragen und stieß ihn leicht vorwärts. Als er am Zeltstock vorbeikam, 15 sprang der rasende Mann mit katzenhafter Behendigkeit auf den Zeltstock zu, griff das Heft des Jagdmessers, zog es aus der Scheide und stürzte, während er den Hauptmann zur Seite stieß, mit der Heftigkeit eines Wahnsinnigen auf den General los, schleuderte ihn zu Boden und warf sich der Länge nach auf ihn. Der Tisch war umgefallen, die Kerzen erloschen, sie kämpften blindlings im Dunkel. 20 Der Chef der Feldgendarmerie wollte seinem Vorgesetzten zu Hilfe eilen, aber er stürzte selbst auf die Kämpfenden nieder. Flüche und unartikulierte Schreie vor Wut und Schmerz ertönten aus dem Durcheinander von Gliedern und Leibern; das Zelt brach über ihnen zusammen, und zwischen den hinderlichen Falten, die die Kämpfenden einhüllten, ging das Ringen weiter. Der Schütze Tassman, der 25 gerade von seinem Gang zurückkam und die Situation dunkel ahnte, warf sein Gewehr hin, ergriff aufs Geratewohl die zappelnde Zeltbahn und versuchte sie von den darunter begrabenen Männern fortzuziehen; der Wachtposten, der vor dem Zelteingang auf und ab schritt und der seinen Posten nicht verlassen hätte, selbst wenn der Himmel eingestürzt wäre, feuerte in die Luft. Der Knall alar- 30 mierte das ganze Lager; Trommeln wirbelten mit anhaltendem Schlag, und Signalhörner riefen zum Sammeln; halbangezogene Männer kamen in Scharen heraus ins Mondlicht; sie zogen sich, während sie rannten, weiter an und glieder- ten sich zu Formationen unter den scharfen Kommandos ihrer Offiziere. Das war gut so; denn sobald sie erst einmal angetreten waren, hatte man sie unter 35 Kontrolle; sie waren bereits einsatzbereit, als von den Männern des Stabes und der Eskorte des Generals in das Durcheinander Ordnung gebracht wurde, indem man das eingestürzte Zelt beiseite zog und die atemlosen, blutenden Beteiligten dieser ungewöhnlichen Auseinandersetzung trennte.

Wirklich ohne Atem war einer: der Hauptmann war tot; der Griff des Jagdmes- 40 sers, der aus seiner Kehle herausragte, war unter dem Kinn weit in den Hals hineingedrückt worden, so daß sich das Ende des Messers irgendwo in die Kiefer gebohrt hatte und es der Hand, die den Stoß führte, nicht mehr gelang, die Waffe wieder herauszuziehen. Die Hand des Toten hielt den Degen mit einem Griff umklammert, als gelte es, einen Lebenden herauszufordern. Die Klinge des Degens war bis zum Heft rot gestreift.

Als man den General aufgehoben hatte, sank er wieder stöhnend zu Boden und wurde ohnmächtig. Neben Brüchen waren an ihm auch zwei Degenstiche erkennbar – einer durch den Schenkel, der andere durch die Schulter.

Der Spion hatte am wenigsten abbekommen. Abgesehen von einem gebrochenen rechten Arm, waren seine Wunden nur von der Art, wie man sie sich in einer gewöhnlichen Schlägerei, bei der als Waffen die Fäuste benutzt werden, zuzieht. Aber er war betäubt und schien kaum zu wissen, was vorgefallen war. Er entglitt seinen Begleitern, kauerte auf dem Boden und ließ unverständliche Protestäußerungen vernehmen. Sein Gesicht, das von Schlägen geschwollen und von Blut befleckt war, leuchtete nichtsdestoweniger unter dem aufgelösten Haar weiß hervor – weiß wie ein Leichnam.

„Der Mann ist nicht geisteskrank", sagte der Arzt, der Verbände anlegte und auf eine Frage antwortete; „er ist nur von Angst besessen. Wer und was ist er?"

Der Schütze Tassmann fing an, alles zu erklären. Es war der große Augenblick seines Lebens; er ließ keine Einzelheit aus, die vielleicht dazu dienen konnte, zu zeigen, wie wichtig die Rolle gewesen war, die er selbst bei den nächtlichen Ereignissen gespielt hatte. Als er seinen Bericht beendet hatte und wieder von vorn anfangen wollte, hörte ihm niemand mehr zu.

Der General war jetzt wieder zu Bewußtsein gekommen. Er richtete sich auf den Ellbogen hoch, sah sich um und befahl einfach, als er den von Posten bewachten Spion am Lagerfeuer hockend erblickte:

„Führt den Mann auf den Paradeplatz und erschießt ihn."

„Der General ist geistig abwesend", bemerkte ein Offizier, der in der Nähe stand.

„Er ist ganz gegenwärtig", erwiderte der Adjutant des Generals. „Ich habe in dieser Sache einen schriftlichen Befehl von ihm; er hatte den gleichen Befehl auch Hasterlick erteilt" – mit einer Handbewegung deutete er auf den toten Chef der Feldgendarmerie – „und, bei Gott, dieser Befehl wird ausgeführt werden."

Zehn Minuten später wurde der im Mondschein kniende Sergeant Parker Adderson von der Unionsarmee, Philosoph und Witzbold, der inkonsequenterweise um sein Leben bettelte, von zwanzig Soldaten erschossen. Als die Salve in der kalten Luft der Mitternacht verklungen war, öffnete General Clavering, der bleich und still in der roten Glut am Lagerfeuer lag, seine großen blauen Augen, schaute die um ihn Stehenden freundlich an und sagte: „Wie still alles ist!"

Der Arzt warf dem Adjutanten des Generals einen ernsten, bedeutungsvollen Blick zu. Die Augen des Patienten schlossen sich langsam, und so lag er einige Augenblicke da; dann überzog sein Gesicht ein Lächeln von unbeschreiblicher Süße, und er sagte leise: „Ich glaube, das ist der Tod", und verschied.

Federico García Lorca

Reiterlied

Federico García Lorca kam 1898 in der Nähe von Granada zur Welt. Der Spanier gilt als einer der großen Lyriker und Dramatiker seines Landes. Er fühlte sich den einfachen Menschen verbunden, den Bauern, Zigeunern und Stierkämpfern. Reisen führten ihn nach Nord- und Südamerika. 1936 wurde er unter bisher ungeklärten Umständen ein Opfer des blutigen Bürgerkriegs in Spanien.

Canción de Jinete

Córdoba.
Einsam und fern.

Schwarzes Pferdchen, großer Mond,
Oliven im Sack meines Sattels.
5 Wohl weiß ich die Wege,
Doch nach Córdoba komme ich nie.

Durch die Weite, durch den Wind,
Schwarzes Pferdchen, roter Mond.
Der Tod starrt mich an
10 Von Córdobas Türmen.

Ach, wie lang ist der Weg!
Ach, mein wackeres Pferd!
Ach, wie der Tod mich schon holt,
Eh ich in Córdoba bin!

15 Córdoba.
Einsam und fern.

Übertragung von Hugo Friedrich

Córdoba.
Lejana y sola.

Jaca negra, luna grande,
Y aceitunas en mi alforja.
Aunque sepa los caminos   5
Yo nunca llegaré a Córdoba.

Por el llano, por el vento,
Jaca negra, luna roja.
La muerte me está mirando
Desde las torres de Córdoba.   10

Ay qué camino, tan largo!
Ay mi jaca valerosa!
Ay que la muerte me espera,
Antes de llegar a Córdoba!

Córdoba.   15
Lejana y sola.

Franz Kafka

Vor dem Gesetz

Franz Kafka kam 1883 in Prag als Sohn eines begüterten jüdischen Kaufmanns zur
Welt. Er studierte Germanistik und auf Wunsch des Vaters Jura und arbeitete dann
in einer Versicherungsanstalt. Er litt darunter, den ungeliebten Brotberuf und sein
existentielles Bedürfnis zu schreiben nicht in Einklang bringen zu können.
Zu seinen Lebzeiten wurden von ihm nur kleinere Arbeiten, z. B. die Erzählung
„Die Verwandlung" (1916) veröffentlicht. Erst nach seinem Tode gab Max Brod,
ein Freund des Dichters, die großen Romane Kafkas heraus: „Der Prozeß", „Das
Schloß" und „Amerika". 1924 starb Kafka in einem Sanatorium bei Wien an
Schwindsucht.
Die folgende Parabel stammt aus dem „Prozeß". Josef K., die Hauptfigur des
Romans, wird von einer unsichtbaren, nicht faßbaren Behörde angeklagt und vor
Gericht geladen, ohne daß er sich einer Schuld bewußt ist. Der Roman hat viele
Deutungen erfahren, auch religiöse. Josef K. hört diese Geschichte vom
Gefängnisgeistlichen in einer Kirche.

Vor dem Gesetz steht ein Türhüter. Zu diesem Türhüter kommt ein Mann vom
Lande und bittet um Eintritt in das Gesetz. Aber der Türhüter sagt, daß er ihm
jetzt den Eintritt nicht gewähren könne. Der Mann überlegt und fragt dann, ob er
also später werde eintreten dürfen. „Es ist möglich", sagt der Türhüter, „jetzt
5 aber nicht." Da das Tor zum Gesetz offensteht wie immer und der Türhüter
beiseite tritt, bückt sich der Mann, um durch das Tor in das Innere zu sehn. Als
der Türhüter das merkt, lacht er und sagt: „Wenn es dich so lockt, versuche es
doch, trotz meines Verbotes hineinzugehen. Merke aber: Ich bin mächtig. Und
ich bin nur der unterste Türhüter. Von Saal zu Saal stehn aber Türhüter, einer
10 mächtiger als der andere. Schon den Anblick des dritten kann nicht einmal ich
mehr ertragen." Solche Schwierigkeiten hat der Mann vom Lande nicht erwartet;
das Gesetz soll doch jedem und immer zugänglich sein, denkt er, aber als er jetzt
den Türhüter in seinem Pelzmantel genauer ansieht, seine große Spitznase, den
langen, dünnen, schwarzen tatarischen Bart, entschließt er sich, doch lieber zu
15 warten, bis er die Erlaubnis zum Eintritt bekommt. Der Türhüter gibt ihm einen
Schemel und läßt ihn seitwärts von der Tür sich niedersetzen. Dort sitzt er Tage
und Jahre. Er macht viele Versuche, eingelassen zu werden, und ermüdet den
Türhüter durch seine Bitten. Der Türhüter stellt öfters kleine Verhöre mit ihm
an, fragt ihn über seine Heimat aus und nach vielem andern, es sind aber
20 teilnahmslose Fragen, wie sie große Herren stellen, und zum Schlusse sagte er
ihm immer wieder, daß er ihn noch nicht einlassen könne. Der Mann, der sich für
seine Reise mit vielem ausgerüstet hat, verwendet alles, und sei es noch so
wertvoll, um den Türhüter zu bestechen. Dieser nimmt zwar alles an, aber sagt
dabei: „Ich nehme es nur an, damit du nicht glaubst, etwas versäumt zu haben."

Während der vielen Jahre beobachtet der Mann den Türhüter fast ununterbrochen. Er vergißt die andern Türhüter und dieser erste scheint ihm das einzige Hindernis für den Eintritt in das Gesetz. Er verflucht den unglücklichen Zufall, in den ersten Jahren rücksichtslos und laut, später, als er alt wird, brummt er nur noch vor sich hin. Er wird kindisch, und, da er in dem jahrelangen Studium des Türhüters auch die Flöhe in seinem Pelzkragen erkannt hat, bittet er auch die Flöhe, ihm zu helfen und den Türhüter umzustimmen. Schließlich wird sein Augenlicht schwach, und er weiß nicht, ob es um ihn wirklich dunkler wird, oder ob ihn nur seine Augen täuschen. Wohl aber erkennt er jetzt im Dunkel einen Glanz, der unverlöschlich aus der Türe des Gesetzes bricht. Nun lebt er nicht mehr lange. Vor seinem Tode sammeln sich in seinem Kopfe alle Erfahrungen der ganzen Zeit zu einer Frage, die er bisher an den Türhüter noch nicht gestellt hat. Er winkt ihm zu, da er seinen erstarrenden Körper nicht mehr aufrichten kann. Der Türhüter muß sich tief zu ihm hinunterneigen, denn der Größenunterschied hat sich sehr zu ungunsten des Mannes verändert. „Was willst du denn jetzt noch wissen?" fragt der Türhüter, „du bist unersättlich." „Alle streben doch nach dem Gesetz", sagt der Mann, „wieso kommt es, daß in den vielen Jahren niemand außer mir Einlaß verlangt hat?" Der Türhüter erkennt, daß der Mann schon an seinem Ende ist, und, um sein vergehendes Gehör noch zu erreichen, brüllt er ihn an: „Hier konnte niemand sonst Einlaß erhalten, denn dieser Eingang war nur für dich bestimmt. Ich gehe jetzt und schließe ihn."

Walther von der Vogelweide
Owê war sint verswunden

Walther von der Vogelweide ist der bekannteste Lyriker des deutschen Mittelalters. Seine Lebensdaten sind nicht gesichert. Geboren wurde er um das Jahr 1170, gestorben ist er um das Jahr 1230. Sein Leben fällt in die Zeit der Stauferkaiser. Er hatte engere Beziehungen zu Österreich und zum Wiener Hof. Sein Einfluß auf die Zeitgenossen und auf die höfische Welt war sehr groß, nahm er mit seiner Spruchdichtung doch immer wieder in den politischen Wirren seiner Zeit leidenschaftlich Partei. Walther ist aber auch der bedeutendste Vertreter des deutschen Minnesangs, der ritterlichen Liebesdichtung.
Der folgende Text ist Walthers berühmte „Elegie", eines seiner letzten Gedichte, eine Art Summe seines Lebens.

Owê war sint verswunden   alliu mîniu jâr!
ist mir mîn leben getroumet,   oder ist ez wâr?
daz ich ie wânde ez wære,   was daz allez iht?
dar nâch hân ich geslâfen   und enweiz es niht.
5   nû bin ich erwachet,   und ist mir unbekant
daz mir hie vor was kündic   als mîn ander hant.
liut unde lant, dar inn ich   von kinde bin erzogen,
die sint mir worden frömde   reht als ez sî gelogen.
die mîne gespilen wâren,   die sint træge unt alt.
10   bereitet is daz velt,   verhouwen ist der walt:
wan: daz daz wazzer fliuzet   als ez wîlent flôz,
für wâr mîn ungelücke   wânde ich wurde grôz.
mich grüezet maneger trâge,   der mich bekande ê wol.
diu welt ist allenthalben   ungenâden vol.
15   als ich gedenke an manegen   wünneclîchen tac,
die mir sint enpfallen   als in daz mer ein slac,
iemer mêre ouwê.

Owê wie jæmerlîche   junge liute tuont,
den ê vil wünneclîchen   ir gemüete stuont!
20   die kunnen niuwan sorgen: ouwê wie tuont si sô?
swar ich zer werlte kêre,   dâ ist nieman frô:
tanzen, lachen, singen   zergât mit sorgen gar:
nie kein kristenman gesach   sô jæmerlîche schar.
nû merkent wie den frouwen   ir gebende stât:
25   die stolzen ritter tragent   dörpellîche wât.
uns sint unsenfte brieve   her von Rôme komen,
uns ist erloubet trûren   und fröide gar benomen.
daz müet mich inneclîchen   (wir lebten ie vil wol),
daz ich nû für mîn lachen   weinen kiesen sol.
30   die vogel in der wilde   betrüebet unser klage:
waz wunders ist ob ich dâ von   an fröiden gar verzage?
wê waz spriche ich tumber man   durch mînen bœsen zorn?
swer dirre wünne volget,   hât jene dort verlorn,
iemer mêr ouwê.

Owê wie uns mit süezen   dingen ist vergeben!   35
ich sihe die gallen mitten   in dem honege sweben:
diu welt ist ûzen schœne,   wîz grüen unde rôt,
und innân swarzer varwe,   vinster sam der tôt.
swen si nû habe verleitet,   der schouwe sînen trôst:
er wirt mit swacher buoze   grôzer sünde erlôst.   40
dar an gedenket, ritter: ez ist iuwer dinc.
ir tragent die liehten helme   und manegen herten rinc,
dar zuo die vesten schilte   und diu gewîhten swert.
wolte got, wan wære ich   der sigenünfte wert!
sô wolte ich nôtic armman   verdienen rîchen solt.   45
joch meine ich niht die huoben   noch der hêrren golt:
ich wolte sælden krône   êweclîchen tragen:
die mohte ein soldenære   mit sîme sper bejagen.
möht ich die lieben reise   gevaren über sê,
sô wolte ich denne singen wol,   und niemer mêr ouwê,   50
niemer mêr ouwê.

Oweh wohin entschwanden

Oweh wohin entschwanden alle meine Jahre!
War mein Leben ein Traum, oder ist es Wirklichkeit?
Was ich immer glaubte, es sei – war all das etwas?
Dann habe ich geschlafen und weiß es nicht.
Nun bin ich erwacht, und ich kenne nicht mehr,   5
was mir zuvor bekannt war wie meine eigene Hand.
Leute und Land, in deren Mitte ich von Kind an aufgezogen worden bin,
die sind mir fremd geworden, als hätte es sie gar nicht gegeben.
Mit denen ich gespielt habe, die sind jetzt müde und alt.
Bebaut ist das Land, gerodet der Wald.   10
Liefe der Fluß nicht, wie er einstens lief –
glaubte ich wahrlich, mein Leid wäre groß.
So mancher grüßt mich überhaupt nicht mehr, der mich einst sehr wohl kannte:
Die Welt ist überall voller Undank.
Wenn ich so manchen strahlenden Tags gedenke,   15
der spurlos mir entglitten ist, wie ins Wasser ein Schlag –
immerdar: oweh.

Oweh wie kümmerlich geben die jungen Leute sich,
die einstmals fröhlich und wohlerzogen waren,
20   die verstehn sich nur noch auf Sorgen – ach warum sind sie so?
Wohin auch ich mich wende – niemand ist vergnügt:
Tanzen, Lachen, Singen vergehen ganz in Sorgen.
Nie hat ein Christenmensch eine derart klägliche Gesellschaft gesehn.
Man sehe nur, wie den Damen ihr Kopfschmuck steht;
25   und stolze Ritter tragen bäurische Kleidung!
Böse Briefe* sind uns aus Rom gekommen.
Traurigsein ist uns gestattet, Frohsinn ganz genommen.
Das schmerzt mich zutiefst (wir lebten einst nicht übel),
daß ich jetzt mein Lachen gegen Tränen eintauschen soll.
30   Selbst die Vögel im wilden Wald werden bedrückt von unsrer Klage:
was Wunder, daß auch ich darob alle frohe Stimmung einbüße?
Aber ach, was sage ich Narr da in meiner schlimmen Empörung!
Wer dem Glück dieser Welt nachgeht, hat das ewige schon eingebüßt,
immerdar oweh.

35   Oweh wie wir mit süßen Dingen vergiftet sind!
Ich sehe die bittere Galle inmitten des Honigs schwimmen.
Die Welt ist außen schön, weiß, grün und rot –
und innen von schwarzer Farbe und finster wie der Tod.
Wen aber sie verführt hat, der sehe jetzt auf seine Rettung:
40   mit geringer Bußleistung wird er von schwerer Sünde erlöst.
Daran denkt, ihr Ritter; es ist eure Sache.
Ihr tragt die strahlenden Helme und die harten Ringpanzer,
und dazu feste Schilde und geweihte Schwerter:
wollte Gott auch *ich* wäre solcher Segnung noch wert!
45   Dann würde ich in meiner Dürftigkeit mir reichen Lohn erdienen.
Doch damit meine ich keinen Landbesitz noch das Gold der Großen:
die Krone der Seligkeit wollte ich ewig tragen!
Die konnte einst schon ein Söldner mit seiner Lanze erringen.*
Könnte ich den ersehnten Zug mitfahren übers Meer,
50   dann würde ich freudig singen, und niemals mehr oweh,
niemals mehr oweh!

Übertragung von Peter Wapnewski

Walther von der Vogelweide
Die Buchillustration entstand um 1310–1340.
(Aus der Großen Heidelberger Liederhandschrift)

elegie*

O weh, wohin entschwand mir alle lebenszeit
war denn ein traum mein leben, war es wirklichkeit?
was ich für wahr gehalten, wars ein nachtgesicht?
da hab ich wohl geschlafen und weiß es selber nicht
nun bin ich wach geworden, und mir ist unbekannt   5
was mir zuvor vertraut war wie meine eigne hand
ringsum das land, die leute, die mich aufgezogen
sie sind mir fremd geworden, als wäre es erlogen
und meine spielgefährten müde nun und alt
die felder umgebrochen, gerodet ist der wald   10
wenn nicht das wasser flösse wie von alters her
ich glaub, dann wär mein leiden unerträglich schwer
so mancher grüßt mich träge und kannt mich früher gut
die welt zeigt allenthalben undank und wankelmut
denk ich der wonnetage, die ich so lang entbehr   15
die ohne spur verschwanden wie ein netz im meer
immer nur o weh

O weh, wie schlimm gebärden sich die jungen leut
höfischer sinn von damals schert sie keinen deut
20   sie leben nur in sorgen, warum? und nirgendwo
wohin ich mich auch kehrte, fand ich einen froh
tanzen, singen sind vor kummer rar
nie sah ein christenmensch so jämmerliche jahr
seht nur den putz der damen, eitelkeit und tand
25   und manchen stolzen ritter in bäurischem gewand
auch haben schlimme briefe uns aus rom erreicht
die trauer ist erlaubt, und alle freude weicht
wie gut war unser leben, das ist mein tiefster groll
daß ich fortan mein lachen in weinen tauschen soll
30   sogar die wilden vögel bekümmert dieser gram
was wunder, daß er mir den letzten frohsinn nahm
so red ich nun im zorne und such als armer tor
nach erdenwonnen, bis ich die himmlischen verlor
immer nur o weh

35   O weh, zu gift geworden ist alle süßigkeit
in jedem goldnen honig macht sich galle breit
so schön die welt von außen, weiß und grün und rot
doch innen ist sie finster wie der schwarze tod
wen aber sie verführte, der such, ob rettung sei
40   mit leichter buße wird er von schweren sünden frei
ihr ritter, das ist eure pflicht, bedenkt es gut
ihr tragt die harten panzer, den blanken eisenhut
ihr tragt geweihte schwerter und tragt den festen schild
gäb gott mir solche ehre, mein sehnen wär gestillt
45   sodann verdient ich armer bettler reichen sold
zwar keine ländereien und kein fürstengold
doch eine himmelskrone, die gäb ich nimmer her
longinus* schon erjagte sie einst mit seinem speer
könnt ich zu solcher reise aufbrechen über see
50   ich wollte freude singen und nimmermehr o weh

Übertragung von Hubert Witt

Friedrich Hölderlin

Hälfte des Lebens

Friedrich Hölderlin kam 1770 in Lauffen am Neckar zur Welt. In der protestantisch-pietistischen Tradition seiner Familie erzogen, besuchte er das berühmte Tübinger Stift, um Theologie zu studieren. Seine Studiengenossen waren dort die später so bekannten Philosophen Schelling und Hegel. Hölderlin entzog sich jedoch dem wenig geliebten Beruf des Theologen und unterrichtete als Hauslehrer in reichen Häusern. Von 1796 bis 1798 hatte er eine Stelle im Hause Gontard in Frankfurt. Susette, die Gattin Gontards, verehrte er seit dieser Zeit auf schwärmerische Art. Er verklärte sie in seinen Dichtungen zu der idealen Frauengestalt der Diotima. Als Hauslehrer kam er schließlich auch nach Bordeaux, von wo er 1802 sichtlich gebrochen und dem Wahnsinn nahe zurückkehrte. In den nächsten Jahren verschlimmerte sich sein Zustand. Von 1808 bis zu seinem Tode 1843 lebte er geisteskrank bei einem

Handwerker in Tübingen, „von Apoll geschlagen".
Sein Werk, das Hymnen, Oden, Elegien, aber auch einen Briefroman („Hyperion") und ein Dramenfragment („Der Tod des Empedokles") umfaßt, ist geprägt von höchster Sprachkunst, von Gläubigkeit und Idealismus und von einer engen Beziehung zu Griechenland, dem antiken und dem des Freiheitskampfes gegen die Türken zu seiner Zeit.

Mit gelben Birnen hänget
Und voll mit wilden Rosen
Das Land in den See,
Ihr holden Schwäne,
5 Und trunken von Küssen
Tunkt ihr das Haupt
Ins heilignüchterne Wasser.

Weh mir, wo nehm ich, wenn
Es Winter ist, die Blumen, und wo
Den Sonnenschein,   10
Und Schatten der Erde?
Die Mauern stehn
Sprachlos und kalt, im Winde
Klirren die Fahnen.

Ricarda Huch

Erinnerung

Ricarda Huch (1864–1947) entstammte einer alten Braunschweiger Kaufmannsfamilie. 1887 ging sie nach Zürich (da deutsche Universitäten Frauen noch nicht zuließen), holte innerhalb eines Jahres ihr Abitur nach, studierte Geschichte, Philologie und Philosophie und erwarb 1891 als eine der ersten deutschen Frauen den Doktortitel.
Während sie als Lehrerin und Bibliothekarin in Zürich arbeitete, schrieb sie Novellen, lyrische Gedichte und 1893 den autobiographisch geprägten Roman „Erinnerungen von Ludolf Ursleu dem Jüngeren". Zusammen mit den Werken „Blüthezeit der Romantik" (1899) und „Ausbreitung und Verfall der Romantik" (1902) hat dieser Roman ihren literarischen Ruhm begründet. Ricarda Huch war die Hauptvertreterin der neuromantischen Richtung in der Literatur und Kulturkritik um die Jahrhundertwende. Sie beeinflußte maßgeblich die damals modernen „romantischen" Lebensvorstellungen und Stimmungen einer jungen Generation. Das folgende Gedicht ist ein Beispiel für diese gefühlsbezogene Einstellung.
Ricarda Huch hat außer lyrischen Gedichten, Erzählungen und Romanen auch zahlreiche große Geschichtswerke *und Biographien geschrieben. Die bekanntesten sind „Der große Krieg in Deutschland" (1912–1914) und „Das Leben des Grafen Federigo Confalonieri" (1910). Mit diesem vielfältigen Werk gehört sie zu den bedeutendsten Schriftstellerinnen des 20. Jahrhunderts. Thomas Mann nannte sie „die erste Frau Deutschlands, ja wahrscheinlich Europas".*
1933 trat Ricarda Huch aus Protest gegen die Judenverfolgung aus der Preußischen Akademie der Künste aus, in die sie 1926 als erste Frau berufen worden war. Ihre letzten historischen Studien galten den Opfern der Widerstandsgruppe „Weiße Rose" in München.

Einmal vor manchem Jahre
War ich ein Baum am Bergesrand,
Und meine Birkenhaare
Kämmte der Mond mit weißer Hand.

5 Noch überm Abgrund hing ich   Fühlte nichts im Gemüte
   Windebewegt auf schroffem Stein,   Weder von Wonne noch von Leid,   10
   Tanzende Wolken fing ich   Rauschte, verwelkte, blühte;
   Mir als vergänglich Spielzeug ein   In meinem Schatten schlief die Zeit.

Eduard Mörike

Denk es, o Seele

*Eduard Mörike kam 1804 in Ludwigsburg zur Welt. Er studierte evangelische
Theologie und wurde Pfarrer. Diese Tätigkeit empfand er jedoch mit den Jahren
als belastend und als Beeinträchtigung seines dichterischen Schaffens. 1843 gab er
sein Pfarramt auf.
Der sensible und humorvolle Dichter schrieb Novellen, z. B. „Mozart auf der
Reise nach Prag", und Märchen wie „Das Stuttgarter Hutzelmännlein". Sein
Roman „Maler Nolten" (1832) zeigt noch romantische Züge. Entscheidend für
seinen literarischen Nachruhm sind jedoch seine Gedichte, die in ihrer
Empfindsamkeit und vollendeten Form im besten Sinne volkstümlich wurden und
bis heute in fast allen Anthologien zu finden sind.
Er starb 1875 in Stuttgart.*

Ein Tännlein grünet wo,
Wer weiß, im Walde,
Ein Rosenstrauch, wer sagt,
In welchem Garten?
Sie sind erlesen schon,   5
Denk es, o Seele,
Auf deinem Grab zu wurzeln
Und zu wachsen.

Zwei schwarze Rößlein weiden
Auf der Wiese,   10
Sie kehren heim zur Stadt
In muntern Sprüngen.
Sie werden schrittweis gehn
Mit deiner Leiche;
Vielleicht, vielleicht noch eh   15
An ihren Hufen
Das Eisen los wird,
Das ich blitzen sehe!

Hermann Hesse

Stufen

Wie jede Blüte welkt und jede Jugend
Dem Alter weicht, blüht jede Lebensstufe,
Blüht jede Weisheit auch und jede Tugend
Zu ihrer Zeit und darf nicht ewig dauern.
5 Es muß das Herz bei jedem Lebensrufe
Bereit zum Abschied sein und Neubeginne,
Um sich in Tapferkeit und ohne Trauern
In andre, neue Bindungen zu geben.
Und jedem Anfang wohnt ein Zauber inne,
10 Der uns beschützt und der uns hilft, zu leben.

Wir sollen heiter Raum um Raum durchschreiten,
An keinem wie an einer Heimat hängen,
Der Weltgeist will nicht fesseln uns und engen,
Er will uns Stuf' um Stufe heben, weiten.
15 Kaum sind wir heimisch einem Lebenskreise
Und traulich eingewohnt, so droht Erschlaffen;
Nur wer bereit zu Aufbruch ist und Reise,
Mag lähmender Gewöhnung sich entraffen.

Es wird vielleicht auch noch die Todesstunde
20 Uns neuen Räumen jung entgegen senden,
Des Lebens Ruf an uns wird niemals enden . . .
Wohlan denn, Herz, nimm Abschied und gesunde!

Peter Huchel

Letzte Fahrt

Mein Vater kam im Weidengrau
und schritt hinab zum See,
das Haar gebleicht vom kalten Tau,
die Hände rauh vom Schnee.

5 Er schritt vorbei am Grabgebüsch,
er nahm den Binsenweg.
Hell hinterm Röhricht sprang der Fisch,
das Netz hing naß am Steg.

Sein altes Netz, es hing beschwert,
10 er stieß die Stange ein.
Der schwarze Kahn, von Nacht geteert,
glitt in den See hinein.

Das Wasser seufzte unterm Kiel,
er stakte langsam vor.
15 Ein bleicher Streif vom Himmel fiel
weithin durch Schilf und Rohr.

Die Reuse glänzte unterm Pfahl,
der Hecht schlug hart und laut.
Der letzte Fang war schwarz und kahl,
20 das Netz zerriß im Kraut.

Die nasse Stange auf den Knien,
die Hand vom Staken wund,
er sah die toten Träume ziehn
als Fische auf dem Grund.

Er sah hinab an Korb und Schnur, 25
was grau als Wasser schwand,
sein Traum und auch sein Leben fuhr
durch Binsen hin und Sand.

Die Algen kamen kühl gerauscht,
er sprach dem Wind ein Wort. 30
Der tote Hall, dem niemand lauscht,
sagt es noch immerfort.

Ich lausch dem Hall am Grabgebüsch,
der Tote sitzt am Steg...
In meiner Kanne springt der Fisch. 35
Ich geh den Binsenweg.

3
Nachdenkliches über die Welt der Medien

Kommt das Lesen allmählich aus der Mode? Wer hat noch Zeit und Lust, ein dickes Buch zu lesen, inmitten eines immer größeren Angebots an Information und Unterhaltung durch die Medien?

Es hat immer wieder einmal Zeiten gegeben, in denen die Machthaber eines Landes Bücher zensiert, verboten oder gar verbrannt haben. Wer über Menschen herrschen will, muß deren Gedanken, Gefühle und Wünsche zu beeinflussen und zu steuern versuchen. Und Bücher mit ihren höchst unterschiedlichen Inhalten und Tendenzen können dabei sehr unbequem und hinderlich sein. Was aber geschieht, wenn sich Menschen gar nicht mehr selbst gründlich, differenziert und umfassend informieren wollen? Wenn sie sich ohne Zwang mit dem zufrieden geben, was andere für sie ausgewählt und aufbereitet haben und gefällig und unterhaltsam zu servieren verstehen? Wir können uns ja rund um die Uhr über viele Kanäle und mit allen möglichen elektronischen Hilfen unterhalten und zerstreuen lassen, wobei Zerstreuung das Gegenteil von Sammlung, Meditation und Konzentration ist.

Man wird das Angebot der Medien nicht nur negativ sehen dürfen. Sie bieten ohne Zweifel auch neue und vielfältigere Möglichkeiten der Information und einer weltweiten Verständigung. Es kommt jedoch darauf an, daneben nicht völlig auf die anspruchsvollere, aber auch anstrengendere Form der Unterhaltung und der Information, auf das Lesen nämlich, auf das Buch, zu verzichten und sich somit ein Stück geistiger Unabhängigkeit und die Möglichkeit eigenen Urteilens zu erhalten.

Daß Gefahr im Verzug ist, meinen nicht nur Kulturpessimisten, sondern auch durchaus respektable Kenner der Medienlandschaft, z. B. Hoimar von Ditfurth, der in Bernd Guggenbergers Buch „An den Grenzen der Freiheit" schreibt: „Die von der elektronischen Verteilung der Informationen bewirkte Uniformität schafft heute erstmals in der Geschichte der menschlichen Gesellschaft unvorstellbar große Kollektive affektiven Gleichklangs." (FAZ Nr. 193 vom 20. 8. 1988) Droht, wie der Kritiker Guggenberger meint, erstmals in dieser Form der „sanfte Zugriff" auf das „Innere" des Menschen? Amüsieren wir uns, wie Neil Postman befürchtet, allmählich zu Tode?

Die folgenden Texte sollen zum Nachdenken über solche Befürchtungen anregen.

Paul Valéry

Über den Fortschritt

Der moderne Mensch ist der Sklave seiner Fortschrittlichkeit. Es gibt für ihn keinen Fortschritt, der nicht zugleich vermehrte Sklaverei bedeutet. Komfort macht uns zu Sklaven. Die übermächtigen Mittel, die der Presse zur Verfügung stehen, betäuben uns mit dem gedruckten Geschrei und durchbohren uns mit
5   ihren Sensationsmeldungen. Die Reklame, eines der Hauptübel unseres Zeitalters, beleidigt ständig unsere Augen, verfälscht jedes Attribut, verwüstet ganze Landschaften, untergräbt jeden Maßstab und jede Kritik. Sie mißbraucht Bäume, Felsen und Denkmäler, während in den Druckseiten, die von den Maschinen ausgespien werden, Mörder und Opfer, Helden und Feiglinge, Hun-
10   dertjährige und Kinder verwechselt werden . . .
Dies alles hat es auf unser Gehirn abgesehen. Bald werden wir uns streng abgeschlossene Klöster bauen müssen, in die weder Radiowellen noch Zeitungen eindringen können, in denen wir unsere Ahnungslosigkeit von allen politischen Dingen bewahren und pflegen können. Dort wird man nur Verachtung übrig
15   haben für Tempo und Zahlen und für alle Effekte, die durch Masse, durch Überraschung, Kontrast, Wiederholung, Neuigkeit und Leichtgläubigkeit erzeugt werden. Dorthin wird man dann von Zeit zu Zeit pilgern, um durch die Gitterstäbe ein paar Exemplare „freier Menschen" zu betrachten.

Robert Musil

Die Kunstform unserer Zeit

Die Biographie Robert Musils (1880–1942) wurde in „Lesereise" 9 vorgestellt.
Musils Themen sind häufig die Auflösungserscheinungen der modernen
Welt, die er mit großer intellektueller Klarheit und in meist ironischer
Darstellung bloßlegt.

Eines Tages sagte ich mir: das Interview ist die Kunstform unserer Zeit; denn das großkapitalistisch Schöne am Interview ist, daß der Interviewte die ganze geistige Arbeit hat und nichts dafür bekommt, während der Interviewer eigentlich nichts tut, aber dafür honoriert wird.
5   Außerdem ist es entzückend, daß man bei einem Interview einen Menschen in einer Weise ausfragen kann, die man sich selbst verbitten würde. Man muß natürlich über das alberne „Wie gefällt es Ihnen in unserer Stadt?" und „Wie haben Sie auf der Reise geschlafen?" hinausgehen. Man muß ihn in Schrecken versetzen, einschüchtern; dann fragt man ihn im Namen der Kulturverpflichtung
10   mit Erfolg um Dinge, die er niemals freiwillig preisgeben würde.

Das Schlimmste, was vorkommen mag, ist, daß er die Antwort verweigert. Aber auch dagegen gibt es ein Mittel. Das Institut für angewandte Psychologie in Berlin hat schon vor Jahren ein Psychogrammschema herausgegeben, das ist ein Bogen mit einigen hundert Fragen, die einen Menschen regelrecht zerlegen lassen, und das ist seither gewiß noch vervollkommnet worden, obgleich es schon damals für erstaunlich unverschämte Bedürfnisse ausreichte. Ich würde die Anweisung hier wiedergeben, wenn ich sie zur Hand hätte, damit sich die journalistische Technik hebe. Die Hauptsache ist, der Ausgefragte gewinnt bei ihrer Anwendung nicht das leiseste Mißtrauen, daß er ein Interview zu bestehen hat; er glaubt, einen etwas kindischen Menschen vor sich zu haben, der mit einem Gemengsel kleingehackter Fragen spielt, kniet sich freundlich zu ihm nieder und ist binnen einer Viertelstunde psychotranchiert.

Pedro Salinas

Das neue Analphabetentum

Pedro Salinas kam 1891 in Madrid zur Welt. Er war Professor für spanische Literatur, schrieb aber auch selbst Gedichte, Theaterstücke und Essays. 1936 folgte er einem Rufe in die Vereinigten Staaten. Der Ausgang des spanischen Bürgerkriegs verwehrte ihm dann die Rückkehr in die Heimat. Das amerikanische Publikum warnte er in vielen Vorträgen und Artikeln vor den Folgen der modernen Zivilisation, durch die er die überkommene Kultur bedroht sah. Er starb 1951 in Boston.

In aller Bescheidenheit schlage ich in diesem Essay vor, das Vorhandensein zweier Typen von Analphabeten zur Kenntnis zu nehmen.
Der eine ist der reine, der klassische, der natürliche Analphabet, der, aus welchen Gründen auch immer, nicht lesen kann. Dieser Analphabet kann eine tragische Figur sein; seine Tragödie besteht darin, daß er zwar vielleicht alle Anlagen besitzt, ein außergewöhnlicher Mensch zu werden, wenn seine Anlagen ausgebildet würden und sich entfalten könnten, daß sie aber mangels Schulung brach liegenbleiben. Ich empfinde für diese Sorte Analphabeten Respekt, Sympathie, Bewunderung. Man muß nur ein wenig über die kastilische Hochebene oder durch die andalusischen Olivenhaine wandern – um von meinem Land zu sprechen –, und man trifft auf Analphabeten, die sich bei näherem Kennenlernen als Personen von so reicher Bildung und Menschlichkeit, Würde und Urteilsvermögen herausstellen wie nur wenige mit Schulwissen Vollgestopfte.
Den andern Analphabeten müßte man entsprechend als unrein, unnatürlich, künstlich bezeichnen. Er ist ein Produkt unseres modernen Schulwesens, und ohne daß er sich selbst dessen bewußt ist, steht er neben ihm auf als der größte

Ankläger für dessen Versagen. Da er lesen kann und trotzdem als Mensch ein Analphabet bleibt, bezeichne ich ihn als Neoanalphabeten.

Es gibt zwei große Gruppen von Neoanalphabeten: die totalen und die partiellen Neoanalphabeten.

Ein totaler Neoanalphabet ist, wer zwar lesen gelernt hat, weil man es ihm in der Schule beigebracht hat, aber auf den Gebrauch seiner Lesefähigkeit verzichtet, indem er sie auf das unumgänglich Notwendige beschränkt: Tagespost, Veranstaltungskalender, Telefonbuch. Der eine und andere stürzt sich in Unkosten und riskiert zehn oder fünfzehn Minuten für Sportberichte – welch verdienstvolle journalistische Gattung, ist sie doch für viele Menschen die einzige Leseübung geworden! Man streiche diese umfangreiche Sparte aus den Tageszeitungen – man möge mir verzeihen, daß ich eine solche Katastrophe für die Menschheit, die zum Glück so wenig wahrscheinlich ist wie das Ende der Welt in den nächsten hunderttausend Jahren, auch nur zu erwähnen wage –, und Millionen von Menschen machen von ihrer Lesefähigkeit keinen Gebrauch mehr.

Beinahe hätte ich vergessen hinzuzufügen, und zum Glück kommt es mir zur Erleichterung meines Gewissens noch rechtzeitig in den Sinn, daß diese Sorte von Neoanalphabeten die Augen auch auf jenen Seiten der Zeitung ruhen läßt – und zwar mit gesammelter Aufmerksamkeit – wo die mechanische Litanei der Börsenkurse aufgeführt ist. Aber eigentlich weiß ich nicht, was diese Art von Lektüre – von Zahlen, nicht von Buchstaben – mit Alphabetentum oder Analphabetentum zu tun hat.

Diese Untergruppe ist besonders häufig unter den sogenannten Tatmenschen, den Praktikern, anzutreffen oder, um sie mit einem zeitgemäßeren, schöneren Wort zu benennen, das die Aureole* der griechischen Klassik mit der modernen Technik verbindet, den ‚dynamischen Persönlichkeiten‘. Für diese Leute sind Ideen das Überflüssigste der Welt; sie brauchen aktive, wagemutige, unermüdliche, angriffige Menschen, die im Flugzeug über die Erde pfeilen, sich mit Sekretärinnen und Tipfräuleins umgeben und dauernd am Telefon, dieser Nabelschnur des modernen Erwachsenen, hängen, Unternehmen gründen, Fabriken bauen und das nationale Bruttosozialprodukt vergrößern, ohne das eigene darüber zu vernachlässigen. Nicht Dozenten für dieses oder jenes Fach, nein, Professoren für Tatkraft und Energie.

Lektüre? Wozu? Noch nie ist mit Theorien etwas geleistet worden, sagt die dynamische Persönlichkeit. Die einzige wahre Lehrmeisterin für das Leben ist die Erfahrung, und diese Schule ist für alle offen. In der Jugend Zeitungen vertragen, nachher als Ausläufer mit dem Fahrrad umherfahren, Eiscrème und Soda feilbieten, das ist das wahre Trivium* und Quadrivium* unserer Zeit, das sich zum Septenarium* des modernen Menschen kombiniert. Man lese die Biographien so und so vieler heutiger Erfolgsmenschen.

Und wieviel gesünder und aufbauender ist es doch, zur Erholung in der Freizeit fünf Stunden am Samstagnachmittag daran zu geben, auf dem glattrasierten Rasen wacker und kraftvoll ein weißes Bällchen von einem Loch zum andern zu

schießen, als in einem geschlossenen Zimmer sich ruhig hinzusetzen und Zeile
um Zeile den Irrfahrten des Odysseus durch die griechischen Meere oder Sher-
lock Holmes durch die siebenundzwanzig Gemächer des Verbrecherschlosses zu
folgen! Dieser Analphabet setzt den Gott Tat, den Gegenspieler des Gottes Idee,
als Retter in den Tabernakel seines Gewissens. Natürlich weiß er nicht, was Tat   5
eigentlich ist: Für ihn gilt der Satz von Barrès*: „Tat besteht nicht darin, ein
Fahrrad zu besteigen und zu fahren.“
So wie man früher an die Urzeugung glaubte, so glaubt er an die Tat als geheim-
nisvolle Kraft, die aus dem Nichts gezeugt ist, aus dem Nichts entsteht und für die
man über den unmittelbaren Zweck hinaus kein Ziel suchen muß. Wenn ihn   10
jemand überzeugen wollte, daß Karl Marx mit den in einem Buch gesammelten
Theorien und Ideen auf der Welt eine Lawine von Taten von immerhin beträcht-
lichen Ausmaßen ausgelöst hat, so würde er ihn für verrückt oder verschroben
erklären, und doch kann es jeder bezeugen, dem etwas von der Weltgeschichte
der letzten sechzig Jahre zu Ohren gekommen ist.   15
Blutsverwandt mit dem eben beschriebenen ist ein Typ von Neoanalphabeten,
für den ich die Bezeichnung ‚Fortschrittsanbeter‘ vorschlage. Natürlich versteht
er unter Fortschritt die ständige Zunahme an Maschinen, Apparaten und Motör-
chen, wie sie von der modernen Technik erfunden, hergestellt und auf den Markt
geworfen werden. Wenn es auf Weihnachten zugeht, wird er keinesfalls die   20
Märchen der Brüder Grimm oder ein Kinderspiel in den bereitgelegten Sankt-
Niklaus-Strumpf legen. Er wird ihn mit mechanischem Spielzeug, Bauklöt-
zen, chemischem Bastelmaterial füllen, damit sich das Kind schon in zartestem
Alter am Vorspiel seiner ersehntesten Zukunft ergötzen könne: Techniker zu
werden.   25
Seine Freizeit pendelt zwischen zwei Punkten: Radio und Kino. Das magische
Kästchen genügt ihm vollauf, um sich über die guten und schlimmen Ereig-
nisse, die jede Morgenröte in ihrem Schoß mitbringt, auf dem laufenden zu
halten. Wenn er ausgehen und sich unterhalten möchte, steht das Auto vor der
Tür, das Kino um die Ecke, und der Film flimmert ohne Unterbruch über die   30
Leinwand.
Früher, als wir noch nicht weit genug fortgeschritten waren, mußte man im Kino
immerhin noch einiges lesen: die Zwischentitel. Heutzutage ist dieser Nachteil
dank dem Tonfilm ausgeschaltet, abgesehen von den kurzen Augenblicken, da in
sorgfältiger Reihenfolge die Namen der zwanzig oder dreißig ehrenwerten   35
Damen und Herren, die sich mit ihren Reizen und Talenten zu der nun abrollen-
den Filmschöpfung zusammengefunden haben, über die Leinwand wandern.
Da es zum guten Ton gehört, auf eine Zeitung abonniert zu sein, so kommt dieser
Mann der gesellschaftlichen Konvention nach. Das verpflichtet ja schließlich zu
nichts, denn heutzutage kann man ruhig eine Zeitung aufschlagen, mehr oder   40
weniger blasiert durchblättern und gar nicht oder nur zum kleinsten Teil lesen,
denn die großen modernen Tageszeitungen sind auf der Höhe der Zeit und bauen
die Spalten mit Männchen in Reihenbildern, wo die Zeichnung so gut wie

vollständig von der mühsamen Arbeit des Lesens enthebt, Tag für Tag weiter aus.
Dieser Mann hat den Teufelspakt geschlossen, den ihm der schlaue Bildchendä-
mon vorgelegt hat: „Überlasse mir deine Lesefähigkeit, und ich überschütte dich
dafür mit verführerischen schwarzweißen und farbigen, bewegten und unbeweg-
5   ten Bildchen; denn das ist das wahre Leben, das du mit eigenen Augen sehen
kannst und nicht erst aus der Verschlüsselung der Schrift herauslösen mußt."
Und so überspringt dieser Bildchen-Neoanalphabet geschickt die Hindernis-
mauer, die Gutenberg mit seinem Geniestreich aufgerichtet hat, nämlich die
Welt des gedruckten Wortes; und wie sein steinzeitlicher Vorfahre in Altamira
10 hält er sich an die Bilder. Und wenn er im Schaufenster einer Buchhandlung ein
Buch sieht, das seine Neugier weckt – sagen wir „Das Gastmahl" von Plato* – so
wartet er getrost auf den Tag, der sicher schon vor der Tür steht, da es mit den
besten Hollywood-Stars verfilmt wird oder da es ein Zeichner für eine neue
‚Männchen'-Serie benutzt.

Eberhard Holz

Elisabeth Noelle-Neumann

Die Schweigespirale

Wie entsteht öffentliche Meinung, wie setzt sie sich durch, und wie ist sie umzustürzen?

Manchmal ist die Entstehung der öffentlichen Meinung nicht geheimnisvoll, wenn sie nämlich die Antwort ist auf einen eklatanten Übelstand, aber nicht immer führt ein eklatanter Übelstand zur Durchsetzung von öffentlicher Meinung; und umgekehrt kommen Prozesse öffentlicher Meinung in Gang, indem man Verhältnisse, die zuvor normal erschienen, als eklatante Übelstände zu sehen beginnt (Beispiel: Benachteiligung der Frauen, Frauenemanzipation im 20. Jahrhundert). 5

Sein Urteil über öffentliche Meinung, was moralisch gebilligt und nicht gebilligt wird, bildet sich der einzelne aus zwei Quellen: der unmittelbaren Umweltbeobachtung und ihren Signalen von Billigung und Mißbilligung, das ist das eine; aus den Massenmedien, indem Signale, die sich gegenseitig bestätigen, in den Medien beobachtet werden, das ist das andere. Auf diesem Wege, so ist nach dem gegenwärtigen Stand der Erkenntnis anzunehmen, kommt die Wirkung der Massenmedien auf den Zeitgeist (ein anderer Begriff für öffentliche Meinung) zustande, und der Zeitgeist wiederum beeinflußt die Einstellung und das Verhalten des einzelnen. 10 15

Von „Schweigespirale" ist bisher nicht die Rede gewesen. Der Grund ist, daß die Schweigespirale im Zusammenhang des sozialpsychologischen Konzepts wie ein kleiner Finger an der ganzen Hand ist. Sie wird allerdings oft so diskutiert, als sei dieser kleine Finger das Ganze. Schweigespirale heißt: Menschen wollen sich nicht isolieren, beobachten pausenlos ihre Umwelt, können aufs feinste registrieren, was zu-, was abnimmt. Wer sieht, daß seine Meinung zunimmt, ist gestärkt, redet öffentlich, läßt die Vorsicht fallen. Wer sieht, daß seine Meinung an Boden verliert, verfällt in Schweigen. Indem die einen laut reden, öffentlich zu sehen sind, wirken sie stärker, als sie wirklich sind, die anderen schwächer, als sie wirklich sind. Es ergibt sich eine optische oder akustische Täuschung für die wirklichen Mehrheits-, die wirklichen Stärkeverhältnisse, und so stecken die einen andere zum Reden an, die anderen zum Schweigen, bis schließlich die eine Auffassung ganz untergehen kann. Im Begriff Schweige*spirale* liegt die *Bewegung*, das sich Ausbreitende, gegen das man nicht ankommen kann. Je besser man aber den Prozeß der öffentlichen Meinung versteht, desto eher kann man auch auf diesen Prozeß einwirken. 20 25 30

Wolf Schneider

Die Medien bestimmen die Tagesordnung

Die amerikanische Publizistik hat den Begriff des *agenda-setting* geprägt: Der Journalist „sets the agenda" – er ist es, der die Themen, die er für wichtig hält, auf die Tagesordnung rückt und damit über die Rangordnung der politischen Probleme entscheidet. Er reduziert zum Beispiel eine zweistündige Wahlrede auf
5 ihre einzige Entgleisung in einem einzigen Satz, macht daraus die Schlagzeile – und hat damit jenes Thema in die Welt gesetzt, über das die Kommentatoren nun mit ihren Meinungen herziehen. Er destilliert aus zwanzig Einzelmeldungen das Thema „Kältewelle"; er stülpt über ein Sammelsurium von Unruhen und Schießereien den Begriffstopf „Bürgerkrieg" – oder eben nicht.
10 Die Meinung ist frei, doch worüber die Bürger überhaupt Meinungen haben können, das haben zuvor zu einem erheblichen Teil die Journalisten per *agenda-setting* entschieden. Noch dazu auffallend wenige Journalisten: überwiegend nämlich die von den Nachrichtenagenturen, weil die meisten Funk- und Presseredaktionen ihre Vorstellung vom Rang der Weltereignisse an der Papierflut oder
15 dem „Eil"-Klingeln der Agenturen orientieren. So werden die Journalisten zu Mitschöpfern der Ereignisse.
[. . .]
Die *agenda-setting-function*, im Deutschen unzulänglich als „Thematisierungsfunktion" oder „Scheinwerfer-Effekt" bezeichnet, hat die landläufige Einschät-
20 zung ersetzt, Massenmedien würden ihren Benutzern eine Meinung vorschreiben. Der Schlüsselsatz, der den Anstoß gab: „Die Presse mag überwiegend erfolglos sein, wenn es darum geht, den Leuten zu sagen, *was* sie zu denken haben. Aber sie sagt den Lesern enorm erfolgreich, *worüber* sie nachzudenken haben."

Hans Magnus Enzensberger

Bildzeitung

Du wirst reich sein
Markenstecher Uhrenkleber:
wenn der Mittelstürmer will
wird um eine Mark geköpft
5 ein ganzes Heer beschmutzter Prinzen
Turandots Mitgift unfehlbarer Tip
Tischlein deck dich:
du wirst reich sein.

Manitypistin Stenoküre
du wirst schön sein: 10
wenn der Produzent will
wird dich Druckerschwärze salben
zwischen Schenkeln grober Raster
mißgewählter Wechselbalg
Eselin streck dich: 15
du wirst schön sein.

Sozialvieh Stimmenpartner
du wirst stark sein:
wenn der Präsident will
Boxhandschuh am Innenlenker   20
Blitzlicht auf das Henkerlächeln
gib doch Zunder gib doch Gas
Knüppel aus dem Sack:
du wirst stark sein.

Auch du auch du auch du   25
wirst langsam eingehn
an Lohnstreifen und Lügen
reich, stark erniedrigt
durch Musterungen und Malz-
kaffee, schön besudelt mit Straf-   30
zetteln, Schweiß,
atomarem Dreck:
deine Lungen ein gelbes Riff
aus Nikotin und Verleumdung

Möge die Erde dir leicht sein   35
wie das Leichentuch
aus Rotation und Betrug
das du dir täglich kaufst
in das du dich täglich wickelst.

Neil Postman

Die Tyrannei der Bilder
Das amerikanische Fernsehen und die Zertrümmerung der Bildung

Amerika lebt zum gegenwärtigen Zeitpunkt als einziges Land in der Zukunft, das
heißt inmitten des größtmöglichen Technologieaufgebots des zu Ende gehenden
20. Jahrhunderts. Ohne großes Nachdenken und mit dem charakteristischen
amerikanischen Optimismus hat es sich vollständig dem Gedanken verschrieben,
daß Technik und Fortschritt ein und dasselbe sind. Man könnte sagen, daß
Amerika ein riesiges, unkontrolliertes Experiment ist zu der Frage: Kann eine
Gesellschaft alle ihre Einrichtungen der Herrschaft der Technik unterordnen und
dennoch ihre geistige Gesundheit bewahren? Europa wird in zehn oder fünfzehn
Jahren dort sein, wo Amerika jetzt ist, es lohnt sich also, die Entwicklung in den
Vereinigten Staaten zu beobachten.

Fernsehlehrplan kontra schulischer Lehrplan

Ehe ein amerikanisches Kind in die Schule kommt, wird es bereits etwa fünftau-
send Stunden vor dem Fernseher gesessen haben. Von sechs bis achtzehn Jahren
wird dasselbe Kind etwa sechzehntausend Stunden vor dem Fernseher verbracht
haben. In den ersten zwanzig Jahren seines Lebens wird es eine Million Werbespots gesehen haben, ungefähr tausend pro Woche. Nur eins nimmt mehr Zeit in
Anspruch als das Fernsehen: das Schlafen. Doch täglich, vielmehr nächtlich,
schauen annähernd zwei Millionen Kinder zwischen halb zwölf Uhr nachts und
halb zwei fern. Das Fernsehen hat mit seiner Macht über die Zeit, die Aufmerksamkeit und die Wahrnehmungsgewohnheiten der Jugend zwangsläufig auch die
Macht über ihr Denken und ihre Wertvorstellungen gewonnen. Deswegen nenne
ich das Fernsehen einen Lehrplan *(Curriculum)*, ein eigens entworfenes Informa-
tionssystem, dessen Zweck in der Beeinflussung, der Unterrichtung, der Übung
oder der Bildung des Charakters von jungen Menschen besteht. So konkurriert es
erfolgreich mit den schulischen Lehrplänen, ja, es löscht sie nahezu aus.
Gemeint ist hier nicht das sogenannte „Schulfernsehen", das in Amerika sowenig
eine Rolle spielt, wie es kein Interesse erregt. Gemeint ist das Fernsehen, das sich
neunzig Millionen Amerikaner jeden Tag anschauen, das Fernsehen, das von fast
jedem Menschen auf der Welt so sehr geschätzt wird, daß sogar die Volksrepu-
blik China eine amerikanische Fernsehgesellschaft beauftragt hat, sechzig Stunden Programm für chinesische Zuschauer zu produzieren. Ich behaupte, daß das
Fernsehen ein Lehrplan von gewaltiger Macht ist, denn es lehrt unsere Jugend
nicht nur, was sie denken und werten, sondern auch wie sie denken und werten
soll. Und ich behaupte darüber hinaus, daß fast alles, was das Fernsehen lehrt,
das Gegenteil dessen ist, was die Schule lehren will. Fernsehen und Schule sind
unversöhnliche Gegner, sie beide in Einklang miteinander zu bringen, ist nicht
möglich.

Lebensstil und Bildung via Fernsehen

Es lassen sich zwei Schlußfolgerungen aus diesen Tatsachen ziehen. Erstens: das Fernsehen ist das Hauptmedium der elektronischen Revolution. In Amerika hat es den Status eines „Meta-Mediums*" erreicht. Das Fernsehen ist die Kommandozentrale der amerikanischen Kultur. Durch das Fernsehen erfahren Amerikaner, welches Telefonsystem sie benutzen, welche Filme sie sehen, welche Bücher, Schallplatten und Zeitschriften sie kaufen, welche Radiosendung sie anhören sollen. Das Fernsehen organisiert ihre symbolische Welt, wie es kein anderes Medium vermag. Die zweite Schlußfolgerung, die man aus Amerikas großer Liebe zum Fernsehen ziehen muß, ist die, daß das Fernsehen heute die Hauptbildungsquelle für Jugendliche ist, das heißt, nicht in den Klassenzimmern Amerikas, sondern zu Hause, vor dem Fernsehschirm, und nicht im Einflußbereich der Schulverwaltung und der Lehrer, sondern der Fernsehleute, findet Bildung statt.

Bild und Wort in Konkurrenz

Das erste Merkmal des Fernsehens ist auch das augenfälligste: Das Bild. Die Leute sehen fern, lesen nicht, und was sie hören, ist fast immer dem Bild untergeordnet. Sie sehen Millionen von Bildern. Ein Bild ist soviel wert wie tausend Worte, sagt man. Doch ein Wort ist ein Produkt der Vorstellungskraft in einer Weise, wie es ein Bild nie sein kann. Ein Bild kann beispielsweise nicht den Begriff „Katze" oder „Arbeit" oder „Wein" oder „Konferenz" darstellen. Ein Bild kann uns nur ein Beispiel, eine Besonderheit zeigen, ein Wort hingegen gibt uns einen Begriff, eine Verallgemeinerung. Wörter, sogar die hochspezialisierten, sind immer mehrere Stufen von der Wirklichkeit entfernt, Wörter sind Abstraktionen, und aus diesem Grund sind sie eben für einen geistigen Überlegenheitsanspruch über den Affen verantwortlich. Deshalb ist ein auf Bildern basierender Lehrplan, wie wir ihn mit dem Fernsehen haben, sehr verschieden von einem auf Wörtern basierenden, wie wir ihn in der Schule haben.
Die Fernsehbilder sind darüber hinaus aber noch in Bewegung und wechseln ständig ihren Blickwinkel. Die durchschnittliche Länge einer Einstellung in einer Fernsehshow beträgt dreieinhalb Sekunden. Das heißt, daß es mehr oder weniger alle dreieinhalb Sekunden einen neuen Standpunkt oder Blickwinkel und ein neues Bild zu verarbeiten gibt. Bei Werbespots beträgt die durchschnittliche Länge einer Einstellung nur zweieinhalb Sekunden. Ein Kind, das fernsieht, muß also pro Stunde eintausendzweihundert verschiedene Einstellungen verarbeiten. Mit anderen Worten, der Fernsehzuschauer wird in eine Welt von bildlichen Darstellungen, nicht sprachlichen Begriffen getaucht.

Die Unwiderlegbarkeit des Bildes

Ein zweites Merkmal des Fernsehens ist mit dem ersten verwandt, aber noch nicht ausführlich kommentiert worden. Der Lehrplan des Fernsehens stellt praktisch keine Behauptungen auf, da er aus Bildern und Geschichten besteht. Das heißt, Bilder machen keine Aussagen über die Welt, wie es die Sprache tut.
Bilder sind Darstellungen von Erfahrungen, kein Bericht über Erfahrungen. Daher ist der Fernsehlehrplan weitgehend unwiderlegbar. Man kann die Fernsehsendungen nicht mögen, aber man kann ihnen nicht widersprechen. Es ist zum Beispiel unmöglich, „Dallas" oder „Denver Clan" oder eine Reklame für Coca-Cola oder Ronald Reagans Aufrichtigkeit zu widerlegen. Es ist unmöglich, zu beweisen, daß die Gefühle, die durch die Bilderwelt eines McDonald-Werbespots hervorgerufen werden, falsch sind oder auch richtig.
Solche Wörter wie „richtig" und „falsch" kommen aus einer ganz anderen Welt der Symbolik. Sie beziehen sich auf die Welt der Darstellung, in der wir Behauptung und Gegenbehauptung begegnen, Hypothesen, Begründungen, Widerlegungen, Widersprüchen, Erklärungen und, vor allem, in der wir Ideen begegnen, die durch Subjekte und Prädikate ausgedrückt werden. Die Schule ist natürlich eine Welt, in der Subjekte und Prädikate dominieren. Das Fernsehen ist eine Welt, die von Bildergeschichten beherrscht wird. Schüler empfinden Erklärungen im Fernsehen als störend, und das Fernsehen macht sie zunehmend unfähig, sich für längere Zeit darauf zu konzentrieren. Ich behaupte, daß die Entwicklung analytischer Fähigkeiten vom Fernsehlehrplan nicht gefördert wird, und diese Entwicklung ist doch gerade das Hauptziel der meisten Schulfächer.

Lernen kommt im Fernsehlehrplan nicht vor.

Das dritte Merkmal des Fernsehlehrplans: Er ist einfach. Das Fernsehen verlangt keine Fertigkeiten und entwickelt auch keine. Vom Fernsehlehrplan wird kein Lernen verlangt, er ist nicht hierarchisch, nicht gestuft und nicht differenziert. „Sesamstraße" ist nicht einfacher als „Cosmos" oder „Little House on the Prairie". Im Gegensatz zu Büchern, die nach ihrem lexikalischen und syntaktischen Schwierigkeitsgrad geordnet werden können, und zu Schulfächern, die nach ihrer begrifflichen Schwierigkeit geordnet werden können, weiß das Fernsehen nichts von Voraussetzungen oder von folgerichtigem Lernen oder von geistigem und seelischem Wachstum. Der Fernsehlehrplan ist der größte Verfechter der Gleichheit, der je erfunden wurde. Alles darin ist gleichzeitig für jedermann. Daher kann es für den Zuschauer keinen Maßstab für Güte oder Kompetenz oder gar für Verbesserung geben. Die Folgen einer solchen Bildung sind eine Verhöhnung von Selbstdisziplin und intellektueller Leistung.

Unterhaltung wird im Fernsehlehrplan großgeschrieben.

Das vierte Merkmal des Fernsehlehrplans ist, daß er fast immer unterhaltend ist.
Es ist ein Lehrplan, der auf Aufmerksamkeit basiert. Als Hauptziel gilt es, die
Aufmerksamkeit der Schüler zu fesseln. Im Gegensatz zur Schule, die zuerst das
Fach wählt und dann nach Methoden sucht, die Aufmerksamkeit zu erregen,
sucht das Fernsehen zuerst nach Methoden, um die Aufmerksamkeit zu erregen, 5
und danach erst für eine entsprechende Ausformung des Inhalts. In der Schule
kann der Lehrer den Schüler aus der Klasse entfernen, wenn er öfters nicht
aufpaßt. Wenn der Schüler beim Fernsehlehrplan öfters nicht aufpaßt, wird der
Lehrer aus der Klasse entfernt – konkret, die Vorstellung wird abgesagt.
Das Fernsehen lehrt nicht nur, daß Lernen Spaß macht, was öfters nicht der Fall 10
ist, sondern daß Lernen und Unterhaltung voneinander nicht zu unterscheiden
sind. Das ist ein sehr gefährlicher Gedanke. Schüler erwarten, daß der Unterricht
sie reizt und amüsiert und, vor allem, daß der Lernstoff sofort erreichbar ist.
Lehrer, die die Aufmerksamkeit ihrer Schüler fesseln wollen, müssen ihren
Unterricht nach dem Schema des Fernsehens gestalten. Es ist tatsächlich gar 15
nicht so unmöglich, daß in einigen Jahren – falls das Fernsehen in dem Stil
weitermachen kann – die Lehrer ihren Schülern den ganzen Lehrplan vorsingen
werden, jeweils mit einer Unterbrechung nach acht Minuten für einige Werbespots. Es tut weh, wenn man sieht, was das für das Lernen in den kommenden
Jahren bedeuten würde: Wenn es keinen Unterschied mehr zwischen den Aufga- 20
ben des Hirns und den Aktivitäten der Eingeweide gibt, wären wir, dem Begriff
nach, am Ende der Bildung angekommen.

Der Fernsehlehrplan – ein Sammelsurium von Einzelereignissen

Das letzte Merkmal des Fernsehens, das ich erwähnen möchte, ist, daß sein
Lehrplan bruchstückhaft und unzusammenhängend ist. So hat im Fernsehen zum
Beispiel nichts mit irgend etwas anderem im Fernsehen zu tun. Es gibt kein 25
Leitthema, keinen Zusammenhang, keine Ordnung. Der Schullehrplan und der
Fernsehlehrplan sind gleichermaßen Fenster zur Welt. Aber die Welt, die das
Fernsehen enthält, besteht größtenteils aus Einzelereignissen, ohne Zusammen-
hang mit Vorherigem oder Zukünftigem. Man braucht nur den Wochenlehrplan
anzuschauen, wie er im Fernsehprogramm der Woche steht, um dies bestätigt zu 30
sehen. In dieser Beziehung steht der Fernsehlehrplan im scharfen Kontrast zum
Schullehrplan, der selbst im schlimmsten Fall rational aufgebaut ist.
Wenn der Fernsehplan überhaupt ein Ordnungsprinzip hat, dann nur das der
sofortigen, kurzfristigen Belohnung des Zuschauers. Deshalb verlangt das auf
dem Bildschirm Gezeigte nach keiner Kontinuität und braucht auch sonst keinen 35
tieferen Sinn zu haben. Hier liegt einer der Gründe, warum eine Werbebotschaft,
wie man es nennt, in der Sendung an beliebiger Stelle plaziert werden kann, sogar
in einer Sendung, die „ernst" gemeint sein könnte. In jeder amerikanischen

Fernsehnachrichten-Show kann man beispielsweise einen Werbespot für ein Waschmittel oder ein alkoholfreies Getränk finden, der zwischen eine Story über Massenmord und ein Erdbeben in Chile gerückt wurde. Wir setzen keine logischen, emotionalen oder thematischen Verbindungen zwischen den im Fernse-
5 hen gezeigten Ereignissen voraus. Jedes Ereignis steht für sich, so wie jede Sendung für sich steht, so wie jeder Werbespot für sich steht.

Die Ethik des Fernsehlehrplans

Doch der Fernsehlehrplan hat eine klare und mächtige Philosophie, was die Natur der Wirklichkeit betrifft. Zu ihren Axiomen* gehört: Geschichte ist bedeutungslos. Hierarchien sind willkürlich, Probleme haben kein Vorleben, es lohnt
10 sich nicht, über die Zukunft nachzudenken, der Zufall entzieht sich unserer Kontrolle. In der Sprache der Philosophen ist das Wort für diesen Glauben Nihilismus.
Deshalb sind die Lehren des Fernsehens gegenüber der Sprache und der Sprachentwicklung feindlich gesinnt, feindlich gesinnt auch einer ausgeprägten geistigen
15 Aktivität, sowohl der Wissenschaft als auch der Geschichte, feindlich gegenüber der gesellschaftlichen Ordnung und auf allgemeine Weise feindlich gegenüber der Begrifflichkeit. Das Fernsehen ist ein Lehrplan, der Wert legt auf Augenblicklichkeit, nicht auf Kontinuität, auf Zusammenhanglosigkeit, nicht auf Zusammenhang, auf sofortige und nicht spätere Belohnung, auf emotionale,
20 nicht auf intellektuelle Reaktionen.

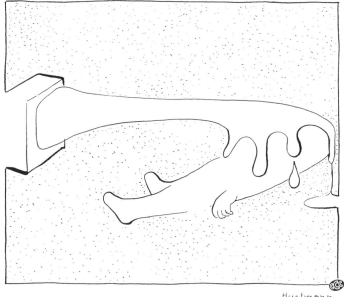

Hartmann

Dies sind die Wertvorstellungen (man könnte sagen: die erkenntnistheoreti-schen* Grundlagen) eines Fernsehlehrplans. Das Ergebnis ist, daß das Fernse-hen die amerikanischen Schulen in Ruinen zu verwandeln droht. Der Kernpunkt ist, daß das amerikanische Bildungswesen in einen heftigen technologischen Krieg verwickelt ist. Auf der einen Seite sind die Schulen der Repräsentant all der Werte, die man mit der Buchdruckerkunst in Verbindung bringt. Auf der ande-ren Seite attackiert das Fernsehen mit seiner Bildersprache in Lichtgeschwindig-keit diese Werte stündlich, täglich, Jahr für Jahr.

Wie können wir uns von der Tyrannei der Bilder befreien?

Was haben wir in Amerika dagegen getan? Vorwiegend gar nichts. Wir haben mit einer Mischung von Amüsiertheit und Abscheu zugesehen, wie unsere Schulen mehr zu Haftanstalten als zu Bildungsanstalten geworden sind. In gewisser Weise stimmt es sogar, daß die Amerikaner nicht wieder zusammengesetzte Marxisten sind: wir tendieren zu der Annahme, daß sich die Geschichte unausweichlich auf eine vorherbestimmte Zukunft hinbewegt und daß die Technik das Mittel ist, durch das diese Bewegung sichtbar gemacht wird. Unser nationales Motto lautet, wenn man es mit einem Satz zusammenfassen will: Technik über alles.
In der Annahme, daß die Deutschen dieses Problem skeptischer als die Amerika-ner betrachten, möchte ich zwei Möglichkeiten vorschlagen. Eine davon besteht darin, allen Tendenzen des Fernsehens in Deutschland, dem amerikanischen Schema zu folgen, entgegenzutreten, insbesondere gegen die Preisgabe an kom-merzielle Interessen Widerstand zu leisten. Denn dann würde auch das deutsche Fernsehen vierundzwanzig Stunden am Tag mit Werbespots überschwemmt und von Unterhaltungsgrößen beherrscht werden. Auf lange Sicht hin wird dieser Kampf wahrscheinlich erfolglos bleiben, aber es ist schon nützlich, diese Aussicht so lange wie möglich hinauszuzögern.
Mein zweiter Vorschlag fällt in den Kompetenzbereich der Erzieher. Ich möchte vorschlagen, daß die Schulen gewaltige Anstrengungen unternehmen, damit sie ihre Schüler gegen den Angriff auf ihre Köpfe wappnen. Das Ziel der Bildung, hat Cicero gesagt, besteht darin, die Jugend von der Tyrannei der Gegenwart zu befreien. In unserem Zusammenhang heißt das, die Jugend von der Tyrannei der Medien zu befreien, ihnen zu helfen, von der Mystifizierung der Medien Abstand zu gewinnen, so daß sie verstehen, wie ihre Denkgewohnheiten durch die Medien geprägt werden. Und mit „Medien" meine ich genauso den Computer und den Film wie das Fernsehen.
Wichtig ist es, den Schülern dabei zu helfen, daß sie verstehen, daß in jedem Medium eine bestimmte Idee verankert ist, ja sogar eine soziale und politische Weltanschauung. Damit die Schüler das verstehen, müssen sie natürlich etwas über die Geschichte der Medien Bescheid wissen. Sie sollten Bescheid wissen über den Ursprung des Alphabets und seine Entwicklung. Sie sollten Bescheid wissen über die Anfänge der Mathematik und wie die Erfindung der Null unseren

Begriff von Zahlen verändert hat. Sie sollten über illustrierte Handschriften, die Druckerpresse und die Anfänge der Zeitungen und Illustrierten informiert werden. Sie sollten Bescheid wissen über Zensur und die Argumente für und wider die freie Meinungsäußerung. Sie sollten wissen, woher Uhren, Fernrohre, Mikroskope und Computer kommen. Die Namen Morse, Bell, Edison, Marconi, DeForest, Zworykin und Eisenstein sollten ihnen vertraut sein.*

Wir sind immer noch mit der Frage beschäftigt: Wie können wir die Medien für die Bildung einsetzen? Ich schlage vor, daß die deutschen Lehrer die Frage umdrehen: Wie können wir die Bildung einsetzen, um die Medien zu beherrschen?

Der Amerikaner Neil Postman ist bei uns mit seinem Buch „Das Verschwinden der Kindheit" bekannt geworden. Seinen Vortrag, den wir gekürzt abdrucken, hielt er auf der Tagung „Medien – Kultur – Bildung" im Münchner Institut für Film und Bild in Wissenschaft und Unterricht. Penelope Bues hat den Text übersetzt.

FAZ vom 10. 8. 1985

Ungenannter Verfasser

Die Schul-Master der Nation

Mensch Meier

(Applaus) – 'n Abend, danke schön, n' Abend, danke schön, 'n Abend, 'n Abend, vielen Dank, danke, guten Abend meine Damen und Herren, vielen Dank, vielen Dank, Sie werden, Sie werden hoffentlich, danke, danke auch für die Pfiffe, Sie werden hoffentlich im Laufe des Abends noch mehr Gelegenheit haben zu applaudieren, also, bewahren Sie sich Ihre Hände noch ein bißchen, ich begrüße Sie sehr herzlich, Sie hier in unserer Meier-Halle, Sie zu Hause bei Mensch Meier. Ich habe mich auf die heutige Sendung besonders gefreut, weil wir nach langer Zeit mal wieder – Muh – (Lachen) – Oh, hören Sie das? Ich wollte ganz was anderes sagen, jetzt muß ich sagen, nach langer Zeit mal wieder, noch nie haben wir das gehabt, zum ersten Mal haben wir heute eine Kuh. Sie haben's vielleicht zu Hause nicht gehört, aber die – Muh – hört man es?; – Muh – Oh, oh, oh – Muh – ja das fängt ja gut an, das fängt ja gut an, ich wollte Ihnen ganz jemand anders vorstellen, nicht die Kuh, sondern meinen Freund Peter Herbolsheimer. (Applaus, Lachen) Jetzt kann ich (Applaus), ich muß (Applaus), ich muß sagen, die Kuh hat einen Sinn für Timing, ne? Die war die ganze Zeit still, nur als die Live-Sendung begann, hat sie gemuht, die wollte, ist ja klar, wenn der da die Treppe runterkommt, anfängt zu quatschen, will ich auch was sagen. Jetzt kann ich meinen Satz endlich zu Ende führen: Seit langem zum ersten Mal haben wir heute wieder Live-Musik. Und darauf habe ich mich ganz besonders gefreut. – Ich auch. – Hä, Peter? Rhythm combination in brass! (Applaus) Peter, wir, wir haben uns lange nicht gesehen, und ich muß sagen, du bist schlank geworden. – Ja, vor allem äußerlich. – Nein, nein, der Bauch ist ein bißchen größer. – Ja. –

Aber sonst bist du sehr schlank, wirklich, ne? Fabelhaft. Du, das wichtigste ist die Musik. – Ja. – Und du fängst gleich an mit Live. Wir fangen die Sendung mit Live an und mit einem Künstler, der ein Senkrechtstarter ist in England, ganz schnell in die Charts gekommen ist, er ist eigentlich aus Südafrika, lebt in England, ist Gitarrist, ist Song-Schreiber, komponiert also selbst, und Sänger... *(Auftritt*   5
Jonathan Butler. Musik. Langer Applaus.)
Jonathan Butler. Tja, meine Damen und Herren, das war ein furioser Start, aber das geht eigentlich nur live, playback ist so was gar nicht möglich. Und ich sagte Ihnen schon, merken Sie sich den Namen Jonathan Butler. So, die Kuh ist abgehauen, mein Gott *(lacht)*, Harald, helfen Sie mal. *(Applaus)* Harald muß   10
helfen. – Rosa, Mauki, jo Hasilein, jo Tscha-tschappi, nun kumm, mei Weiberl. – Das war natürlich überhaupt nicht vorgesehen. – I bin ganz fertig. – Ja, das war gar nicht vorgesehen, holt sie wieder, holt sie wieder rein! *(Gelächter)* Geh und mach das Gatter zu, und mach das Gatter zu, ne? Jawohl, schön rein, ja da hat sie ein gutes Nest, mit viel Stroh, und hat was zu fressen und zu trinken, jawohl,   15
mach schön zu. Also, Sie sehen, heute sind wir, müssen wir auf allerhand gefaßt sein, hier. Danke schön, Harald. Nehmen Sie Platz, bitte schön. Also, bevor wir zu der Kuh kommen, das wird gleich soweit sein, darf ich mal alle drei Gäste, die ich hier als Kandidaten habe, bitten, sich selbst kurz vorzustellen, bitteschön. – Ich heiße Albrecht Graf Brandenstein-Zeppelin und komme aus Mittel-Bibrach   20
im schönen Oberschwabenland, und mein Steckenpferd ist die Luftfahrt. – Muh – Aha. – *(Gelächter, Applaus)* – Muh – Gebt ihr doch was zu trinken. Ich habe gehört, wenn sie Wasser kriegt, dann muht sie nicht, das wißt ihr doch auch, also gebt ihr ein bißchen Wasser, und dann wird sie hoffentlich zufrieden sein, ne? Nicht? Wasser hat sie? Na gut, bitte schön. – Ich heiße Theresa Degner, bin   25
Juristin, und mein Steckenpferd ist etwas mehr in die politische Richtung, ich engagiere mich in der Behindertenbewegung, die etwas jung noch ist, einen sehr radikalen Ansatz hat. Wir beschäftigen uns mit Antidiskriminierung, mit Entghettoisierung und so weiter. – Und darüber werden wir mehr hören. Und jetzt unser Kuhhirte. – I komm von der Moschanska Alm, aus der Südwest-Steier-   30
mark, und mein Name ist Rosenberger Harald. – Rosenberger Harald. Und Ihnen gehört Rosa. – Ja, die hab i geschenkt gekriegt von meinem Vater, und zwar ist das bei uns a Tradition. – Und die ist eigentlich jetzt ein Haustier, oder? – Ja, na die Rosa ist, ist ein Haustier. – Die ist ein Haustier. Ich mein, jetzt war sie ziemlich wild, aber es gibt ja auch wilde Haustiere, nicht, die rumrennen. Sie   35
steht in unserer Bar, wie Sie sehen, meine Damen und Herren. Und da haben wir uns gedacht, wenn schon eine Kuh in der Bar steht, dann soll es auch natürlich eine Milchbar sein, das ist ja klar. *(Lachen)* Mit Selbstbedienung sozusagen. *(Lachen)* Da guckt sie aber, was? Da ist sogar Rosa über... ja guten Abend Rosa, jetzt endlich, ich wollte dich erst jetzt vorstellen, aber du blöde Kuh   40
(Lachen), du blöde Kuh hast dich schon so früh gemeldet, du hast dir deinen ganzen Auftritt verpatzt. Jetzt bist du offiziell dran: Meine Damen und Herren, dies ist Rosa. – *(Applaus)*

4
Verfolgung – Widerstand – Exil

Viele Millionen Menschen in unserm Jahrhundert waren oder sind Verfolgte,
Entrechtete, von Folter und Tod Bedrohte, Heimatlose und nirgends Willkom-
mene. Vor ihrem Anblick und ihrer Anklage möchten wir allzu gerne Augen und
Ohren verschließen.

Vor allem in den zwölf Jahren des Nationalsozialismus – um diese geht es hier –
haben sich unter deutscher Herrschaft und Verantwortung Unrecht und Leid in
Europa in beispielloser Weise verdichtet. Das ist unsere Geschichte und geht uns
an. Wir alle sind Enkel und Erben – der Machtlosen, der Opfer oder der Täter,
der verblendeten Mitläufer, der feigen Beschwichtiger oder derer, die um der
Gerechtigkeit willen ihr Leben aufs Spiel setzten.

In der Geschichte des deutschen Unrechtsstaates ist auch die Geschichte des
deutschen Widerstandes enthalten: Es gab Frauen und Männer, die sensibel und
tapfer genug waren, die grausame Wirklichkeit wahrzunehmen, sich in die Leiden
anderer hineinzudenken, die eigene Mitverantwortung zu bejahen und stell-
vertretend zu handeln.

Die Memoiren Bargatzkys bezeugen den lange geheimgehaltenen und darum
auch heute noch zu wenig bekannten Widerstand hoher Militärs. Mit Willi Graf,
dem jungen Studenten, Dietrich Bonhoeffer, einem evangelischen Pastor und
Theologieprofessor, kommen Vertreter verschiedener Widerstandsgruppen zu
Wort, mit Texten, die sie kurz vor ihrer Hinrichtung geschrieben haben.

In den beiden Szenen aus dem Leben Cordelia Edvardsons, der jüdischen Tochter von Elisabeth Langgässer, wird beklemmend deutlich, wie in dieser Zeit
Wahn, Angst und Verdrängung auch die einfachsten und engsten Beziehungen
vergifteten.

Die Texte von Anna Seghers, Paul Celan, Hilde Domin und Nelly Sachs verarbeiten in verschiedener Weise die bitteren Erfahrungen des Exils.

„JUDEN UNERWÜNSCHT"

*Elisabeth Langgässer und Cordelia Edvardson sind Mutter und Tochter. Die
Mutter, Halbjüdin, aber mit einem arischen Mann verheiratet, war eine bekannte
Dichterin. Sie schrieb romantische und märchenhafte Gedichte und Erzählungen,
in denen es vielfach um den Kampf zwischen Gut und Böse und um Heil und
Erlösung geht.*
*Die Tochter wurde wegen ihres unehelichen, jüdischen Vaters zur Jüdin erklärt,
mußte den gelben Stern tragen und den Leidensweg ihres Volkes durch die
Konzentrationslager antreten.*
*Ihr Verhältnis zueinander, wie es aus den folgenden Texten hervorgeht, ist
gekennzeichnet von Hilflosigkeit, Angst und Verdrängung auf seiten der Mutter
und von dem Gefühl des Preisgegebenseins bei der zum Opfer gewordenen
Tochter.*

Cordelia Edvardson
„Eine dreckige Judengöre"

Cordelia Edvardson wurde 1929 in München geboren und lebte bis 1943 mit ihrer Mutter, Elisabeth Langgässer, ihrem Stiefvater und den Stiefgeschwistern in Berlin.
Im März 1944 kam sie mit einem Judentransport über Theresienstadt nach Auschwitz. Nach Kriegsende arbeitete sie als Journalistin in Schweden.
Während des Jom Kippur-Krieges 1974 übersiedelte sie nach Israel.
Außer ihren journalistischen Arbeiten veröffentlichte Cordelia Edvardson eine Reihe von Büchern.
Der autobiographische Roman „Gebranntes Kind sucht das Feuer", dem unsere Texte entnommen sind, wurde ursprünglich in schwedischer Sprache geschrieben.

Die Mutter ist erleichtert und glücklich. Die Tochter soll in den Sommerferien zu guten Freunden der Mutter in das idyllische Oberstdorf im Allgäu geschickt werden. Hier hatten die Mutter und der Stiefvater (kann man einen Stiefvater haben, wenn man nie einen Vater gehabt hat?) ihre Flitterwochen verbracht. Die frische Luft, das natürliche Landleben und der Umgang mit den garantiert 5 neurosefreien Kindern der Freunde sollen dem Mädchen guttun. Nein, die Acht-, Neun-, Zehnjährige, schon jetzt beginnen ihre Zeitbegriffe ineinanderzufließen, war weder krank noch schwächlich, galt aber allgemein als lästig, altklug und schwierig, irgendein grundlegender Fehler mußte es sein. Das Ehepaar M., die beide Ärzte waren, und ihre blonden, blauäugigen Kinder würden auf das 10 Mädchen sicherlich einen heilsamen Einfluß ausüben.
An diese Sommerferien hatte das Mädchen später gar keine Erinnerung mehr – außer einer einzigen Szene. Die aber hatte sich in sie eingeätzt, sich ihr in die Seele gebrannt, wie später die Auschwitznummer in den Arm.
Die Diele im Haus der Familie M. Das Mädchen war gerade mit einem Sohn der 15 Familie hereingekommen, sie hatten draußen gespielt. Onkel M. hält sie am Arm gepackt, schlägt auf sie ein und schreit in besinnungsloser Wut. Sie versucht sich loszureißen, ist aber vor Schreck wie gelähmt. Sein großes, rotes Gesicht unter dem strohgelben Haar ist dicht vor ihrer eigenen erstarrten Maske. „So geht es, wenn man sich eine dreckige Judengöre ins Haus holt", brüllt er und stößt sie 20 angewidert weg.
Worüber war er so wütend? Sie weiß es nicht mehr. Weiß es doch! Ihr fällt ein – war es nicht so? –, daß das Mädchen und der blauäugige Sohn verbotene Spiele miteinander gespielt hatten und dabei ertappt worden waren. Doch, so ist es gewesen. Ja, sie war eine dreckige Judengöre. Ja, sie war es gewesen, die den 25 Blauäugigen verführt hatte, sie war nicht mehr Großmutters pummeliges, schlechtgekleidetes kleines Mädchen, jetzt war es der Stiefvater, der die Kleider für sie aussuchte, Kleider, die den eigenartigen Tintomara-Charme des Mäd-

chens betonten. Der Blauäugige hatte die gemeinsamen Spiele aufregend gefunden, doch jetzt stand dieser Idiot mit hängendem Kopf da und schämte sich wie ein Hund mit dem Schwanz zwischen den Beinen. Das Mädchen spürte den Trotz, den starken, schönen Trotz in sich wachsen, sie wird nicht weinen, nicht um Verzeihung bitten, das Gesicht starr halten, keine Miene verziehen. Sie kann nachher weinen, auf der Toilette, das tut sie ja oft. Aber sie spürt, daß ihr Schlüpfer naß geworden ist – wenn sie es bloß nicht merken!

Eine dreckige Judengöre – was ist das eigentlich? Bedeutet das, sich in die Hose machen und verbotene Spiele spielen? Aber sie ist doch ein frommes, katholisches kleines Mädchen, das schon vor ein paar Jahren zur ersten Kommunion gegangen ist. Jederzeit kann sie die Empfindung dieses Tages wiedererleben, das Gutsein und die Unschuld, das Licht und die Reinheit tief von innen her bis hinaus ins weiße Kleid und den Haarkranz aus weißen Tüllrosen.

Das Mädchen begreift nicht. Aber oh, wie sie sie haßt, haßt, haßt. Alle, alle – und am meisten vielleicht sich selbst. Aber die Mutter kann und will sie nicht hassen. Die Mutter schickte, sandte sie aus nach Oberstdorf im Allgäu, einem Dorf, das an der Einfahrt mit dem Schild prunkte „Juden unerwünscht". Das Schild war gegenüber dem Kreuz aufgestellt worden, das schon immer dort gestanden hatte. Die Mutter plazierte sie bei dem Ehepaar M., die glühende Nazis und verdiente Parteigenossen sind. Doch nein, die Mutter wagt sie nicht zu hassen, denn die Tochter ihrer Mutter sein, ihre Zeugin und Abgesandte, das heißt auserwählt und auserkoren sein.

Sehr viel später erfährt das Mädchen, daß die Mutter eine Novelle über das Judenschild und das Kreuz geschrieben hat, eine sehr gute Novelle. Sie erfährt auch, daß die Mutter nicht in Unkenntnis darüber gewesen ist, daß M.s gläubige Nazis waren und wußten, daß der Vater des Mädchens Jude war. Doch diese Kenntnis wurde nie Teil ihrer Wirklichkeit. M.s waren ja ihre Freunde, undenkbar, daß sie ihrem Kind etwas Böses antaten! Und außerdem schrieb das Mädchen ja fröhliche Briefe nach Hause, wie hübsch und lustig alles sei, wie nett man sie behandele.

Elisabeth Langgässer

Saisonbeginn

Elisabeth Langgässer wurde 1899 in Alzey als Tochter eines jüdischen Architekten geboren. Nach dem Abitur wurde sie Volksschullehrerin, später Dozentin für Pädagogik in Berlin. Ab 1930 lebte sie als freie Schriftstellerin. Cordelia war ihre erste Tochter von einem jüdischen Mann. 1935 heiratete sie den Philosophen Wilhelm Hoffmann und hatte mit ihm drei weitere Töchter. 1936 wurde sie als Halbjüdin aus der Reichsschrifttumskammer ausgeschlossen und hatte Schreibverbot. 1944 wurde sie als Fabrikarbeiterin dienstverpflichtet, trotz ihrer bereits 1942 beginnenden Erkrankung an Multipler Sklerose. Cordelia war ins Konzentrationslager verschleppt worden und kehrte erst 1946 zurück. Der während des fast 10jährigen Schreibverbots entstandene Roman „Das unauslöschliche Siegel" machte Elisabeth Langgässer nach seinem Erscheinen 1946 für kurze Zeit zur bekanntesten Dichterin im Nachkriegsdeutschland. Sie starb 1950 in Rheinzabern. Eine ihrer meistgelesenen und besten Kurzgeschichten ist „Saisonbeginn". Das ist die Geschichte, auf die Cordelia Edvardson in unserem Text hinweist.

Die Arbeiter kamen mit ihrem Schild und einem hölzernen Pfosten, auf den es genagelt werden sollte, zu dem Eingang der Ortschaft, die hoch in den Bergen an der letzten Paßkehre lag. Es war ein heißer Spätfrühlingstag, die Schneegrenze hatte sich schon hinauf zu den Gletscherwänden gezogen. Überall standen die Wiesen wieder in Saft und Kraft; die Wucherblume* verschwendete sich, der 5 Löwenzahn strotzte und blähte sein Haupt über den milchigen Stengeln; Trollblumen*, welche wie eingefettet mit gelber Sahne waren, platzten vor Glück, und in strahlenden Tümpeln kleinblütiger Enziane spiegelte sich ein Himmel von unwahrscheinlichem Blau. Auch die Häuser und Gasthöfe waren wie neu: ihre Fensterläden frisch angestrichen, die Schindeldächer gut ausgebessert, die Sche- 10 renzäune ergänzt. Ein Atemzug noch: dann würden die Fremden, die Sommergäste kommen – die Lehrerinnen, die mutigen Sachsen, die Kinderreichen, die Alpinisten, aber vor allem die Autobesitzer in ihren großen Wagen ... Röhr und Mercedes, Fiat und Opel, blitzend von Chrom und Glas. Das Geld würde anrollen. Alles war darauf vorbereitet. Ein Schild kam zum anderen, die Haarna- 15 delkurve zu dem Totenkopf, Kilometerschilder und Schilder für Fußgänger: Zwei Minuten zum Café Alpenrose. An der Stelle, wo die Männer den Pfosten in die Erde einrammen wollten, stand ein Holzkreuz, über dem Kopf des Christus war auch ein Schild angebracht. Seine Inschrift war bis heute die gleiche, wie sie Pilatus entworfen hatte: I.N.R.I.* – die Enttäuschung darüber, daß es im Grund 20 hätte heißen sollen: er *behauptet* nur, dieser König zu sein, hatte im Lauf der Jahrhunderte an Heftigkeit eingebüßt. Die beiden Männer, welche den Pfosten, das Schild und die große Schaufel, um den Pfosten in die Erde zu graben, auf

ihren Schultern trugen, setzten alles unter dem Wegekreuz ab; der Dritte stellte
den Werkzeugkasten, Hammer, Zange und Nägel daneben und spuckte ermun-
ternd aus.

Nun beratschlagten die drei Männer, an welcher Stelle die Inschrift des Schildes
am besten zur Geltung käme; sie sollte für alle, welche das Dorf auf dem breiten
Paßweg betraten, besser: befuhren, als Blickfang dienen und nicht zu verfehlen
sein. Man kam also überein, das Schild kurz vor dem Wegekreuz anzubringen,
gewissermaßen als Gruß, den die Ortschaft jedem Fremden entgegenschickte.
Leider stellte sich aber heraus, daß der Pfosten dann in den Pflasterbelag einer
Tankstelle hätte gesetzt werden müssen – eine Sache, die sich von selbst verbot,
da die Wagen, besonders die größeren, dann am Wenden behindert waren. Die
Männer schleppten also den Pfosten noch ein Stück weiter hinaus bis zu der
Gemeindewiese und wollten schon mit der Arbeit beginnen, als ihnen auffiel, daß
diese Stelle bereits zu weit von dem Ortsschild entfernt war, das den Namen
angab und die Gemeinde, zu welcher der Flecken gehörte. Wenn also das Dorf
den Vorzug dieses Schildes und seiner Inschrift für sich beanspruchen wollte,
mußte das Schild wieder näherrücken – am besten gerade dem Kreuz gegenüber,
so daß Wagen und Fußgänger zwischen beiden hätten passieren müssen.

Dieser Vorschlag, von dem Mann mit den Nägeln und dem Hammer gemacht,
fand Beifall. Die beiden anderen luden von neuem den Pfosten auf ihre Schultern
und schleppten ihn vor das Kreuz. Nun sollte also das Schild mit der Inschrift zu
dem Wegekreuz senkrecht stehen; doch zeigte es sich, daß die uralte Buche,
welche gerade hier ihre Äste mit riesiger Spanne nach beiden Seiten wie eine
Mantelmadonna ihren Umhang entfaltete, die Inschrift im Sommer verdeckt und
ihr Schattenspiel deren Bedeutung verwischt, aber mindestens abgeschwächt
hätte.

Es blieb daher nur noch die andere Seite neben dem Herrenkreuz, und da die
erste, die in das Pflaster der Tankstelle überging, gewissermaßen den Platz des
Schächers zur Linken bezeichnet hätte, wurde jetzt der Platz zur Rechten gewählt
und endgültig beibehalten. Zwei Männer hoben die Erde aus, der dritte nagelte
rasch das Schild mit wuchtigen Schlägen auf; dann stellten sie den Pfosten
gemeinsam in die Grube und rammten ihn rings von allen Seiten mit größeren
Feldsteinen an.

Ihre Tätigkeit blieb nicht unbeachtet. Schulkinder machten sich gegenseitig die
Ehre streitig, dabei zu helfen, den Hammer, die Nägel hinzureichen und pas-
sende Steine zu suchen; auch einige Frauen blieben stehen, um die Inschrift
genau zu studieren. Zwei Nonnen, welche die Blumenvase zu Füßen des Kreuzes
aufs neue füllten, blickten einander unsicher an, bevor sie weitergingen. Bei den
Männern, die von der Holzarbeit oder vom Acker kamen, war die Wirkung
verschieden: einige lachten, andere schüttelten nur den Kopf, ohne etwas zu
sagen; die Mehrzahl blieb davon unberührt und gab weder Beifall noch Ablehnung kund, sondern war gleichgültig, wie sich die Sache auch immer entwickeln
würde. Im ganzen genommen konnten die Männer mit der Wirkung zufrieden

sein. Der Pfosten, kerzengerade, trug das Schild mit der weithin sichtbaren Inschrift, die Nachmittagssonne glitt wie ein Finger über die zollgroßen Buchstaben hin und fuhr jeden einzelnen langsam nach, wie den Richtspruch auf einer Tafel . . .

Auch der sterbende Christus, dessen blasses, blutüberronnenes Haupt im Tod nach der rechten Seite geneigt war, schien sich mit letzter Kraft zu bemühen, die Inschrift aufzunehmen: man merkte, sie ging ihn gleichfalls an, welcher bisher von den Leuten als einer der ihren betrachtet und wohl gelitten war. Unerbittlich und dauerhaft wie sein Leiden, würde sie ihm nun für lange Zeit schwarz auf weiß gegenüberstehen.

Als die Männer den Kreuzigungsort verließen und ihr Handwerkszeug wieder zusammenpackten, blickten alle drei noch einmal befriedigt zu dem Schild mit der Inschrift auf. Sie lautet: „In diesem Kurort sind Juden unerwünscht."

Cordelia Edvardson

Der Judenstern

Gleich beim Betreten des Zimmers suchte der Blick des Mädchens das Gesicht des Stiefvaters. Das Benehmen der Mutter gab meistens keinen Aufschluß über den Ernst der Situation. Da ihr jeder Sinn für Proportionen fehlte, konnte sie genauso verzweifelt und außer sich sein, wenn das Dienstmädchen gekündigt hatte, wie wenn sich ihre beste Freundin das Leben nahm – jedenfalls für den Augenblick. Genauso wie sie sich mit Inbrunst für ein neues Gedicht von Wilhelm Lehmann* begeisterte, geriet sie auch in Ekstase über Kinderzeichnungen ihrer kleinen Töchter. Die Gefühle der Mutter bedurften nicht einmal eines persönlichen Anlasses, um sich dramatisch zu äußern. Es konnte geschehen, daß sie in ein Zimmer kam, wo der Stiefvater das Mädchen auszuschelten schien, und schon griff die Mutter ein und verpaßte der Tochter eine schallende Ohrfeige. „Aber warum schlägst du sie denn?" fragte der Mann verblüfft. „Du schimpfst doch mit ihr", antwortete die Mutter mit unverstellter Verwunderung.

Die äußeren Anzeichen beim Stiefvater verstand das Mädchen hingegen mit Leichtigkeit zu deuten. Die in Wut zusammengebissenen Kiefer, die blauen, in Qual vor sich hin starrenden Augen, die Stirnfalten, die den brennenden Kopfschmerz verrieten – all das war jetzt zu sehen, und das Mädchen wußte. Es mußte viel schlimmer sein, als sie geglaubt und geahnt hatte.

Schweigend reichte die Mutter ihrem Bruder einen Brief in Maschinenschrift auf Behördenpapier, eine Aufforderung, sich im Hauptquartier der Gestapo einzufinden. Sie betraf das Mädchen, aber die Mutter hatte bereits beschlossen, ihre Tochter zu begleiten – so weit, wie sie es vermochte.

Wie stets war das Mädchen sehr stolz auf die schöne, elegante Mutter, die an diesem Tag einen weißen Leinenmantel und eine große, schwarze Lacktasche trug. Das große, graue Haus, das Hauptquartier der Gestapo, und das hallende Stiefelgetrampel der SS-Männer, wenn sie die breiten Marmortreppen hinauf-
5 und hinunterliefen, erschreckten sie jedoch, alles erinnerte allzusehr an die Höhle des Drachen. Mutter und Tochter suchten in den langen Korridoren ihren Weg bis zu dem Zimmer Nr. soundso. Doch kaum hatten sie das Zimmer betreten, schwand die Furcht des Mädchens dahin, der Beamte, der sie bestellt hatte, trug keine Uniform, es war ein kleiner, magerer Mann mit dünnem
10 Schnurrbart und Brille. Höflich bot er der Mutter einen Stuhl an, das Mädchen jedoch mußte stehen, während er erklärte, worum es ging. Ja, die Sache sei die, daß das Mädchen ja einen gültigen spanischen Paß nebst Einreisevisum habe, dagegen lasse sich von deutscher Seite nichts einwenden, er war nahe daran, „leider" zu sagen, merkte aber, daß es überflüssig war. Doch nun sei es so, daß
15 auch ein deutsches Ausreisevisum nötig sei, und ein Ausreisevisum werde es sicherlich nicht geben. „Wie ich sehe, tragen Sie keinen Judenstern", sagte er zu dem Mädchen gewandt. Noch war es keine Anklage, nur eine Feststellung. Das Mädchen notierte mit großer Genugtuung, daß er die Anrede „Sie" verwendet hatte; es war das erstemal, daß man sie siezte, offensichtlich galt sie also als
20 erwachsen. Trotzdem war es die Mutter, die erklärte, man habe ihr auf der spanischen Botschaft versichert, daß das Mädchen als spanische Staatsbürgerin nicht unter die deutschen Rassengesetze falle und somit auch nicht gezwungen werden könne, den Judenstern zu tragen, insbesondere auch deshalb nicht, weil sie als Katholikin geboren sei. „Das mag ja sein", erwiderte der Beamte langmü-
25 tig, „aber", und wieder wandte er sich direkt an das Mädchen, „wir haben hier ein Dokument ausgefertigt, das wir Sie zu unterzeichnen bitten." Das Dokument entpuppte sich als eine im Namen des Mädchens ausgestellte Erklärung, daß sie die doppelte Staatsangehörigkeit akzeptiere, somit die deutsche neben der spanischen behalte, und sich ferner den deutschen Gesetzen einschließlich der Rassen-
30 gesetze nebst Anwendung auf ihre Person freiwillig füge. Dies schließe das Tragen des Judensterns und einen eventuellen künftigen „Abtransport" in den Osten ein.
Unsicher sah die Tochter die Mutter an, und ihr Blick traf auf eine weiße Maske, worin der allzu rote Mund wie eine Wunde glühte. Von der Mutter war im
35 Augenblick keine Unterstützung zu erwarten, das wurde dem Mädchen sofort klar. Große Angst überkam sie, doch wie immer kam ihr der Trotz zu Hilfe. O nein, so leicht würde das nicht gehen, nein, nicht wieder den Judenstern, „Abtransport in den Osten" klang zwar auch nicht gut, aber mit dem Judenstern hatte sie Erfahrung. Das Mädchen entschloß sich, „die kesse Berlinerin" zu
40 spielen, eine Rolle, die sie schon früher mit Erfolg kreiert hatte. „Ich bitte darum, meine Botschaft anrufen zu dürfen", teilte sie dem Beamten mit und fand, es klinge erwachsen und beeindruckend, schließlich hatte er sie ja gesiezt. Hinter den Brillengläsern blitzte es auf, und der Schnurrbart zuckte wie von unterdrück-

tem Lachen: „Bitteschön, mein Fräulein, hier ist das Telefon!" Entgegenkommend hob er ihr den Apparat hinüber, und sie hatte schon die Hand auf den Hörer gelegt, als er fortfuhr, und jetzt spie der Drache Feuer: „Aber", und dies klang wie ein Peitschenhieb, „aber wenn Sie nicht auf der Stelle unterzeichnen, dann müssen wir Ihre Mutter belangen!" Er erklärte dem Mädchen, die Mutter habe die spanische Adoption der Tochter arrangiert, um die deutschen Gesetze zu umgehen und sich ihnen zu entziehen, was als ernstes Vergehen betrachtet werden könne, als Landesverrat, Hochverrat und etwas Drittes, woran das Mädchen sich später nicht mehr erinnerte. Falls das Mädchen jedoch jetzt unterzeichne, sei ja noch kein Schaden geschehen, dann ließe sich bei dem Fehltritt der Mutter Nachsicht üben. „Und", fügte er sicherheitshalber hinzu, „Sie sind sich ja wohl der Tatsache bewußt, daß Ihre Mutter Halbjüdin ist."
Wieder sah das Mädchen die Mutter an und begegnete dem Blick der schönen, braunen Augen, Augen, die vor Intensität strahlen, das Mädchen verzaubern konnten, die aber jetzt randvoll waren von stummem, hilflosem Schmerz. Niemand sagte etwas, nichts brauchte gesagt zu werden, es gab keine Wahl, hatte nie eine gegeben, sie war Cordelia, die ihr Treuegelöbnis hielt, sie war auch Proserpina*, sie war die Auserwählte, und nie hatte sie dem Herzen ihrer Mutter nähergestanden. Die Kehle schnürte sich ihr zu, aber schließlich brachte sie es heraus: „Ja, ich unterschreibe."
Der Drache, jetzt satt und zufrieden, wurde wieder zu einem fast freundlichen Beamten und gab zum Abschied die Auskunft: „Und jetzt können sie ins Zimmer gegenüber gehen und sich dort einen neuen Judenstern abholen, er kostet 50 Pfennig."

Kollwitz (1867–1945): Ruf des Todes, 1934/35

Walter Bargatzky

Geiseln – Listen – Zahlen

Nach der Kapitulation Frankreichs im Juni 1940 residierte im Hotel Majestic in
Paris der deutsche Militärbefehlshaber mit seinem kleinen Stab von Mitarbeitern,
zu denen auch Walter Bargatzky gehörte, der Verfasser der Memoiren, aus denen
die folgenden Abschnitte stammen. (Bargatzky war nach dem Krieg Staatssekretär
im Auswärtigen Amt und von 1967–1982 Präsident des Deutschen Roten Kreuzes.)
Militärbefehlshaber war zunächst Otto von Stülpnagel, von dessen Schicksal im
folgenden die Rede ist, und nach seiner Ablösung 1942 dessen Vetter, Karl-
Heinrich von Stülpnagel, der 1944 hingerichtet wurde. Die deutschen Offiziere im
Hotel Majestic versuchten im Rahmen ihrer Möglichkeiten die schlimmsten
Weisungen Hitlers zu Geiselerschießungen, Judenverfolgung oder Verhaftungen
abzuwehren oder zu unterlaufen. Gleichzeitig plante man in Verbindung mit
anderen Widerstandsgruppen die Beseitigung Hitlers und den Sturz des Regimes.

Klein von Wuchs, mit einer Neigung zu Pose und Theatralik. Im offenen Sport-
Delage fährt er zur Mittagsstunde um den Arc de Triomphe ins rosafarbene
Palais Talleyrand, Avenue Foch, das er sich zur Residenz erwählt hat. Humorlos,
steif, etwas Aufgezogenes, Zinnsoldatisches. Eines der Bilder, das sich mir
nachhaltig einprägt: wie wir durch die gesperrte Rue Royale zur Madeleine   5
ziehen, zur Ehrung des ersten Attentatsopfers unter den Deutschen, und wie er
vor den die Straße umsäumenden Franzosen gravitätisch die Stufen der Kirche
hinaufschreitet, ganz Stil 1870/71. Sein Spitzname im Stab „Habakuk" (einer der
zwölf kleinen Propheten des Alten Testaments). Doch das ist nur die eine Seite.
Für die politische Situation wichtiger und bei dieser äußeren Manier gänzlich   10
überraschend sein bis zur Starrheit ausgeprägtes Empfinden für Korrektheit und
geschichtlichen Ruf. Kein Anhänger Hitlers, sondern stockkonservativ. Auf
Unabhängigkeit bedacht, energisch, nicht nur gegenüber Untergebenen oder
Franzosen, auch nach oben. [. . .]
Die Tragödie beginnt mit Attentaten auf Angehörige der deutschen Besatzungs-   15
macht. Nach Hitlers Angriff auf Rußland, Juni 1941, nehmen die Sabotageakte
gegen die Deutschen schlagartig zu, es kommt zu den ersten Morden an willkürlich herausgegriffenen Offizieren und Beamten. Die Täter sind nach uns vorlie-
genden Informationen in kommunistischen Kreisen zu suchen. Ein neues Kapitel
ist aufgeschlagen: Gewalt jetzt auch auf französischer Seite. [. . .]   20
Ende August 1941 wird auf der Pariser Métrostation Barbès-Rochechouart ein
deutscher Marinehilfsassistent erschossen, Stülpnagel läßt die ersten Geiseln
festnehmen, verzichtet aber, trotz Protest des Kommandierenden Admirals, des
Vorgesetzten des Opfers, auf die Exekution, wofür ihm Pétain* seinen Dank
aussprechen läßt. Die französischen Behörden werden veranlaßt, für die Ergrei-   25
fung der Täter hohe Belohnungen auszusetzen. Vergeblich. In Kürze, ungeachtet
aller öffentlichen Warnungen und Appelle, folgen weitere Anschläge, zunächst

in Paris, auf der Métrostation Bastille und vor dem Hotel Terminus an der Gare de l'Est. Nun ist jeden Augenblick zu erwarten, daß Hitler die Entscheidungen an sich zieht. Um ihm zuvorzukommen, flüchtet sich Stülpnagel in eine doppelte Taktik, wahrscheinlich die unglücklichste, die er wählen kann. Einerseits fordert er vom OKH*, daß man ihm die alleinige Zuständigkeit beläßt, andererseits, kraft dieser Zuständigkeit, ordnet er die ersten Geiselerschießungen an, beschränkt sie aber auf eine Zahl, die ihm noch vertretbar erscheint, nämlich drei. Der Mißerfolg ist ebenfalls ein doppelter, nach außen wie nach innen. In der französischen Öffentlichkeit befleckt er seinen Namen mit Blut (zudem hören die Attentate nicht auf), die eigene Führung wirft ihm unangemessene Milde vor.
[…]
Im Auftrag Hitlers wird Stülpnagel jede weitere Milde untersagt. Keitel*, der das übermittelt, fordert kollektive Erschießungen im Verhältnis 1:50 bis 100. […] Geiselnahmen und -erschießungen nehmen ihren Fortgang, die Attentate ohnehin. Stülpnagels Name steht in großen Lettern unter den Schreckensplakaten, die die französischen Straßen säumen, und prägt sich dem Land als der eines blutrünstigen Henkers ein. Allmählich fast schon ein gewohntes Bild. Im ‚Majestic‘ versteinern die Gesichter. Wir haben schon viele Grausamkeiten Hitlers erlebt, jetzt sehen wir sie unmittelbar über unseren Schreibtisch wandern. Die Federführung in der Geiselfrage liegt beim Kommandostab, aber die Gruppe ‚Justiz‘ hat jeden beschlossenen Akt formal zu überprüfen. Ich erinnere mich der fast täglichen Besuche von Bälz* bei Jonathan Schmid*, in dessen Vorzimmer ich sitze. Immer wieder – deutsche, englische, französische Kommentare vor sich ausgebreitet – protestiert er gegen die Verletzung der Proportionalität, gegen die sadistische Übersteigerung der Geiselzahlen. Einmal, als Schmid seine Bitte abschlägt, ihn von seiner Aufgabe zu entbinden, erleidet er einen Weinkrampf, das Bild des teutonenhaften, zuckenden Gesichts steht mir wieder vor Augen. Mit den Offizieren des Kommandostabs, den Kriegsrichtern wird in stundenlangen Sitzungen versucht, die von Hitler und Keitel diktierten Ziffern heimlich zu unterlaufen. Zu den Geiseln (meist politische Häftlinge, die dem mutmaßlichen Täterkreis nahestehen) werden befehlswidrig auch Franzosen gezählt, die kriegsgerichtlich zum Tod verurteilt und erschossen sind, vereinzelt auch zum Tod Verurteilte, deren Begnadigung abgelehnt ist und deren Hinrichtung bevorsteht. Oder man bezieht in die befohlenen Zahlen nicht nur das gerade geschehene, sondern gleich mehrere Attentate mit ein, das gestrige, das vorgestrige. Entsetzliche Tricks, die heute makaber anmuten müssen, wie auch die am Ende sich daraus ergebende Differenz. Dennoch bleibt es eine geschichtliche Tatsache, daß diese rechnerische Täuschung Hitlers und Keitels durch das ‚Majestic‘, neben dem ständigen Ringen um die im Einzelfall befohlenen Zahlen, viele vor dem Geiseltod bewahrt hat. George*, in seinem damals noch geheimen Bericht, versteckt die Manipulation in die trockene Statistik am Schluß: „Zahl der angeordneten Geiselerschießungen 993“, „Zahl der tatsächlich als Geiseln erschossenen Personen 471“.

Eines Morgens George beim Frühstück im Kasino: Er habe eine qualvolle Nacht verbracht, am Abend zuvor, im Bericht eines der Bezirkschefs, habe er entdeckt, daß in der Liste der zu Erschießenden ein Name übergangen worden sei, der unterste auf der ersten Seite, statt dessen habe man auf der zweiten Seite einen Mann benannt, der bei richtiger Zählung nicht mehr hätte mitgerechnet werden dürfen, offensichtlich ein Irrtum des Bearbeiters. Plötzlich sieht sich George zum Richter über zwei Leben bestellt – soll er es melden, soll er es schweigend übergehen? Schlaflos schwankt er von einer Entscheidung zur andern. Als er uns davon berichtet, hat er sich zu einem klaren Entschluß durchgerungen: er wird nichts tun, so, wie der Vorgang ist, wird er ihn zur Schlußzeichnung weitergeben. Keiner von uns rät ihm davon ab.

Die letzten Briefe der Erschossenen. George kann Einblick nehmen. Nur wenige, die nicht ergreifen, viele herzzerreißend. Man fragt sich, wenn man sie liest, ob man unter den gleichen Umständen derselben Größe fähig wäre. Ein Offizier im ‚Majestic‘ hat die erschütterndsten kopiert. Ich verwahre einige Abschriften auf 409 im ‚Raphaël‘, in der offenen Schublade meines Schreibtischs und bemerke bald, daß das französische Personal sie liest. Nach dem Fehlschlag der Verschwörung muß ich sie vernichten.

Mitte Januar 1942 werde ich wegen einer Lungenerkrankung ins Wehrmachtlazarett eingeliefert, nach Suresnes, einem westlichen Vorort von Paris. Ein requiriertes* Zivilkrankenhaus, in dem ich viele Wochen verbringe, eine Zeit der Untätigkeit und der Niedergeschlagenheit. Die Freunde besuchen mich häufig. Ich habe ein Einzelzimmer im dritten oder vierten Stock, nach Westen hinaus. Hinter meinem Fenster aufragend der Mont Valérien, die alte französische Festung, die den Deutschen jetzt als Hinrichtungsstätte dient. Eine Französin aus dem Ort, Frau eines Kriegsgefangenen, macht jeden Tag mein Zimmer sauber und gießt mein Alpenveilchen. Wir sprechen nicht viel, aber sie ist voller Freundlichkeit zu mir. Eines Morgens, zum vierten oder fünften Mal in diesen Wochen, hören wir die Salven des Exekutionskommandos, Schüsse durchpeitschen den Frühlingsmorgen. Die Frau sieht mich mit ihren großen dunklen Augen an: „Ils sont beaux, les cyclamens, n'est-ce-pas?“

Hier, am Krankenbett, erfahre ich von den Freunden auch die Einzelheiten von Otto von Stülpnagels Demission*. Am Vormittag haben sie seiner Verabschiedung beigewohnt. Ende Februar 1942, im ausgeräumten Kasinosaal des ‚Majestic‘, versammeln sich die Offiziere und Beamten zu seinem Schlußauftritt, auch dieses letzte Mal die gravitätische, marionettenhafte Steifheit, die ihm nun einmal eigen ist und die auch im Rückblick so leicht das Tragische an ihm verdrängt. Aus seinem eben vorangegangenen Briefwechsel mit Keitel sind zwei Textstellen von Interesse, die die ganze Abgründigkeit der Gesinnung zeigen, gegen die er anzukämpfen suchte:

Stülpnagel an OKH (für Keitel bestimmt):

„Die bisherigen Sühnemaßnahmen . . . haben weder getroffen noch abgeschreckt. Exekutionen beab-
sichtige ich künftig . . . nur in *begrenzter*, den Tatumständen angepaßter Zahl anzuordnen. *Massener-
schießungen* kann ich jedenfalls in Erkenntnis und der Auswirkung solcher harten Maßnahmen auf
die gesamte Bevölkerung und unser Verhältnis zu Frankreich . . . nicht mehr mit meinem Gewissen
5 vereinbaren, noch vor der Geschichte verantworten . . .“

OKH an Stülpnagel:

„Generalfeldmarschall Keitel lehnt nach Vortrag beim Führer ab, der von dort vorgeschlagenen
alleinigen Beurteilung und eigenmächtigen letzten Entscheidung für Sühnemaßnahmen bei Attentaten und Sprengstoffanschlägen näherzutreten, solange die von dort vorgeschlagenen Maßnahmen
10 nach Art und Umfang der Grundeinstellung des Führers nicht Rechnung tragen. Für die seit 15. 1.
gemeldeten und noch nicht aufgeklärten, aber sich mehrenden Attentate und Sprengstoffanschläge
muß eine scharfe und abschreckende Sühne durch Erschießung einer großen Zahl festgenommener
Kommunisten bzw. Juden und Verbrecher früherer Attentate und Festnahme von wenigstens eintau-
send Kommunisten bzw. Juden zum Abtransport (erfolgen). Feldmarschall Keitel sieht einer entspre-
15 chenden Unterrichtung zur Vorlage beim Führer entgegen.“

Wir kennen keine zusammenfassende Verteidigung Otto von Stülpnagels, sein
Selbstmord im französischen Gerichtsgefängnis hat sie uns vorenthalten. Er
würde mit Sicherheit eingewendet haben, zu Recht, wie die Ereignisse zeigen,
daß noch mehr Blut geflossen wäre, hätte er seinen Platz einem Willfährigeren
20 geräumt. Ein Punkt von exemplarischer Bedeutung. Wie tausend andere Amtsträger unter Hitler steht er vor der Frage Nummer eins: Soll ich weiter mitmachen
oder soll ich gehen. Wie tausend andere Amtsträger bleibt er auf seinem Posten,
weil er hofft, solange er da ist, Schlimmeres zu verhüten. Die Erfahrung lehrt,
daß das ein fundamentaler Fehler ist. Geht es um Blut, um Gewalt gegen andere,
25 kann nur das eigene Gewissen den Ausschlag geben, nicht die fiktive Bilanz
dessen, was ohne mich an noch Böserem geschieht.

Willi Graf

München-Stadelheim, den 10. IX. 43

Willi Graf, geboren am 2. Januar 1918, hingerichtet am 12. Oktober 1943, wuchs in Saarbrücken auf und wurde von der katholischen Jugendbewegung geprägt. Als Medizinstudent in München bildete er zusammen mit Alex Schmorell, Hans und Sophie Scholl, Christoph Probst und Professor Kurt Huber die „Weiße Rose", jene Widerstandsgruppe, die im vierten Kriegsjahr die deutsche Jugend zum Widerstand gegen die Tyrannei Hitlers bewegen wollte. Der Plan scheiterte, als die Gestapo die Verbreiter der Flugblätter an der Münchner Universität entdeckte. Roland Freisler saß über die Münchner Studenten und Professor Huber zu Gericht und verhängte über sie das Todesurteil.
Willi Graf erwartete seine Hinrichtung gläubig und in großer innerer Ruhe, wie der Brief an seine Familie aus dem Gefängnis Stadelheim zeigt. In einem anderen Brief, kurz vor seinem Tod, schrieb er: „Ich gehe meinen Weg bis zum Ende und wünsche mir nur, daß ich ein starkes Herz bewahre."

Die Eltern Gerhard und Anna mit ihren Kindern Mathilde, Willi und Anneliese

Neben den Geschwistern Sophie und Hans Scholl, Willi Graf und Alexander Schmorell, die das Photo von 1942 auf dem Münchner Verladebahnhof zeigt, gehörten auch Kurt Huber und Christoph Probst zu der Widerstandsgruppe „Weiße Rose". Sie alle fanden durch die Nationalsozialisten den Tod.

Gefängniſſe München
Strafgefängnis München-Stadelheim

Zur Beachtung!   A 2

> Den Gefangenen ist der Brief- und Besuchsverkehr nur mit Eltern, Großeltern, Kindern, Geschwistern, Ehegatten und mit ihrem gesetzlichen Vertreter gestattet. Sie dürfen in der Regel alle 4 Wochen einen Brief absenden und alle 4 Wochen einen Brief empfangen; alle 8 Wochen einen Besuch empfangen.
> Briefe deutlich und mit Tinte schreiben! Kein Geld und keine Briefmarken beilegen! Postkarten mit Ansichten oder Bildern werden nicht ausgehändigt.
> Besuchszeit: Nur Dienstag 14-16 Uhr (Feiertage ausgenommen). Amtlich gestempelter Lichtbild-Ausweis ist vom Besucher mitzubringen. Eßwaren oder Genußmittel dürfen weder mitgebracht noch zugesandt werden. Gegenstände der Körperpflege können sich die Gefangenen im Gefängnis kaufen. Tuben aller Art, auch Zahnpasta werden den Gefangenen nicht ausgehändigt. Geldsendungen an Gefangene sind gestattet.

Name: Willi Graf   Gef.-B.-Nr. 159   München, den 10. IX. 43
Stadelheimerstraße 12

Meine lieben Eltern, liebe Mathilde u. liebe Anneliese,

ich kann Euch wiederum einen Brief schreiben und danke ganz besonders für Eure Post, die mir immer soviel Freude macht und zur Beruhigung dient, wenn ich erfahre, daß es Euch daheim gut geht und auch Ihr alles Leiden in Geduld und Gottvertrauen ertragt. Dürfen wir nicht fast froh sein, daß wir in dieser Welt ein Kreuz auf uns nehmen können, das manchmal über menschliches Maß hinauszugehen scheint? In gewissen Sinne ist es eine „wörtliche" Nachfolge Christi. Wir wollen versuchen, dieses Kreuz nicht nur einfach zu ertragen, sondern zu lieben und immer vollkommener zu leben im Vertrauen auf Gottes Ratschluß. Dann erfüllt sich der ganze Sinn in diesem schmerzvollen Leiden. Für uns ist der Tod nicht das Ende, sondern ein Durchgang, das Tor zum wahren Leben. Ich versuche, mir diese Wirklichkeiten ganz bewußt werden zu lassen und bitte um Kraft und Segen dafür. So berühren einen die alltäglichen Dinge nicht mehr so stark, wie sie auch aussehen mögen. Die Erfüllung des Lebens liegt nicht in ihnen. Aber die Liebe zu Deutschland wächst von Tag zu Tag und ich nehme schmerzvollen Anteil an seinem Geschick und seinen großen Wunden. Ich wünsche und hoffe so sehr, daß es Euch Allen daheim recht gut gehen möge, daß Ihr Euer gewohntes Leben weiterführen könnt und so ein wenig Ablenkung im Unglück findet, auch der kleine Joachim möge dazu verhelfen. Grüßt auch Ossy wieder von mir und wünscht ihm alles Gute. In Liebe und stetem Gedenken sind und bleiben wir verbunden. Herzliche Grüße allen Euer Willi.

30.6.43 5000

Dietrich Bonhoeffer

Von guten Mächten treu und still umgeben

Der evangelische Theologe Dietrich Bonhoeffer wurde 1906 in Breslau geboren und am 9. April 1945 – wenige Stunden vor dem Einmarsch der Alliierten – im Konzentrationslager Flossenbürg (Oberpfalz) hingerichtet. Seit 1931 war er Privatdozent und Studentenpfarrer in Berlin gewesen, seit 1935 Direktor des Predigerseminars der Bekennenden Kirche in Finkenwalde. Wegen seiner mutigen und unverhohlenen Ablehnung des Nationalsozialismus verlor er 1936 seine Lehrbefugnis. Bonhoeffer, der viele bedeutende theologische Schriften verfaßt hat, galt als eine Zentralfigur des kirchlichen Widerstandes. Schon 1943 wurde er verhaftet. Seine Briefe und Gedichte, die er im Gefängnis

schrieb, sind ein überwältigendes Zeugnis gläubiger Ergebenheit und geistiger Freiheit.

Von guten Mächten treu und still umgeben,
behütet und getröstet wunderbar,
so will ich diese Tage mit euch leben
und mit euch gehen in ein neues Jahr.

Noch will das alte unsere Herzen quälen, 5
noch drückt uns böser Tage schwere Last,
ach, Herr, gib unsern aufgeschreckten Seelen
das Heil, für das Du uns geschaffen hast.

Und reichst Du uns den schweren Kelch, den bittern
des Leids, gefüllt bis an den höchsten Rand, 10
so nehmen wir ihn dankbar ohne Zittern
aus Deiner guten und geliebten Hand.

Doch willst Du uns noch einmal Freude schenken
an dieser Welt und ihrer Sonne Glanz,
dann wollen wir des Vergangenen gedenken, 15
und dann gehört Dir unser Leben ganz.

Laß warm und hell die Kerzen heute flammen,
die Du in unsre Dunkelheit gebracht,
führ, wenn es sein kann, wieder uns zusammen.
20 wir wissen es, Dein Licht scheint in der Nacht.

Wenn sich die Stille nun tief um uns breitet,
so laß uns hören jenen vollen Klang
der Welt, die unsichtbar sich um uns weitet,
all Deiner Kinder hohen Lobgesang.

25 Von guten Mächten wunderbar geborgen,
erwarten wir getrost, was kommen mag.
Gott ist bei uns am Abend und am Morgen
und ganz gewiß an jedem neuen Tag.

Anna Seghers

„Unter dem Schatten des Todes"

Netty Reiling, alias Anna Seghers, wurde 1900 als Tochter eines angesehenen jüdischen Kunsthändlers in Mainz geboren. Sie studierte Kunstgeschichte und Geschichte und heiratete 1925 den ungarischen Schriftsteller und Soziologen Radvanyi. 1928 trat sie in die Kommunistische Partei ein.
Damals war sie schon eine anerkannte und bekannte Schriftstellerin. Ihre Bücher wurden in der Nazizeit verboten und verbrannt. Schon seit 1933 lebte sie als Emigrantin in Paris, 1941 mußte sie mit ihren Kindern vor der deutschen Armee über Marseille nach Mexiko fliehen.
Als sie 1947 nach Deutschland zurückkehrte und sich in Ostberlin niederließ, wurde sie in der DDR hoch geehrt; auch in der Bundesrepublik Deutschland gewann sie Ansehen. Sie starb 1983 in Ost-Berlin.
Der Roman „Transit" (1948) über Flüchtlingsschicksale in Südfrankreich, dem der folgende Abschnitt entnommen ist, bezieht Erfahrungen ihrer Flucht mit ein.
Ihre bekanntesten Werke sind „Der Aufstand der Fischer von St. Barbara" (1928) und „Das siebente Kreuz" (1942).

Erstes Kapitel

Die „Montreal" soll untergegangen sein zwischen Dakar und Martinique. Auf eine Mine gelaufen. Die Schiffahrtsgesellschaft gibt keine Auskunft. Vielleicht ist auch alles nur ein Gerücht. Verglichen mit den Schicksalen anderer Schiffe, die mit ihrer Last von Flüchtlingen durch alle Meere gejagt wurden und nie von Häfen aufgenommen, die man eher auf hoher See verbrennen ließ, als die Anker werfen zu lassen, nur weil die Papiere der Passagiere ein paar Tage vorher abliefen, mit solchen Schiffsschicksalen verglichen, ist doch der Untergang dieser „Montreal" in Kriegszeiten für ein Schiff ein natürlicher Tod. Wenn alles nicht wieder nur ein Gerücht ist. Wenn das Schiff nicht inzwischen gekapert wurde oder nach Dakar zurückbeordert. Dann schmoren eben die Passagiere in einem Lager am Rande der Sahara. Vielleicht sind sie auch schon glücklich auf der anderen Seite des Ozeans. – Sie finden das alles ziemlich gleichgültig? Sie langweilen sich? – Ich mich auch. Erlauben Sie mir, Sie einzuladen. Zu einem richtigen Abendessen habe ich leider kein Geld. Zu einem Glas Rosé und einem Stück Pizza. Setzen Sie sich bitte zu mir! Was möchten Sie am liebsten vor sich sehen? Wie man die Pizza bäckt auf dem offenen Feuer? Dann setzen Sie sich neben mich. Den alten Hafen? Dann besser mir gegenüber. Sie können die Sonne untergehen sehen hinter dem Fort Saint-Nicolas. Das wird Sie sicher nicht langweilen.

Die Pizza ist doch ein sonderbares Gebäck. Rund und bunt wie eine Torte. Man erwartet etwas Süßes, da beißt man auf Pfeffer. Man sieht sich das Ding näher an, da merkt man, daß es gar nicht mit Kirschen und Rosinen gespickt ist, sondern mit Paprika und Oliven. Man gewöhnt sich daran. Nur leider verlangen sie jetzt auch hier für die Pizza Brotkarten.

Ich möchte gern wissen, ob die „Montreal" wirklich unterging. Was machen alle die Menschen da drüben, falls sie doch noch ankamen? Ein neues Leben beginnen? Berufe ergreifen? Komitees einrennen? Den Urwald roden? Ja, wenn es sie wirklich da drüben gäbe, die vollkommene Wildnis, die alle und alles verjüngt, dann könnte ich fast bereuen, nicht mitgefahren zu sein. – Ich hatte nämlich durchaus die Möglichkeit mitzufahren. Ich hatte eine bezahlte Karte, ich hatte ein Visum, ich hatte ein Transit. Doch zog ich es plötzlich vor, zu bleiben.

Auf dieser „Montreal" gab es ein Paar, das ich einmal flüchtig gekannt habe. Sie wissen ja selbst, was es auf sich hat mit solchen flüchtigen Bekanntschaften in den Bahnhöfen, in den Warteräumen der Konsulate, auf der Visaabteilung der Präfektur. Wie flüchtig ist das Geraschel von ein paar Worten, wie Geldscheine, die man in Eile wechselt. Nur manchmal trifft einen ein einzelner Ausruf, ein Wort, was weiß ich, ein Gesicht. Das geht einem durch und durch, rasch und flüchtig. Man blickt auf, man horcht hin, schon ist man in etwas verwickelt. Ich möchte gern einmal alles erzählen, von Anfang an bis zu Ende. Wenn ich mich nur nicht fürchten müßte, den andern zu langweilen. Haben Sie sie nicht gründlich satt, diese aufregenden Berichte? Sind Sie ihrer nicht vollständig überdrüssig, dieser spannenden Erzählungen von knapp überstandener Todesgefahr, von atemloser Flucht? Ich für mein Teil habe sie alle gründlich satt. Wenn mich heute noch etwas erregt, dann vielleicht der Bericht eines Eisendrehers, wieviel Meter Draht er schon in seinem langen Leben gedreht hat, mit welchen Werkzeugen, oder das runde Licht, an dem ein paar Kinder Schulaufgaben machen.

Geben Sie acht mit dem Rosé! Er trinkt sich, wie er aussieht: wie Himbeersaft. Sie werden unglaublich heiter. Wie leicht ist alles zu tragen. Wie leicht alles auszusprechen. Und dann, wenn Sie aufstehn, zittern Ihnen die Knie. Und Schwermut, ewige Schwermut befällt Sie – bis zum nächsten Rosé. Nur sitzen bleiben dürfen, nur nie mehr in etwas verwickelt werden.

Ich selbst war früher leicht in Sachen verwickelt, über die ich mich heute schäme. Nur ein wenig schäme – sie sind ja vorbei. Ich müßte mich furchtbar schämen, wenn ich die andren langweile. Ich möchte trotzdem einmal alles von Anfang an erzählen.

2

Ende des Winters geriet ich in ein Arbeitslager in der Nähe von Rouen. Ich geriet in die unansehnliche Uniform aller Armeen des Weltkrieges: in die des französischen „Prestataires*". Nachts schliefen wir, weil wir Ausländer waren, halb Gefangene, halb Soldaten, hinter Stacheldraht, tags machten wir „Arbeitsdienst". Wir mußten englische Munitionsschiffe ausladen. Wir wurden furchtbar bombardiert. Die deutschen Flugzeuge kamen so tief, daß ihre Schatten uns streiften. Damals verstand ich, warum man sagt: unter dem Schatten des Todes. Einmal lade ich mit einem Jungen aus, er heißt Fränzchen, sein Gesicht ist so weit von meinem weg wie jetzt Ihres. Es ist sonnig, es rauscht in der Luft. Da hebt das Fränzchen sein Gesicht. Da sticht es schon tief herunter. Sein Gesicht wird schwarz von dem Schatten. Tschuk, es schlägt neben uns ein. Sie kennen das alles genau so gut wie ich selbst. Schließlich hatte auch alles sein Ende. Die Deutschen näherten sich. Was galten jetzt noch die ausgestandenen Schrecken und Leiden? Der Untergang der Welt stand bevor, morgen, heute nacht, sofort. Denn etwas Ähnliches, glaubten wir alle, sei die Ankunft der Deutschen. In unserem Lager begann der Hexentanz. Manche weinten, manche beteten, mancher versuchte, sich das Leben zu nehmen, manchem gelang es. Manche beschlossen, sich aus dem Staub zu machen, aus dem Staub vor dem Jüngsten Gericht! Aber der Kommandant hatte Maschinengewehre vor das Tor unseres Lagers gepflanzt. Wir stellten ihm ganz umsonst dar, die Deutschen würden uns, ihre aus Deutschland geflohenen Landsleute, alle sofort zusammenknallen. Doch er verstand nur, empfangene Befehle weiterzugeben. Nun wartete er auf Befehle, was mit dem Lager geschehen sollte. Sein Chef war längst selbst getürmt, unser Städtchen war evakuiert, aus den Nachbardörfern waren die Bauern schon geflohen – waren die Deutschen noch zwei Tage, schon zwei Stunden weit? Dabei war unser Kommandant noch nicht einmal der Schlimmste, man muß ihm Gerechtigkeit widerfahren lassen. Für ihn war es noch ein echter Krieg, er verstand die ganze Niedertracht nicht, das Ausmaß des Verrats. Schließlich trafen wir mit dem Mann eine Art von unausgesprochener Vereinbarung. Ein Maschinengewehr blieb vor dem Tor, weil der Gegenbefehl nicht gekommen war. Er würde aber vermutlich nicht allzu schlimm hinter uns herknallen, wenn wir über die Mauer kletterten.

Also kletterten wir, ein paar Dutzend Leute, nachts über die Lagermauer. Einer von uns, der Heinz hieß, hatte sein rechtes Bein in Spanien verloren. Nach dem Ende des Bürgerkrieges hatte er lange in südlichen Lagern herumgesessen. Weiß der Teufel, durch welche Verwechslung er, der wirklich für kein Arbeitslager mehr taugte, plötzlich zu uns herauf verschleppt worden war. Diesen Heinz mußten jetzt seine Freunde über die Mauer heben. Sie trugen ihn abwechselnd, weil es furchtbar eilte, in die Nacht, vor den Deutschen her.

Jeder von uns hatte einen besonders triftigen Grund, nicht in die Hände der Deutschen zu fallen. Ich selbst war im Jahre 1937 aus einem deutschen KZ getürmt. War bei Nacht über den Rhein geschwommen. Darauf war ich ein halbes Jahr lang ziemlich stolz gewesen. Nachher kamen andere neuere Sachen über die Welt und über mich. Jetzt, bei der zweiten Flucht, aus dem französischen Lager, dachte ich an die erste Flucht aus dem deutschen. – Fränzchen und ich trabten zusammen. Wie die meisten Menschen in diesen Tagen hatten wir das kindische Ziel, über die Loire zu kommen. Wir vermieden die große Straße, wir liefen über Felder. Wir kamen durch verlassene Dörfer, in denen die ungemolkenen Kühe brüllten. Wir suchten etwas zum Beißen, aber alles war ausgefressen, vom Stachelbeerstrauch bis zur Scheune. Wir wollten trinken, die Wasserleitungen waren durchschnitten. Wir hörten jetzt keine Schüsse mehr, der Dorftrottel, der allein zurückgeblieben war, konnte uns keine Auskunft geben. Da wurde uns beiden bang. Diese Abgestorbenheit war ja beklemmender als die Bombardements auf den Docks. Schließlich stießen wir auf die Pariser Straße. Wir waren wirklich noch längst nicht die letzten. Aus den nördlichen Dörfern ergoß sich noch immer ein stummer Strom von Flüchtlingen. Erntewagen, hoch wie ein Bauernhaus, mit Möbeln beladen und mit den Geflügelkäfigen, mit den Kindern und mit den Urahnen, mit den Ziegen und Kälbern, Camions mit einem Nonnenkloster, ein kleines Mädchen, das seine Mutter auf einem Karren mitzottelte, Autos, in denen hübsche steife Weiber saßen in ihren geretteten Pelzen, aber die Autos waren von Kühen gezogen, denn es gab keine Tankstellen mehr, Frauen die sterbende Kinder mitschleppten, sogar tote.

Damals durchfuhr mich zum erstenmal der Gedanke, warum diese Menschen eigentlich flüchteten. Vor den Deutschen? Die waren ja motorisiert. Vor dem Tod? Der würde sie ohne Zweifel auch unterwegs einholen. Aber dieser Gedanke durchfuhr mich nur eben und nur beim Anblick der Allererbärmlichsten.

Fränzchen sprang irgendwo auf, auch ich fand Platz auf einem Camion. Vor einem Dorf fuhr ein anderer Camion in meinen hinein, und ich mußte zu Fuß weiter. Ich verlor das Fränzchen für immer aus den Augen.

Ich schlug mich wieder quer durch die Felder. Ich kam vor ein großes, abseitiges, noch immer bewohntes Bauernhaus. Ich bat um Essen und Trinken, zu meiner großen Verwunderung richtete mir die Frau einen Teller Suppe, Wein und Brot auf dem Gartentisch. Dabei erzählte sie, nach langem Familienzwist hätten auch

5 sie gerade beschlossen, abzuziehen. Alles sei schon gepackt, man brauche jetzt nur noch aufzuladen.

Während ich aß und trank, surrten die Flieger ziemlich tief. Ich war zu müde, um den Kopf zu heben. Ich hörte auch, ziemlich nah, ein kurzes Maschinengewehrfeuer. Ich konnte mir keineswegs erklären, woher es kam, war auch zu erschöpft,

10 um nachzudenken. Ich dachte nur, daß ich gewiß nachher auf den Camion dieser Leute aufspringen könnte. Man ließ schon den Motor an. Die Frau lief jetzt aufgeregt zwischen Camion und Haus hin und her. Man sah ihr an, wie leid es ihr tat, das schöne Haus zu verlassen. Wie alle Menschen in solchen Fällen packte sie rasch noch alles mögliche unnütze Zeug auf. Sie kam dann an meinen Tisch, zog

15 meinen Teller weg, rief: „Fini!"

Da sehe ich, wie ihr der Mund offen bleibt, sie glotzt über den Gartenzaun, ich drehe mich um, und ich sah, ich hörte, ich weiß nicht, ob ich zuerst gesehen oder gehört oder beides zugleich – wahrscheinlich hatte der angelassene Camion das Geräusch der Motorradfahrer übertönt. Jetzt hielten zwei hinter dem Zaun,

20 jeder hatte zwei Leute im Beisitz, und sie trugen die grüngrauen Uniformen. Einer sagte so laut auf deutsch, daß ich es hören konnte: „Himmel, Arsch und Zwirn, jetzt ist auch der neue Riemen kaputt!"

Die Deutschen waren schon da! Sie hatten mich überholt. Ich weiß nicht, was ich mir unter der Ankunft der Deutschen vorgestellt hatte: Donner und Erdbeben.

25 Es geschah aber zunächst gar nichts anderes als die Anfahrt von zwei Motorrädern hinter dem Gartenzaun. Die Wirkung war ebenso groß, vielleicht noch größer. Ich saß gelähmt. Mein Hemd war im Nu patschnaß. Was ich selbst bei der Flucht aus dem ersten Lager nicht gespürt hatte, selbst beim Ausladen unter den Fliegern nicht, das spürte ich jetzt. Zum erstenmal in meinem Leben spürte ich

30 Todesangst.

Haben Sie bitte Geduld mit mir! Ich werde bald auf die Hauptsache kommen. Sie verstehen vielleicht. Einmal muß man ja jemand alles der Reihe nach erzählen. Ich kann mir heute selbst nicht mehr erklären, wie ich mich dermaßen fürchtete. Entdeckt zu werden? An die Wand gestellt? Auf den Docks hätte ich ebenso

35 sang- und klanglos verschwinden können. Nach Deutschland zurückgeschickt zu werden? Langsam zu Tode gequält? Das hatte mir auch geblüht, als ich über den Rhein geschwommen war. Ich hatte außerdem immer gern auf der Kante gelebt, war immer daheim, wo es brenzlig roch. Und wie ich nachdachte, vor was ich mich eigentlich maßlos fürchtete, fürchtete ich mich schon etwas weniger.

40 Ich tat zugleich das Vernünftigste und das Einfältigste: ich blieb sitzen. Ich hatte gerade zwei Löcher in meinen Gürtel bohren wollen, das tat ich jetzt. Der Bauer kam mit leerem Gesicht in den Garten, er sagte zu seiner Frau: „Jetzt können wir also genau so gut bleiben." – „Natürlich", sagte die Frau erleichtert, „aber du geh

in die Scheune, ich werde mit ihnen fertig, sie werden mich nicht fressen." –
„Mich auch nicht", sagte der Mann, „ich bin kein Soldat, ich zeig ihnen meinen
Klumpfuß."
Inzwischen war eine ganze Kolonne auf dem Grasplatz hinter dem Zaun vorge-
fahren. Sie kamen nicht einmal in den Garten. Sie fuhren nach drei Minuten
weiter. Zum erstenmal seit vier Jahren hörte ich wieder deutsche Befehle. Oh,
wie sie knarrten! Es hätte nicht viel gefehlt, ich selbst wäre aufgesprungen und
hätte strammgestanden. Ich hörte später, dieselbe Motorradkolonne habe die
Flüchtlingsstraße abgeschnitten, auf der ich vorhin gekommen war. All die
Ordnung, all die Befehle hätten das furchtbarste Durcheinander bewirkt, Blut,
Schreie von Müttern, die Auflösung unserer Weltordnung. Doch surrte im
Unterton dieser Befehle etwas gemein Klares, niederträchtig Aufrichtiges: Gebt
nur nicht an! Wenn eure Welt schon zugrunde gehen muß, wenn ihr sie schon
nicht verteidigt, wenn ihr schon zulaßt, daß man sie auflöst, dann keine Flausen,
dann schleunigst, dann überlaßt das Kommando uns!
Ich aber wurde plötzlich ganz ruhig. Da sitze ich nun, dachte ich, und die
Deutschen ziehen an mir vorbei und besetzen Frankreich. Aber Frankreich war
schon oft besetzt – alle haben wieder abziehn müssen. Frankreich war schon oft
verkauft und verraten, und auch ihr, meine grüngrauen Jungens, wart schon oft
verkauft und verraten. Meine Angst war völlig verflogen, das Hakenkreuz war
mir ein Spuk, ich sah die mächtigsten Heere der Welt hinter meinem Gartenzaun
aufmarschieren und abziehn, ich sah die frechsten Reiche zerfallen und junge und
kühne sich aufrichten, ich sah die Herren der Welt hochkommen und verwesen.
Nur ich hatte unermeßlich viel Zeit zu leben.
Jedenfalls war jetzt mein Traum zu Ende, über die Loire zu kommen. Ich
beschloß, nach Paris zu gehen. Ich kannte dort ein paar ordentliche Leute, falls
sie ordentlich geblieben waren.

Paul Celan

Espenbaum

Der Lyriker und Übersetzer Paul Ce-
lan, der eigentlich Paul Antschel hieß,
wurde am 23. November 1920 in Czer-
nowitz, Hauptstadt und kultureller
Mittelpunkt der Bukowina, als Sohn
deutschsprachiger Juden geboren. Da-
mals gehörte die Stadt zu Rumänien.
1940 kam die Nord-Bukowina mit
Czernowitz an die Sowjetunion
(Ukrainische SSR) infolge einer Ver-
einbarung der Diktatoren Hitler und
Stalin. Celan floh nach Bukarest.
1941–1944 war Rumänien mit dem na-
tionalsozialistischen Deutschland ver-
bündet, infolgedessen wurden auch die
in Rumänien lebenden Juden verfolgt.
Celans Eltern wurden 1942 in ein Ver-
nichtungslager verschleppt, er selbst
geriet in ein rumänisches Arbeitslager.
1944 eroberte die Rote Armee das
Land für die Sowjetunion zurück. 1947
gelang Celan die Flucht über Wien
nach Paris.
Er wurde französischer Staatsbürger
und unterrichtete bis zu seinem Freitod
im Frühjahr 1970 deutsche Sprache
und Literatur an der Universität Paris.

Celans Exilschicksal, das Krieg und
Völkermord ausgelöst hatten und mit
seiner Flucht begann, hat sein Leben
und seine Dichtung geprägt.
1952 erschien der Gedichtband „Mohn
und Gedächtnis". Der Titel verbindet
Gegensätzliches und Zusammengehö-
riges, Realität und Bild: „Mohn" steht
symbolisch für Traum und Vergessen,
„Gedächtnis" für die Erinnerung der
geschichtlich konkreten Erfahrung.
Im folgenden Gedicht wird die Land-
schaft der Ukraine zur Metapher für
jeden Ort eines Pogroms, und der Tod
der Mutter steht für die Todesgeschich-
te des ganzen jüdischen Volkes.

Espenbaum, dein Laub blickt weiß ins Dunkel.
Meiner Mutter Haar ward nimmer weiß.

Löwenzahn, so grün ist die Ukraine.
Meine blonde Mutter kam nicht heim.

5   Regenwolke, säumst du an den Brunnen?
Meine leise Mutter weint für alle.

Runder Stern, du schlingst die goldne Schleife.
Meiner Mutter Herz ward wund von Blei.

Eichne Tür, wer hob dich aus den Angeln?
10   Meine sanfte Mutter kann nicht kommen.

Nelly Sachs

In der Flucht

*Nelly Sachs wurde 1891 in Berlin
geboren, als einziges Kind einer
jüdischen Fabrikantenfamilie. Sie
wuchs behütet in einer schönen Villa im
Tiergartenviertel auf und wurde von
Privatlehrern erzogen. Früh begann sie
zu tanzen, zu musizieren und zu
dichten. Seit ihrem 15. Lebensjahr
stand sie in brieflichem Kontakt mit
Selma Lagerlöf, die ihr und ihrer
Mutter 1940 zur Flucht aus Deutschland
verhalf. So entging sie den
Konzentrationslagern des Dritten
Reiches und lebte von da an in
Stockholm, wo sie 1970 starb. Unter
dem Eindruck der sich häufenden
Todesnachrichten von Freunden und
Verwandten entstanden ihre Gedichte.
Sie wurde als „Dichterin jüdischen
Schicksals" weltberühmt. Nelly Sachs
erhielt viele internationale Preise und*

*Auszeichnungen: 1961 als erste den von
der Stadt Dortmund gestifteten
Literaturpreis, der Nelly-Sachs-Preis
genannt wurde, 1965 den Friedenspreis
des Deutschen Buchhandels, 1966 den
Nobelpreis für Literatur.*

In der Flucht
welch großer Empfang
unterwegs –

Eingehüllt
5 in der Winde Tuch
Füße im Gebet des Sandes
der niemals Amen sagen kann
denn er muß
von der Flosse in den Flügel
10 und weiter –

Der kranke Schmetterling
weiß bald wieder vom Meer –
Dieser Stein
mit der Inschrift der Fliege
hat sich mir in die Hand gegeben – 15

An Stelle von Heimat
halte ich die Verwandlung der Welt –

Hilde Domin

Herbstzeitlosen

Hilde Domin hieß eigentlich Hilde Palm. Sie wurde 1912 als Tochter eines jüdischen Rechtsanwalts in Köln geboren. Sie studierte Jura, Soziologie und Philosophie. 1932 verließ sie mit ihrem späteren Mann, dem Kunsthistoriker Erwin Walter Palm, Deutschland. 1939 flohen die beiden von Rom über England in die Dominikanische Republik, wo sie zwölf Jahre lebten. Nach diesem Zufluchtsort hat die Dichterin ihren Künstlernamen gewählt.
1954 kehrte Hilde Domin aus dem Ausland zurück. Seit 1961 lebt sie als freie Schriftstellerin in Heidelberg. Die Erfahrungen des Exils wirkten weiter in Hilde Domin: „Unverlierbares Exil/ du trägst es bei dir/ du schlüpfst hinein/ gefaltetes Labyrinth/ Wüste/ einsteckbar." („Silence and exile" aus „Hier")
Titel ihrer Gedichtsammlungen (z. B. „Nur eine Rose als Stütze", „Rückkehr der Schiffe", „Hier") deuten an, daß Hilde Domin das Exil als exemplarische Extremsituation versteht.
Hilde Domin hat auch bedeutende theoretische Schriften zur Lyrik verfaßt, z. B.: „Doppelinterpretationen. Das zeitgenössische deutsche Gedicht zwischen Autor und Leser" (1966); „Wozu Lyrik heute? Dichtung und Leser in der gesteuerten Gesellschaft" (1968).

Für uns, denen der Pfosten der Tür verbrannt ist,
an dem die Jahre der Kindheit
Zentimeter für Zentimeter
eingetragen waren.

5   Die wir keinen Baum
in unseren Garten pflanzten,
um den Stuhl
in seinen wachsenden Schatten zu stellen.

Die wir am Hügel niedersitzen,
als seien wir zu Hirten bestellt   10
der Wolkenschafe, die auf der blauen
Weide über den Ulmen dahinziehn.

Für uns, die stets unterwegs sind
– lebenslängliche Reise,
wie zwischen Planeten –   15
nach einem neuen Beginn.

Für uns
stehen die Herbstzeitlosen auf
in den braunen Wiesen des Sommers,
und der Wald füllt sich   20
mit Brombeeren und Hagebutten –

Damit wir in den Spiegel sehen
und es lernen
unser Gesicht zu lesen,
in dem die Ankunft   25
sich langsam entblößt.

5
Thema „Liebe"

Ein alter Spruch lautet: „Nichts ist vielgestaltiger als die Liebe." Das erklärt vielleicht auch, warum es so schwer ist, die Liebe zu definieren. Wer allerdings selbst schon einmal richtig verliebt war, wird schon wissen, wovon die Rede ist. Sicher ist, daß sie eine starke Zuneigung zu einem anderen Menschen ist, die einen völlig in Beschlag nimmt. Man sucht die Nähe des geliebten Menschen und ist glücklich, wenn dieses Gefühl vom anderen erwidert wird. Wendet sich der andere jedoch gleichgültig ab, ist der Liebende traurig, manchmal sogar im Innersten betroffen. Sieht man gar, daß sich der geliebte Mensch einem anderen Partner zuwendet, fühlt man sich zurückgesetzt und unglücklich und verspürt Eifersucht. Der Verliebte ist sozusagen in einer emotionalen Ausnahmesituation. Der Geizige wird plötzlich großzügig und der Ängstliche mutig. Man ist bereit, für den anderen Opfer zu bringen und für seine Liebe etwas zu riskieren. Die Liebe ist ein mächtiges Gefühl, was bei all den süßlichen Schlagertexten, die sie zum Gegenstand haben, leicht vergessen wird. Es ist daher verständlich, daß die Liebe für Dichter aller Länder und Epochen ein Thema gewesen ist.
Im folgenden Kapitel werden einige Beispiele vorgestellt.
Guy de Maupassants „Stuhlflickerin" ist eines dafür, wie „verrückt" Liebe sein kann. Hemingways Geschichte wird man sehr genau lesen müssen, um zu entscheiden, ob sie überhaupt eine Liebesgeschichte ist. Die Erzählung „Lange Schatten" von Marie Luise Kaschnitz deutet an, wie unvermittelt, ja gefährlich Gefühle dieser Art ins Leben treten können. Christa Wolfs Text aus dem Roman „Der geteilte Himmel" spielt wie die Geschichte Plenzdorfs in der DDR, und es wäre vielleicht zu fragen, welche Bedeutung für Liebende der gesellschaftliche und politische Hintergrund hat. Die zwei Gedichte schließlich lassen erkennen, wie unterschiedlich lyrische Aussagen zum gleichen Thema sein können.

Guy de Maupassant

Die Stuhlflickerin

Guy de Maupassant wurde 1850 geboren. Er stammte aus einer verarmten französischen Adelsfamilie. Nach einem durch den deutsch-französischen Krieg von 1870/71 unterbrochenen und nicht abgeschlossenen Jurastudium arbeitete er bis 1880 als Beamter im Staatsdienst und widmete sich dann völlig der Schriftstellerei. „Die Stuhlflickerin" ist eine seiner rund 260 Novellen, in denen er die sozialen Verhältnisse in Frankreich, vor allem die bürgerliche Mittelschicht, mit manchmal ätzender Schärfe, aber auch mit sarkastischem Humor meisterhaft charakterisierte. Von seinen sechs Romanen erreichten nur „Ein Frauenschicksal" (1883) und „Bel Ami" (1885), der seinen Weltruhm

begründete, ähnliche Qualität und Bedeutung wie die Erzählungen. Guy de Maupassant wurde zu einem Mitbegründer moderner französischer Erzählkunst. 1893 starb er in Passy bei Paris.

Für Léon Hennique

Es war gegen Ende des Abendessens, das der Marquis de Bertrans zur Feier des Aufgehens der Jagd gab. Elf Jäger, acht junge Frauen und der Dorfarzt saßen um die lange, kerzenbeleuchtete, mit Obst und Blumen bedeckte Tafel.

Die Rede kam auf die Liebe, und es erhob sich ein großes Streitgespräch, das
5 ewige Streitgespräch über die Frage, ob man nur ein einziges Mal oder mehrere Male wahrhaft lieben könne. Als Beispiele wurden Leute angeführt, die nur eine einzige ernsthafte Liebe durchlebt hatten; doch es wurde auch mit andern Beispielen von Leuten aufgewartet, die häufig und noch dazu mit aller Heftigkeit geliebt hatten. Im allgemeinen behaupteten die Männer, die Leidenschaft könne
10 wie eine Krankheit mehrmals denselben Menschen heimsuchen und ihn tödlich treffen, wenn ein Hindernis sich vor ihm erhebe. Obwohl diese Art, die Dinge zu betrachten, unanfechtbar war, versicherten die Frauen, deren Auffassung sich weit mehr auf Romantik als auf Beobachtung stützt, daß die Liebe, die wahre Liebe, die große Liebe nur ein einziges Mal einem Sterblichen zuteil werden
15 könne, daß sie wie der Blitzstrahl sei, diese Liebe, und daß ein von ihr getroffenes Herz hernach so leer, verheert und ausgebrannt zurückbleibe, daß kein anderes starkes Gefühl, und nicht einmal ein Traum, darin aufkeimen könne.

Der Marquis, der viel geliebt hatte, wandte sich lebhaft gegen diesen Glauben:
„Ich sage Ihnen, daß man mehrmals mit allen seinen Kräften und von ganzer
Seele lieben kann. Als Beweis der Unmöglichkeit einer zweiten Leidenschaft
führen Sie Leute an, die sich aus Liebe getötet haben. Darauf kann ich nur
erwidern: Wären sie nicht so dumm gewesen, Selbstmord zu begehen, wodurch
sie sich jeder Möglichkeit eines Rückfalls beraubten, so wären sie gesundet; sie
hätten wieder von vorn angefangen, immer wieder von vorn, bis an ihr natürliches Ende. Es geht mit der Liebe wie mit der Trunksucht. Wer getrunken hat, der
trinkt weiter – wer geliebt hat, liebt weiter. Die ganze Angelegenheit ist Temperamentssache."
Der Doktor wurde als Schiedsrichter aufgerufen; er war ein alter Pariser Arzt,
der sich aufs Land zurückgezogen hatte und nun seine Meinung äußern sollte.
Aber gerade er hatte keine:
„Wie der Marquis sagte: es ist Temperamentssache; ich nun aber besitze Kennt-
nis von einer Leidenschaft, die fünfundfünfzig Jahre ohne einen Tag der Unter-
brechung angedauert und erst mit dem Tode geendet hat."
Die Marquise klatschte in die Hände.
„Wie schön ist das! Und welch ein Traum, so geliebt zu werden! Welch ein Glück,
fünfundfünfzig Jahre lang von einer so leidenschaftlichen, alles durchdringenden
Zuneigung umhüllt zu werden! Wie glücklich mag der Mensch sein, wie hat er das
Dasein segnen müssen, der auf diese Weise angebetet worden ist!"
Der Arzt lächelte.
„In einer Beziehung täuschen Sie sich nicht: das geliebte Wesen war tatsächlich
ein Mann. Sie kennen ihn: es ist Monsieur Chouquet, der Dorfapotheker. Und
sie, die Frau, die haben Sie ebenfalls gekannt; es ist die alte Stuhlflickerin, die
alljährlich ins Schloß kam. Aber ich will mich besser verständlich machen."
Die Begeisterung der Frauen war hingeschwunden; und ihr leicht angewiderter
Gesichtsausdruck besagte: „Puh!", als könne die Liebe nur zartsinnige, vor-
nehme Leute heimsuchen, wie sie einzig und allein der Anteilnahme der elegan-
ten Welt würdig sind.
Der Arzt fuhr fort:
„Vor einem Vierteljahr bin ich an das Sterbebett jener alten Frau gerufen
worden. Sie war tags zuvor in dem Wagen angelangt, der ihr als Wohnstatt
diente; er wurde von dem Klepper gezogen, den Sie ja alle kennen, und nebenher
waren ihre beiden großen, schwarzen Hunde gelaufen, ihre Freunde und
Beschützer. Der Pfarrer war schon da. Sie ernannte uns zu ihren Testamentsvoll-
streckern, und um uns den Sinn ihres letzten Willens zu verdeutlichen, erzählte
sie uns ihre Lebensgeschichte. Ich kenne nichts, was sonderbarer und erschüt-
ternder wäre.
Ihr Vater war Stuhlflicker und ihre Mutter Stuhlflickerin. Sie hat nie eine Wohnung auf dem festen Erdboden kennengelernt.
Schon als kleines Kind zog sie zerlumpt, verlaust und schmutzig von Ort zu Ort.
Am Dorfeingang, am Grabenrand, wurde haltgemacht, das Pferd ausgespannt;

es weidete; der Hund schlief, die Schnauze auf den Pfoten; und das kleine Mädchen wälzte sich im Gras; indessen flickten die Eltern im Ulmenschatten am Landstraßensaum alle alten Stühle der Gemeinde. In der rollenden Behausung wurde kaum je ein Wort gesprochen. Nach den paar notwendigen Bemerkungen
5 darüber, wer von Haus zu Haus zu gehen und den wohlbekannten Ruf: ‚Stuhlflikker! Stuhlflicker!' ausschreien solle, wurde sich hingesetzt und Stroh gewunden; sie saßen einander gegenüber oder Seite an Seite. War das Kind zu weit weggelaufen oder versuchte es, Beziehungen zu irgendeinem der Dorflümmel anzuknüpfen, so rief die zornige Stimme des Vaters es zurück: ‚Willst du wohl
10 herkommen, du Kröte!' Das waren die einzigen zärtlichen Worte, die sie je zu hören bekam.

Als sie größer war, wurde sie zum Einsammeln der schadhaften Stuhlsitze losgeschickt. Dabei kam es in den einzelnen Dörfern zu Bekanntschaften mit Halbwüchsigen; dann jedoch riefen die Eltern ihrer neuen Freunde ihre Sprößlinge
15 barsch zurück: ‚Willst du wohl herkommen, du Lümmel! Daß ich dich nicht noch mal mit diesem Bettelvolk reden sehe...!'
Oft bewarfen die kleinen Jungen sie mit Steinen.
Manchmal schenkte die eine oder andere Frau ihr ein paar Sous; die hob sie sorgfältig auf.
20 Eines Tages – sie war damals elf – kam sie durch unser Dorf und begegnete hinter dem Friedhof dem kleinen Chouquet; er weinte, weil ein Kamerad ihm zwei Kupferstücke geklaut hatte. Die Tränen eines Bürgersöhnchens, eines der kleinen Jungen, von denen sie in ihrem zurückgebliebenen Enterbtengehirn immer gemeint hatte, sie lebten immer froh und glücklich, machten sie tief betroffen. Sie
25 ging zu ihm, und als sie den Grund seines Kummers erfahren hatte, schüttete sie ihm ihr gesamtes erspartes Geld in die Hand, sieben Sous, und die nahm er, als sei das etwas ganz Natürliches, und wischte sich die Tränen ab. Da geriet sie vor Freude außer sich und beging die Kühnheit, ihn auf die Wange zu küssen. Er sah gerade aufmerksam sein Geld an und ließ es sich gefallen. Und nun sie weder
30 zurückgestoßen noch geprügelt wurde, tat sie es noch einmal; sie küßte und umarmte ihn von ganzem Herzen. Dann lief sie weg.
Was mag in ihrem armseligen Kopf vorgegangen sein? Fühlte sie sich an den Jungen gebunden, weil sie ihm ihr Landstreicherinnenvermögen geopfert oder weil sie ihm ihren ersten zärtlichen Kuß gegeben hatte? Dergleichen ist bei klein
35 und groß dasselbe Geheimnis.
Monatelang träumte sie von dem Friedhofswinkel und dem kleinen Jungen. In der Hoffnung, sie werde ihn wiedersehen, bestahl sie die Eltern beim Einkassieren des Geldes für das Stuhlflicken, oder beim Einkaufen von Lebensmitteln, das ihr oblag, unterschlug sie hier einen Sou und da einen Sou.
40 Als sie wieder in unser Dorf kam, hatte sie zwei Francs in der Tasche, aber sie bekam den kleinen Apotheker nur durch die Scheibe des väterlichen Ladens zu Gesicht: er stand, säuberlich gekleidet, zwischen einem roten Glasbehälter und einem Bandwurm in Spiritus.

Sie liebte ihn nur desto mehr; die Gloriole* von gefärbtem Wasser, die Apotheose* durch schimmerndes Kristall verführte sie, ging ihr durch und durch und riß sie hin.

Sie schloß die unauslöschliche Erinnerung in sich ein, und als sie ihm im folgenden Jahr hinter der Schule wieder begegnete, wo er mit seinen Schulkameraden Murmeln spielte, stürzte sie sich auf ihn, schloß ihn in beide Arme und küßte ihn so heftig ab, daß er vor Angst zu heulen anfing. Da schenkte sie ihm, um ihn zu beruhigen, all ihr Geld: drei Francs zwanzig, ein kleines Vermögen, und er schaute sie an und machte große Augen.

Er steckte es ein und ließ sich von ihr abknutschen, soviel sie wollte.

Noch drei weitere Jahre steckte sie ihm alle ihre Ersparnisse zu, und er säckelte sie gewissenhaft ein und ließ sich als Gegenleistung küssen. Einmal waren es dreißig Sous, einmal drei Francs, einmal nur zwölf Sous (sie weinte deswegen vor Kummer und Demütigung; aber es war ein schlechtes Jahr gewesen), und das letztemal waren es fünf Francs, ein dickes, rundes Geldstück, über das er zufrieden in sich hinein lachte.

Sie dachte nur noch an ihn; und er wartete mit einer gewissen Ungeduld auf ihre Wiederkehr; wenn er sie kommen sah, lief er ihr entgegen, und das ließ das Herz des Mädchens höher schlagen.

Dann verschwand er. Er war in ein Internat geschickt worden. Sie erfuhr es durch geschickte Fragen. Daraufhin brachte sie es mit abgefeimter Diplomatie zuwege, daß die Eltern ihren Reiseweg abänderten und erst zur Ferienzeit durch unser Dorf kamen. Es gelang ihr tatsächlich, aber erst nach einem Jahr der kleinen Kniffe und Listen. Auf diese Weise bekam sie ihn zwei Jahre lang nicht zu sehen; und sie erkannte ihn kaum wieder, so sehr hatte er sich verändert; er war größer und hübscher geworden, er wirkte einschüchternd in seinem Gymnasiasten-Umhang mit den Goldknöpfen. Er tat, als sehe er sie nicht und ging stolz an ihr vorüber. – Darüber weinte sie zwei Tage lang; und fortan nahm ihr Leid kein Ende.

Alljährlich kam sie wieder; sie ging an ihm vorüber und wagte nicht, ihn zu grüßen, und er geruhte nicht einmal, sie eines Blickes zu würdigen. Sie liebte ihn abgöttisch. Sie hat mir gesagt: ‚Er ist der einzige Mann auf Erden gewesen, den ich angesehen habe, Herr Doktor; von den andern weiß ich nicht mal, ob es sie überhaupt gibt.'

Ihre Eltern starben. Sie setzte ihr Handwerk fort, aber sie nahm zwei Hunde statt einem, zwei fürchterliche Hunde, mit denen niemand anzubändeln wagte.

Als sie eines Tages wieder in unser Dorf kam, in dem sie ihr Herz zurückgelassen hatte, sah sie eine junge Frau am Arm dessen, den sie liebte, aus der Chouquetschen Apotheke kommen. Es war seine Frau. Er hatte geheiratet.

Am selben Abend stürzte sie sich in den Dorfteich am Platz vor dem Bürgermeisteramt. Ein spät heimkehrender Trunkenbold fischte sie wieder heraus und trug sie in die Apotheke. Der junge Chouquet kam im Schlafrock herunter, um sich ihrer anzunehmen; er tat, als erkenne er sie nicht, zog sie aus, frottierte sie und sagte dann mit harter Stimme zu ihr: ‚Aber Sie sind ja vollkommen närrisch! Dergleichen Dummheiten darf man nicht machen!' – Das genügte, um sie davonkommen zu lassen. Er hatte mit ihr gesprochen! Längere Zeit hindurch war sie glücklich.

Er wollte keinerlei Entgelt für seine Mühewaltung annehmen, obwohl sie nachdrücklich auf Bezahlung bestand.

Und so blieb es ihr ganzes Leben hindurch. Sie flickte Stühle und dachte an Chouquet. Alljährlich sah sie ihn hinter seiner Fensterscheibe. Sie machte es sich zur Gewohnheit, ihren bescheidenen Vorrat an Medikamenten bei ihm zu kaufen. Auf diese Weise bekam sie ihn aus der Nähe zu sehen, konnte mit ihm sprechen und ihm, wie früher, Geld geben.

Wie ich Ihnen schon zu Beginn sagte, ist sie in diesem Frühling gestorben. Nachdem sie mir ihre ganze jämmerliche Geschichte erzählt hatte, bat sie mich, dem, den sie so geduldig geliebt hatte, die gesamten Ersparnisse ihres ganzen Lebens zu überbringen; sie habe nämlich einzig und allein für ihn gearbeitet, nur für ihn, sagte sie; sie habe sogar gehungert, um etwas auf die hohe Kante legen zu können und sicher zu sein, daß er wenigstens einmal, ein einziges Mal an sie denken werde, wenn sie tot sei.

Sie gab mir also zweitausenddreihundertsiebenundzwanzig Francs. Die siebenundzwanzig Francs habe ich dem Herrn Pfarrer für die Beerdigung überlassen, den Rest des Geldes habe ich nach ihrem letzten Seufzer an mich genommen.

Am andern Tage ging ich dann zu den Chouquets. Sie saßen gerade einander beim Mittagessen gegenüber, dick und rot, nach pharmazeutischen Produkten duftend, wichtigtuerisch und zufrieden.

Ich mußte mich setzen und bekam einen Kirsch angeboten, den ich annahm; und dann begann ich mit gerührter Stimme meine Rede und war überzeugt, es würden ihnen die Tränen kommen.

Als er begriffen hatte, er sei von dieser Landstreicherin, dieser Stuhlflickerin geliebt worden, gab es Chouquet vor Entrüstung einen Ruck, als habe sie ihm seinen guten Ruf gestohlen, die Achtung aller anständigen Leute, seine Ehre, etwas Kostbares, das ihm teurer war als das Leben.

Seine Frau war genauso außer sich wie er; sie rief in einem fort: ‚Dies Bettelweib! Dies Bettelweib! Dies Bettelweib...!' Ein anderer Ausdruck fiel ihr nicht ein.

Er war aufgestanden; er ging mit langen Schritten hinter dem Tisch auf und ab, die Zipfelmütze schief auf einem Ohr. Er stammelte: ‚Ist so was zu begreifen, Herr Doktor? Das ist doch was Gräßliches für einen Mann! Was soll ich bloß tun? Hätte ich das zu ihren Lebzeiten gewußt, so hätte ich sie durch die Gendarmerie verhaften und ins Gefängnis befördern lassen. Und da wäre sie nie wieder 'rausgekommen, darauf können Sie sich verlassen!'

Ich war wie betäubt über dieses Ergebnis meines wohlgemeinten Schrittes. Ich wußte weder, was ich sagen, noch was ich tun sollte. Aber ich mußte meinen Auftrag bis zum Ende durchführen. Also fuhr ich fort: ‚Sie hat mich beauftragt, Ihnen ihre Ersparnisse zu überbringen; es handelt sich um zweitausenddreihun-

dert Francs. Da das Ihnen soeben Mitgeteilte Ihnen höchst unangenehm zu sein scheint, ist es vielleicht das beste, wenn das Geld an die Armen verteilt wird.'
Sie sahen mich an, der Mann und die Frau, als seien sie vor Erschütterung gelähmt.
Ich zog das Geld aus der Tasche, elendes Geld aus vielerlei Ländern und in allen möglichen Prägungen, Gold- und Kupferstücke durcheinander. Dann fragte ich: ,Was haben Sie beschlossen?'
Madame Chouquet fand als erste die Sprache wieder: ,Ja, wenn es nun mal der letzte Wille dieser Frau gewesen ist . . . ich glaube, dann kann man es nicht gut ablehnen.'
Der irgendwie ein bißchen vor den Kopf geschlagene Mann fuhr fort: ,Wir könnten schließlich was für unsere Kinder dafür kaufen.'
Ich sagte trocken: ,Ganz wie Sie wollen.'
Er sagte noch: ,Geben Sie es nur her, wenn sie Sie schon damit beauftragt hat; wir finden schon Mittel und Wege, damit etwas Gutes zu tun.'
Ich händigte das Geld aus, grüßte und ging.

Am nächsten Tag kam Chouquet zu mir und fragte aus heiterem Himmel: ,Aber sie hat doch auch ihren Wagen hinterlassen, diese . . . diese Frau. Was wollen Sie mit dem Wagen anfangen?'
,Nichts; übernehmen Sie ihn nur, wenn Sie wollen.'
,Tadellos; kommt mir grade recht; ich mache eine Laube für meinen Gemüsegarten daraus.'
Er trollte sich; ich rief ihn zurück. ,Sie hat auch noch ihr altes Pferd und ihre beiden Hunde hinterlassen. Wollen Sie die auch?' Er stutzte: ,Ach was, zum Teufel; was soll ich damit anfangen? Machen Sie damit, was sie wollen.' Und er lachte. Dann bot er mir die Hand; ich drückte sie. Nichts zu machen. In einem Dorf dürfen Arzt und Apotheker sich nicht überwerfen.
Die Hunde habe ich bei mir behalten. Der Pfarrer hat einen großen Hof; er übernahm das Pferd. Der Wagen dient Chouquet als Gartenlaube; und für das Geld hat er Eisenbahnobligationen gekauft.
Das ist die einzige tiefe Liebe, der ich in meinem Leben begegnet bin."
Der Arzt schwieg.
Da sagte die Marquise mit Tränen in den Augen: „Ganz entschieden wissen nur die Frauen, was Liebe ist!"

Ernest Hemingway

Das Ende von Etwas

Der amerikanische Schriftsteller Ernest Hemingway wurde 1899 geboren. Schon mit 18 Jahren nahm er als Freiwilliger am Ersten Weltkrieg teil und wurde schwer verwundet. Danach arbeitete er viele Jahre in der ganzen Welt als Journalist und begann von 1923 an Erzählungen und Romane zu schreiben, in denen er nüchtern und illusionslos die Schicksale der Kriegs- und Nachkriegsgeneration zeichnete; sie begründeten bald seinen literarischen Ruhm begründeten. Am Spanischen Bürgerkrieg (1936–1939) nahm er auf republikanischer Seite teil; immer wieder trieb es ihn in die sogenannte „harte Männerwelt" als Großwildjäger in Afrika, Sportfischer in der Karibik und zu den Stierkämpfen nach Spanien. Seine bekanntesten Romane sind „Wem die Stunde schlägt" (1940) und „Der alte Mann und das Meer" (1952), für den er 1954 den Nobelpreis erhielt. 1961 setzte er seinem Leben selbst ein Ende.

Früher einmal war Hortons Bay eine Bauholz-Stadt gewesen. Niemand, der dort wohnte, war außerhalb des Hörbereichs der großen Sägemühle am See. Dann, eines Tages, gab es keine Baumstämme mehr, um Bauholz zu machen. Die Holzschoner kamen in die Bucht und wurden mit dem Schnittholz des Sägewerk,
5 das auf dem Hof aufgestapelt stand, beladen. Alle Stapel Bauholz wurden weggebracht. Aus der großen Mühle nahm man alle transportablen Maschinen fort und ließ sie von den Leuten, die bisher in der Mühle gearbeitet hatten, auf einen der Schoner laden. Der Schoner entfernte sich aus der Bucht hinaus, dem offenen See zu, an Bord die beiden großen Sägen, den Transportwagen, der die
10 Baumstämme gegen die rotierenden Kreissägen schleuderte, und all die Walzen, Räder, Treibriemen und Eisen, aufgetürmt auf einer schiffrumpftiefen Ladung Bauholz. Nachdem der offene Raum mit Planen zugedeckt und diese festgebunden waren, füllten sich die Segel des Schoners, und er bewegte sich hinaus in den offenen See, all das mit sich führend, was die Mühle zur Mühle und Hortons Bay
15 zur Stadt gemacht hatte.
Die einstöckigen Schlafquartiere, das Speisehaus, das Warenhaus, die Mühlen-büros und die große Mühle selbst standen verlassen inmitten von ungeheuren Mengen Sägemehls da, das die sumpfige Wiese am Ufer der Bucht bedeckte.
Zehn Jahre später war nur noch der zerfallene weiße Kalkstein der Grundmauern
20 von dem Sägewerk übrig, den Nick und Marjorie, als sie am Ufer entlangruder-

ten, durch die sumpfige, in zweiter Blüte stehende Wiese schimmern sahen. Sie angelten am Rande der Fahrrinne, wo der Grund plötzlich von flachem Sand bis zu zwölf Fuß tiefem, dunklem Wasser abfiel. Sie angelten auf ihrem Weg zu der Stelle, wo sie für Regenbogenforellen nachts Leinen auslegen wollten.

„Das ist unsere alte Ruine, Nick", sagte Marjorie. 5

Nick blickte beim Rudern auf die weißen Steine zwischen den grünen Bäumen.

„Ja, das ist sie", sagte er.

„Kannst du dich daran erinnern, als es ein Sägewerk war?" fragte Marjorie.

„Ja, grade", sagte Nick.

„Es sieht eher wie ein Schloß aus", sagte Marjorie. 10

Nick sagte nichts. Sie ruderten weiter, verloren das Sägewerk aus den Augen und folgten der Uferlinie. Dann kreuzte Nick die Bucht.

„Sie beißen nicht an", sagte er.

„Nein", sagte Marjorie. Auch während sie sprach, paßte sie die ganze Zeit über scharf auf die Angel auf. Sie fischte gern. Sie fischte gern mit Nick. 15

Ganz dicht am Boot durchbrach eine große Forelle den Wasserspiegel. Nick zog kräftig an einem Ruder, um das Boot zu wenden, damit der Köder, der weit hinter ihnen trieb, dort vorbeikam, wo die Forelle fraß. Als der Rücken der Forelle aus dem Wasser auftauchte, sprangen die Elritzen* wie wild. Sie sprenkelten die Oberfläche, als hätte man eine Handvoll Schrot ins Wasser geworfen. 20

Eine zweite Forelle durchbrach fressend das Wasser auf der anderen Seite des Bootes.

„Sie fressen", sagte Marjorie.

„Aber sie beißen nicht an", sagte Nick.

Er ruderte das Boot herum, um zwischen den beiden fressenden Fischen hindurchzuködern; dann nahm er den Kurs auf die Landspitze. Marjorie haspelte 25 die Angelschnur erst auf, als das Boot das Ufer berührte. Sie zogen das Boot auf den Strand, und Nick hob einen Eimer mit lebenden Barschen heraus. Die Barsche schwammen im Wasser im Eimer umher. Nick fing drei von ihnen mit der Hand, schnitt ihnen die Köpfe ab und enthäutete sie, während Marjorie mit 30 ihren Händen im Eimer herumjagte, schließlich einen Barsch fing, seinen Kopf abschnitt und ihn enthäutete. Nick besah sich ihren Fisch.

„Nimm lieber die Mittelgräte nicht heraus", sagte er. „Es geht zwar als Köder, aber es ist besser, wenn die Mittelgräte drin bleibt."

Er hakte jeden der enthäuteten Barsche durch den Schwanz. An dem Vorfach 35 jeder Angel waren zwei Haken befestigt. Dann ruderte Marjorie das Boot über die Fahrrinne hinaus, sie hielt die Leine zwischen den Zähnen und hatte das Gesicht Nick zugewandt, der am Ufer stand, die Angelrute hielt und die Schnur von der Rolle laufen ließ.

„So ungefähr da", rief er. 40

„Soll ich sie loslassen?" rief Marjorie zurück, die Leine in der Hand.

„Ja, laß sie los." Marjorie ließ die Leine über Bord und sah zu, wie die Köder unter Wasser sanken.

Sie kam mit dem Boot zurück und legte die zweite Leine auf die gleiche Art aus.
Beide Male legte Nick ein schweres Stück Treibholz über das dickere Ende der
Angelrute, um sie in Position zu halten, und stützte sie mit einem kleinen Stück
Holz ab. Er haspelte die schlaffe Leine auf, so daß die Leine straff bis zu der Stelle
5   lief, wo der Köder auf dem sandigen Grund der Fahrrinne lag, und setzte den
Sperrhaken auf die Rolle. Sobald eine Forelle auf dem Grund fraß und den Köder
nahm, würde sie damit wegziehen, die Leine mit Ungestüm von der Rolle
abwickeln und so die Rolle mit dem Sperrhaken zum Schnurren bringen.
Marjorie ruderte ein Stückchen an der Landspitze entlang, um nicht der Leine in
10 die Quere zu kommen. Sie zog kräftig an den Rudern, und das Boot lief ein
ganzes Stück den Strand hinauf. Kleine Wellen kamen mit ihm heraus. Marjorie
stieg aus dem Boot, und Nick zog das Boot weit den Strand hinauf.
„Was ist denn los, Nick?" fragte Marjorie.
„Ich weiß nicht", sagte Nick und holte Holz, um Feuer zu machen.
15 Sie machten ein Feuer mit Treibholz. Marjorie ging zum Boot und holte eine
Decke. Die Abendbrise blies den Rauch nach der Landspitze zu, darum breitete
Marjorie die Decke zwischen dem Feuer und dem See aus.
Marjorie saß auf der Decke mit dem Rücken zum Feuer und wartete auf Nick. Er
kam herüber und setzte sich neben sie auf die Decke. Hinter ihnen war der dichte
20 junge Baumwuchs der Landspitze, und vor ihnen war die Bucht mit der Mündung
von Hortons Creek. Es war nicht ganz dunkel. Der Feuerschein reichte bis zum
Wasser. Sie konnten beide die zwei Stahlruten schräg über dem dunklen Wasser
sehen. Das Feuer blinkte auf den Rollen.
Marjorie packte den Abendbrotkorb aus.
25 „Mir ist gar nicht nach Essen", sagte Nick.
„Los, komm und iß, Nick."
„Schön."
Sie aßen, ohne zu sprechen, und beobachteten die beiden Angelruten und den
Feuerschein auf dem Wasser.
30 „Heute abend gibt's Mondschein", sagte Nick. Er sah über die Bucht hinweg
nach den Bergen, die sich scharf gegen den Himmel abzuzeichnen begannen. Er
wußte, hinter den Bergen kam der Mond herauf.
„Ich weiß", sagte Marjorie vergnügt.
„Du weißt alles", sagte Nick.
35 „Ach bitte, Nick. Laß das. Bitte, sei nicht so."
„Ich kann nichts dafür", sagte Nick. „Es ist doch so. Du weißt alles. Das ist das
Unglück. Du weißt, daß es so ist."
Marjorie sagte gar nichts.
„Ich habe dir alles beigebracht. Du weißt, daß es so ist. Überhaupt, was weißt du
40 eigentlich nicht?"
„Ach, hör auf", sagte Marjorie. „Da kommt der Mond."
Sie saßen auf der Decke, ohne sich zu berühren, sie sahen zu, wie der Mond
aufging.

„Du brauchst doch nicht so dumm zu reden“, sagte Marjorie. „Was ist denn eigentlich los?“

„Ich weiß nicht.“

„Natürlich weißt du's.“

„Nein, wirklich nicht.“ 5

„Los, sag's.“

Nick sah weiter auf den Mond, der über die Berge heraufkam.

„Es ist gar nicht mehr schön.“

Er hatte Angst, Marjorie anzusehen. Dann sah er sie an. Sie saß da und wandte ihm den Rücken zu. Er sah ihren Rücken an. „Es ist nicht mehr schön. Überhaupt 10 nichts mehr.“

Sie sagte nichts. Er fuhr fort: „Weißt du, mir ist, als ob alles in mir zum Teufel gegangen ist. Ich weiß nicht, Marge. Ich weiß nicht, was ich sagen soll.“

Er blickte weiter auf ihren Rücken.

„Ist denn Liebe nicht schön?“ sagte Marjorie. 15

„Nein“, sagte Nick.

Marjorie stand auf. Nick saß da, den Kopf in die Hände gestützt.

„Ich nehme das Boot“, rief ihm Marjorie zu. „Du kannst um die Landspitze rum zu Fuß zurückgehen.“

„Schön“, sagte Nick. „Ich stoß das Boot für dich ab.“ 20

„Ist nicht nötig“, sagte sie. Sie trieb mit dem Boot auf dem mondbeschienenen Wasser. Nick ging zurück und legte sich neben das Feuer, mit dem Gesicht auf der Decke. Er konnte Marjorie auf dem Wasser rudern hören.

Er lag dort eine lange Zeit. Er lag da, während er hörte, wie Bill, der durch den Wald strich, in die Lichtung kam. Er spürte, wie Bill sich dem Feuer näherte. 25 Auch Bill berührte ihn nicht.

„Ist sie glücklich weg?“ sagte Bill.

„Ja“, sagte Nick, der mit dem Gesicht auf der Decke lag.

„'ne Szene gehabt?“

„Nein, wir hatten keine Szene.“ 30

„Wie fühlst du dich?“

„Bitte geh weg, Bill. Geh, laß mich allein.“

Bill suchte sich ein Sandwich aus dem Eßkorb

aus und ging hinüber, sich die

Angelruten ansehen. 35

Marie Luise Kaschnitz

Lange Schatten

Viele Erzählungen, Hörspiele und Gedichte von Marie Luise Kaschnitz, so z. B.
„Ostia antica" (s. „Lesereise" 7), sind vom Aufenthalt in Italien beeinflußt. Das gilt
auch für die folgenden Erzählung. „Lange Schatten" ist die Titelerzählung einer
1960 erschienenen Sammlung von 23 Kurzgeschichten, darunter auch „Das dicke
Kind" (s. „Lesereise" 9). Sie alle kennzeichnet, daß unversehens das Alltägliche in
das Dämonisch-Unheimliche übergehen kann, und daß in einem Moment
„panischen Erschreckens" dem Menschen bestürzende Wahrheiten bewußt
werden. Marie Luise Kaschnitz hat sich in Gedichten, Essays und Kurztexten
(z. B. „Das letzte Buch", s. „Lesereise" 6) mit den Problemen der Gegenwart, mit
den Schrecken des Nationalsozialismus und des Krieges und mit den bedrohlichen
Entwicklungen und Erscheinungen der Nachkriegszeit auseinandergesetzt. Sie
erhielt zahlreiche Auszeichnungen, darunter auch 1955 den Georg-Büchner-Preis,
einen der angesehensten Literaturpreise der Bundesrepublik.
Unterbrochen durch mehrjährige Auslandsaufenthalte in Rom und längere Reisen,
lebte die Dichterin seit 1941 vorwiegend in Frankfurt am Main. Gestorben ist sie am
10. Oktober 1974 in Rom.

Langweilig, alles langweilig, die Hotelhalle, der Speisesaal, der Strand, wo die
Eltern in der Sonne liegen, einschlafen, den Mund offenstehen lassen, aufwa-
chen, gähnen, ins Wasser gehen, eine Viertelstunde vormittags, eine Viertelstunde nachmittags, immer zusammen. Man sieht sie von hinten, Vater hat zu
5 dünne Beine, Mutter zu dicke, mit Krampfadern, im Wasser werden sie dann
munter und spritzen kindisch herum. Rosie geht niemals zusammen mit den
Eltern schwimmen, sie muß währenddessen auf die Schwestern achtgeben, die
noch klein sind, aber nicht mehr süß, sondern alberne Gänse, die einem das Buch
voll Sand schütten oder eine Qualle auf den nackten Rücken legen. Eine Familie
10 zu haben ist entsetzlich, auch andere Leute leiden unter ihren Familien, Rosie
sieht das ganz deutlich, zum Beispiel der braune Mann mit dem Goldkettchen,
den sie den Schah nennt, statt bei den Seinen unterm Sonnenschirm hockt er an
der Bar oder fährt mit dem Motorboot, wilde Schwünge, rasend schnell und
immer allein. Eine Familie ist eine Plage, warum kann man nicht erwachsen auf
15 die Welt kommen und gleich seiner Wege gehen. Ich gehe meiner Wege, sagt
Rosie eines Tages nach dem Mittagessen und setzt vorsichtshalber hinzu, in den
Ort, Postkarten kaufen, Ansichtskarten, die an die Schulfreundinnen geschrieben werden sollen, als ob sie daran dächte, diesen dummen Gören aus ihrer
Klasse Kärtchen zu schicken, Gruß vom blauen Mittelmeer, wie geht es dir, mir
20 geht es gut. Wir kommen mit, schreien die kleinen Schwestern, aber gottlob nein,
sie dürfen nicht, sie müssen zum Nachmittagsschlafen ins Bett. Also nur die
Fahrstraße hinauf bis zum Marktplatz und gleich wieder zurück, sagt der Vater,

und mit niemandem sprechen, und geht der Mutter und den kleinen Schwestern
nach mit seinem armen, krummen Bürorücken, er war heute mit dem Boot auf
dem Wasser, aber ein Seefahrer wird er nie. Nur die Fahrstraße hinauf, oben
sieht man, mit Mauern und Türmen an den Berg geklebt, den Ort liegen, aber die
Eltern waren noch nie dort, der Weg war ihnen zu lang, zu heiß, was er auch ist,   5
kein Schatten weit und breit. Rosie braucht keinen Schatten, wozu auch, ihr ist
überall wohl, wohl in ihrer sonnenölglänzenden Haut, vorausgesetzt, daß niemand an ihr herumerzieht und niemand sie etwas fragt. Wenn man allein ist, wird
alles groß und merkwürdig und beginnt einem allein zu gehören, meine Straße,
meine schwarze räudige Katze, mein toter Vogel, eklig, von Ameisen zerfressen,   10
aber unbedingt in die Hand zu nehmen, mein. Meine langen Beine in verschosse-
nen Leinenhosen, meine weißen Sandalen, ein Fuß vor den andern, niemand ist
auf der Straße, die Sonne brennt. Dort, wo die Straße den Hügel erreicht, fängt
sie an, eine Schlangenlinie zu beschreiben, blaue Schlange im goldenen Reblaub,
und in den Feldern zirpen die Grillen wie toll. Rosie benützt den Abkürzungsweg   15
durch die Gärten, eine alte Frau kommt ihr entgegen, eine Mumie, um Gottes
willen, was da noch so herumläuft und gehört doch längst ins Grab. Ein junger
Mann überholt Rosie und bleibt stehen, und Rosie macht ein strenges Gesicht.
Die jungen Männer hier sind zudringliche Taugenichtse, dazu braucht man keine
Eltern, um das zu wissen, wozu überhaupt braucht man Eltern, der Teufel, den   20
sie an die Wand malen, hat schon längst ein ganz anderes Gesicht. Nein, danke,
sagt Rosie höflich, ich brauche keine Begleitung, und geht an dem jungen Mann
vorbei, wie sie es den Mädchen hier abgeguckt hat, steiles Rückgrat, Wirbel über
Wirbel, das Kinn angezogen, die Augen finster niedergeschlagen, und er murmelt nur noch einiges Schmeichelhafte, das in Rosies Ohren grenzenlos albern   25
klingt. Weingärten, Kaskaden von rosa Geranienblüten, Nußbäume, Akazien,
Gemüsebeete, weiße Häuser, rosa Häuser, Schweiß in den Handflächen,
Schweiß auf dem Gesicht. Endlich ist die Höhe erreicht, die Stadt auch, das Schiff
Rosie bekommt Wind unter die Leinwand und segelt glücklich durch Schatten-
straßen, an Obstständen und flachen Blechkästen voll farbiger, glitzernder,   30
rundäugiger Fische hin. Mein Markt, meine Stadt, mein Laden mit Herden von
Gummitieren und einem Firmament von Strohhüten, auch mit Ständern voll
Ansichtskarten, von denen Rosie, der Form halber, drei schreiendblaue Meeres-
ausblicke wählt. Weiter auf den Platz, keine Ah- und Oh-Gedanken angesichts
des Kastells und der Kirchenfassaden, aber interessierte Blicke auf die bescheide-   35
nen Auslagen, auch in die Schlafzimmer zu ebener Erde, wo über gußeisernen,
vielfach verschnörkelten Ehebettstellen süßliche Madonnenbilder hängen. Auf
der Straße ist zu dieser frühen Nachmittagsstunde fast niemand mehr, ein struppi-
ger, kleiner Hund von unbestimmbarer Rasse kläfft zu einem Fenster hinauf, wo
ein Junge steht und ihm Grimassen schneidet. Rosie findet in ihrer Hosentasche   40
ein halbes Brötchen vom zweiten Frühstück. Fang, Scherenschleifer, sagt sie und
hält es dem Hund hin, und der Hund tanzt lustig wie ein dressiertes Äffchen um
sie herum. Rosie wirft ihm das Brötchen zu und jagt es ihm gleich wieder ab, das

häßliche, auf zwei Beinen hüpfende Geschöpf macht sie lachen, am Ende hockt sie im Rinnstein und krault ihm den schmutzig-weißen Bauch. Ehi, ruft der Junge vom Fenster herunter, und Rosie ruft Ehi zurück, ihre Stimmen hallen, einen Augenblick lang ist es, als seien sie beide die einzigen, die wach sind in der
5 heißen, dösenden Stadt. Daß der Hund ihr, als sie weitergeht, nachläuft, gefällt dem Mädchen, nichts gefragt werden, aber Gesellschaft haben, sprechen können, komm mein Hündchen, jetzt gehen wir zum Tor hinaus. Das Tor ist ein anderes als das, durch welches Rosie in die Stadt gekommen ist, und die Straße führt keinesfalls zum Strand hinunter, sondern bergauf, durchquert einen Stein-
10 eichenwald und zieht dann, mit vollem Blick auf das Meer, hochoben den fruchtbaren Hang entlang. Hier hinauf und weiter zum Leuchtturm haben die Eltern einen gemeinsamen Spaziergang geplant; daß sie jetzt hinter der Bergnase in ihrem verdunkelten Zimmer auf den Betten liegen, ist beruhigend, Rosie ist in einem anderen Land, mein Ölwald, mein Orangenbaum, mein Meer, mein
15 Hündchen, bring mir den Stein zurück. Der Hund apportiert und bellt auf dem dunkelblauen, schmelzenden Asphaltband, jetzt läuft er ein Stück stadtwärts, da kommt jemand um die Felsenecke, ein Junge, der Junge, der am Fenster gestanden und Grimassen geschnitten hat, ein stämmiges, braunverbranntes Kind. Dein Hund? fragt Rosie, und der Junge nickt, kommt näher und fängt an, ihr die
20 Gegend zu erklären. Rosie, die von einem Aufenthalt im Tessin her ein wenig Italienisch versteht, ist zuerst erfreut, dann enttäuscht, da sie sich schon hat denken können, daß das Meer das Meer, der Berg der Berg und die Inseln die Inseln sind. Sie geht schneller, aber der vierschrötige Junge bleibt ihr auf den Fersen und redet weiter auf sie ein, alles, auf das er mit seinen kurzen braunen
25 Fingern zeigt, verliert seinen Zauber, was übrigbleibt, ist eine Ansichtskarte wie die von Rosie erstandenen, knallblau und giftgrün. Er soll nach Hause gehen, denkt sie, mitsamt seinem Hund, auch an dem hat sie plötzlich keine Freude mehr. Als sie in einiger Entfernung zur Linken einen Pfad von der Straße abzweigen und zwischen Felsen und Macchia steil bergabführen sieht, bleibt sie
30 stehen, holt aus ihrer Tasche die paar Münzen, die von ihrem Einkauf übriggeblieben sind, bedankt sich und schickt den Jungen zurück, vergißt ihn auch sogleich und genießt das Abenteuer, den Felsenpfad, der sich bald im Dickicht verliert. Die Eltern und Geschwister hat Rosie erst recht vergessen, auch sich selbst als Person, mit Namen und Alter, die Schülerin Rosie Walter, Oberse-
35 kunda, könnte mehr leisten; nichts mehr davon, eine schweifende Seele, auf trotzige Art verliebt in die Sonne, die Salzluft, das Tun- und Lassenkönnen, ein erwachsener Mensch wie der Schah, der leider nie spazierengeht, sonst könnte man ihm hier begegnen und mit ihm zusammen, ohne dummes Gegacker, nach fern vorüberziehenden Dampfern Ausschau halten. Der Pfad wird zur
40 Treppe, die sich um den Felsen windet, auf eine Stufe setzt sich Rosie, befühlt den rissigen Stein mit allen zehn Fingern, riecht an der Minze, die sie mit den Handflächen zerreibt. Die Sonne glüht, das Meer blitzt und blendet. Pan sitzt auf dem Ginsterhügel, aber Rosies Schulbildung ist lückenhaft, von dem weiß sie

nichts. Pan schleicht der Nymphe nach, aber Rosie sieht nur den Jungen, den zwölfjährigen, da ist er weiß Gott schon wieder, sie ärgert sich sehr. Die Felsentreppe herunter kommt er lautlos auf staubgrauen Füßen, jetzt ohne sein Hündchen, gesprungen.

Was willst du? sagt Rosie, geh heim, und will ihren Weg fortsetzen, der gerade   5
jetzt ein Stück weit ganz ohne Geländer an der Felswand hinführt, drunten liegt der Abgrund und das Meer. Der Junge fängt gar nicht wieder an mit seinem *Ecco il mare, ecco l'isola,* aber er läßt sich auch nicht nach Hause schicken, er folgt ihr und gibt jetzt einen seltsamen, fast flehenden Laut von sich, der etwas Unmenschliches hat und der Rosi erschreckt. Was hat er, was will er? denkt sie,   10
sie ist nicht von gestern, aber das kann doch wohl nicht sein, er ist höchstens zwölf Jahre alt, ein Kind. Es kann doch sein, der Junge hat zuviel gehört von den älteren Freunden, den großen Brüdern, ein Gespräch ist da im Ort, ein ewiges halblautes Gespräch von den fremden Mädchen, die so liebessüchtig und willfährig sind und die allein durch die Weingärten und die Ölwälder schweifen, kein   15
Ehemann, kein Bruder zieht den Revolver, und das Zauberwort *amore amore* schon lockt ihre Tränen, ihre Küsse hervor. Herbstgespräche sind das, Wintergespräche, im kalten, traurigen Café oder am nassen, grauen, überaus einsamen Strand, Gespräche, bei denen die Glut des Sommers wieder entzündet wird. Warte nur, Kleiner, in zwei Jahren, in drei Jahren kommt auch für dich eine, über   20
den Marktplatz geht sie, du stehst am Fenster, und sie lächelt dir zu. Dann lauf nur hinterher, Kleiner, genier dich nicht, pack sie, was sagst du, sie will nicht, aber sie tut doch nur so, sie will.

Nicht daß der Junge, der Herr des äffigen Hündchens, sich in diesem Augenblick an solche Ratschläge erinnert hätte, an den großen Liebes- und Sommergesang   25
des Winters, und die zwei, drei Jahre sind auch noch keineswegs herum. Er ist noch immer der Peppino, die Rotznase, dem seine Mutter eins hinter die Ohren gibt, wenn er aus dem Marmeladeneimer nascht. Er kann nicht wie die Großen herrisch auftreten, lustig winken und schreien, ah, *bella,* jetzt wo er bei dem Mädchen, dem ersten, das ihm zugelächelt und seinen Hund an sich gelockt hat,   30
sein Glück machen will. Sein Glück, er weiß nicht, was das ist, ein Gerede und Geraune der Großen, oder weiß er es doch plötzlich, als Rosie vor ihm zurückweicht, seine Hand wegstößt und sich, ganz weiß im Gesicht, an die Felswand drückt? Er weiß es, und weil er nicht fordern kann, fängt er an zu bitten und zu betteln, in der den Fremden verständlichen Sprache, die nur aus Nennformen   35
besteht. Zu mir kommen, bitte, mich umarmen, bitte, küssen bitte, lieben bitte, alles ganz rasch hervorgestoßen mit zitternder Stimme und Lippen, über die der Speichel rinnt. Als Rosie zuerst noch, aber schon ängstlich, lacht und sagt: Unsinn, was fällt dir ein, wie alt bist du denn überhaupt? weicht er zurück, fährt aber gleich sozusagen vor ihren Augen aus seiner Kinderhaut, bekommt zornige   40
Stirnfalten und einen wilden, gierigen Blick. Er soll mich nicht anrühren, er soll mir nichts tun, denkt Rosie und sieht sich, aber vergebens, nach Hilfe um, die Straße liegt hoch oben, hinter den Felsen, auf dem Zickzackpfad ihr zu Füßen ist

kein Mensch zu sehen, und drunten am Meer erstickt das Geräusch der Brandung gewiß jeden Schrei. Drunten am Meer, da nehmen die Eltern jetzt ihr zweites Bad, wo nur Rosie bleibt, sie wollte doch nur Ansichtskarten für ihre Schulfreundinnen kaufen. Ach, das Klassenzimmer, so gemütlich dunkel im November, das
5 hast du hübsch gemalt, Rosie, diesen Eichelhäherflügel, der kommt in den Wechselrahmen, wir stellen ihn aus. Rosie Walter und dahinter ein Kreuz, eure liebe Mitschülerin, gestorben am blauen Mittelmeer, man sagt besser nicht, wie. Unsinn, denkt Rosie und versucht noch einmal mit unbeholfenen Worten, dem Jungen gut zuzureden, es hätten aber auch beholfenere in diesem Augenblick
10 nichts mehr vermocht. Der kleine Pan, flehend, stammelnd, glühend, will seine Nymphe haben, er reißt sich das Hemd ab, auch die Hose, er steht plötzlich nackt in der grellheißen Steinmulde vor dem gelben Strauch und schweigt erschrocken, und ganz still ist es mit einemmal, und von drunten hört man das geschwätzige, gefühllose Meer.
15 Rosie starrt den nackten Jungen an und vergißt ihre Angst, so schön erscheint er ihr plötzlich mit seinen braunen Gliedern, seinem Badehosengürtel von weißer

Haut, seiner Blütenkrone um das schweißnasse schwarze Haar. Nur daß er jetzt aus seinem goldenen Heiligenschein tritt und auf sie zukommt und die langen weißen Zähne fletscht, da ist er der Wolf aus dem Märchen, ein wildes Tier. Gegen Tiere kann man sich wehren, Rosies eigener schmalbrüstiger Vater hat das einmal getan, aber Rosie war noch klein damals, sie hat es vergessen, aber 5 jetzt fällt es ihr wieder ein. Nein, Kind, keinen Stein, Hunden muß man nur ganz fest in die Augen sehen, so, laß ihn herankommen, ganz starr ins Auge, siehst du, er zittert, er drückt sich an den Boden, er läuft fort. Der Junge ist ein streunender Hund, er stinkt, er hat Aas gefressen, vielleicht hat er die Tollwut, ganz still jetzt, Vater, ich kann es auch. Rosie, die zusammengesunken wie ein Häufchen 10 Unglück an der Felswand kauert, richtet sich auf, wächst, wächst aus ihren Kinderschultern und sieht dem Jungen zornig und starr in die Augen, viele Sekunden lang, ohne ein einziges Mal zu blinzeln und ohne ein Glied zu bewegen. Es ist noch immer furchtbar still und riecht nun plötzlich betäubend aus Millionen von unscheinbaren, honigsüßen, kräuterbitteren Macchiastauden*, und in der 15 Stille und dem Duft fällt doch der Junge wirklich in sich zusammen, wie eine Puppe, aus der das Sägemehl rinnt. Man begreift es nicht, man denkt nur, entsetzlich muß Rosies Blick gewesen sein, etwas von einer Urkraft muß in ihm gelegen haben, Urkraft der Abwehr, so wie in dem Flehen und Stammeln und in der letzten wilden Geste des Knaben die Urkraft des Begehrens lag. Alles neu, 20 alles erst erwacht an diesem heißen, strahlenden Nachmittag, lauter neue Erfahrungen, Lebensliebe, Begehren und Scham, diese Kinder, Frühlings Erwachen, aber ohne Liebe, nur Sehnsucht und Angst. Beschämt zieht sich der Junge unter Rosies Basiliskenblick* zurück, Schritt für Schritt, wimmernd wie·ein kranker Säugling, und auch Rosie schämt sich, eben der Wirkung dieses Blickes, den etwa 25 vor einem Spiegel später zu wiederholen sie nie den Mut finden wird. Am Ende sitzt der Junge, der sich, seine Kleider in der Hand, rasch umgedreht hat und die Felsenstiege lautlos hinaufgelaufen ist, nur das Hündchen ist plötzlich wieder da und bellt unbekümmert und frech, der Junge sitzt auf dem Mäuerchen, knöpft sich das Hemd zu und murmelt vor sich hin, zornig und tränenblind. Rosie läuft 30 den Zickzackweg hinab und will erleichtert sein, noch einmal davongekommen, nein, diese Väter, was man von den Vätern doch lernen kann, und ist im Grunde doch nichts als traurig, stolpert zwischen Wolfsmilchstauden* und weißen Dornenbüschen, tränenblind. Eure Mitschülerin Rosie, ich höre, du warst sogar in Italien, ja danke, es war sehr schön. Schön und entsetzlich war es, und am Ufer 35 angekommen, wäscht sich Rosie das Gesicht und den Hals mit Meerwasser, denkt, erzählen, auf keinen Fall, kein Wort, und schlendert dann, während oben auf der Straße der Junge langsam nach Hause trottet, am Saum der Wellen zum Badestrand, zu den Eltern hin. Und so viel Zeit ist über all dem vergangen, daß die Sonne bereits schräg über dem Berge steht und daß sowohl Rosie wie der 40 Junge im Gehen lange Schatten werfen, lange, weit voneinander entfernte Schatten, über die Kronen der jungen Pinien am Abhang, über das schon blassere Meer.

Ulrich Plenzdorf

Charlie

Nächsten Sonntag saß ich neben Charlie auf der Liege in ihrem Zimmer. Es regnete wie blöd. Dieter saß an seinem Schreibtisch und arbeitete, und wir warteten, daß er fertig wurde. Charlie war schon im Regenmantel und allem. Sie war überhaupt nicht überrascht gewesen oder was, als ich klingelte. Also hatte 5 alles seine Richtigkeit. Oder vielleicht war sie auch überrascht, aber sie zeigte es nicht. Diesmal *schrieb* Dieter. Mit zwei Fingern. Auf der Maschine. Er schrieb aus dem Kopf. Eine Arbeit, dachte ich, und das stimmte wohl auch. Ich sah sofort: Es rollte nicht bei ihm. Das kannte ich. Er tippte ungefähr alle halbe Stunde einen Buchstaben. Das sagt wohl alles. Charlie sagte schließlich: Du 10 kannst es doch nicht *zwingen*!

Dieter äußerte sich dazu nicht. Ich mußte die ganze Zeit auf seine Beine sehen. Er hatte sie um die Stuhlbeine gedreht und sich mit den Füßen dahinter festgehakt. Ich wußte nicht, ob das eine Angewohnheit war. Aber mir war eigentlich die ganze Zeit klar, daß er nicht mitkommen würde.

15 Charlie fing wieder an: Komm! Laß doch mal alles stehn und liegen, ja? Das wirkt manchmal Wunder!

Sie war nicht etwa wütend oder so. Noch nicht. Sie war vielleicht so sanft, wie eine Krankenschwester sein soll.

Dieter meinte: Bei dem Wetter doch nicht mit 'nem Boot.

20 Ich weiß nicht, ob ich schon sagte, daß Charlie ein Boot ausleihen wollte.

Charlie sagte sofort: Dann nicht Boot, dann Dampfer. An sich hatte Dieter recht. Bei dem Wetter im Boot war eine echte Schnapsidee.

Er fing wieder an mit Tippen.

Charlie: Dann nicht Dampfer. Dann bloß ein paar Runden ums Karree.

25 Das war ihr letztes Angebot, und es war wirklich eine Chance für Dieter. Er rührte sich aber nicht.

Charlie: Außerdem sind wir ja nicht aus Zucker.

Ich glaube, in dem Moment war es schon mit ihrer Geduld vorbei. Dieter sagte ruhig: Fahrt doch.

30 Und Charlie: Du hast es fest versprochen!

Dieter: Ich sag doch: Fahrt!

Da wurde Charlie laut: Wir fahren auch!

In dem Moment ging ich. Wie das weiterging, konnte sich jeder ausrechnen. Ich war auch völlig fehl am Platze. Ich meine: ich ging aus dem Zimmer. Ich hätte

35 natürlich ganz gehen sollen. Das sehe ich ein. Aber ich kriegte es einfach nicht fertig. Ich ständerte da in der Küche rum. Ich mußte plötzlich an Old Werther denken, wie er schreibt:

Zieht ihn nicht jedes elende Geschäft mehr an als die teure, köstliche Frau? . . . Sattigkeit ist's und Gleichgültigkeit!

40 Nun war ja Dieter kein Geschäftsmann und Charlie alles andere als eine teure

Frau. Und Sattigkeit war's bei Dieter auch nicht. Klar, daß er von wegen der
Armee ein hohes Stipendium hatte. Aber unsereins verdiente garantiert dreimal
soviel mit dem bißchen Pinselei. Ich wußte auch nicht, was es war. An sich hatte
ich gegen Dieter nichts einzuwenden. Feststand bloß, daß er seit ewig mit Charlie
nicht mehr aus ihrer Bude gegangen war. Das war das einzige, was feststand.   5
Ungefähr als ich das analysiert hatte, kam Charlie aus dem Zimmer geschossen.
Ich sage nicht umsonst: geschossen, Leute. Zu mir sagte sie bloß: Komm!
Ich war sofort bei ihr.
Dann sagte sie: Warte!
Ich wartete. Sie griff sich vom Kleiderhaken diesen grauen Umhang und drückte   10
ihn mir an die Brust. Dieter hatte das Ding wohl von der Armee mitgebracht. Es
roch außer nach Gummi nach Benzin, Käse und verbranntem Müll.
Sie fragte mich: Kannst du Motorboot fahren?
Ich sagte: Kaum.
Normalerweise hätte ich gesagt: Klar. – Bloß, ich hatte die Rolle des braven   15
Jungen schon wieder so gut drauf, daß ich glatt die Wahrheit sagte.
Charlie fragte: Was ist?
Sie sah mich an, wie wenn einer nicht richtig verstanden hat.
Ich sagte sofort: Klar.
Drei Sekunden später waren wir auf dem Wasser. Ich meine: Es dauerte sicher   20
eine Stunde oder so. Es ging mir bloß zum zweitenmal mit Charlie so, daß ich
einfach nicht wußte, wie ich wohin gekommen war. Wie im Film ging das. Zack –
und man war da. Ich hatte damals bloß keine Zeit, das zu analysieren. Dieses
blöde Boot hatte ziemlich viel PS. Es schoß wie irr über die Spree, und drüben
war die Betonmauer von irgendeinem Werk. Ich hatte alle Mühe, noch irgendwie   25
die Kurve zu kriegen. Statt daß ich Idiot einfach Gas weggenommen hätte. Wir
wären glatt ersoffen, und von dem Boot wäre nicht die Bohne was übriggeblieben. Diese Boote gehen ja sofort los, wenn man sie anläßt. Nichts mit Kupplung
und so. Ich sah Charlie an. Sie sagte keinen Ton. Ich nehme an, der Bootsmensch
von dem wir den Kahn hatten, wurde nicht wieder dabei. Ich sah ihn bloß auf   30
seinem Steg stehen. Wie Charlie ihm das Boot aus dem Kreuz geleiert hatte, war
sowieso ein Kapitel für sich. Ich weiß nicht, ob einer glaubt, daß ich sehr
schüchtern war und das. Oder daß ich Hemmungen hatte. Aber ich hätte gepaßt,
als ich den Bau sah von dieser Ausleihstation der Jugend. Das triefte alles vor
Nässe. Im Wasser kein einziges Boot. Schließlich konnte von Saison keine   35
Rede mehr sein kurz vor Weihnachten. Und der Bau war verrammelt wie für
den dritten Weltkrieg. Aber Charlie fand ein Loch im Zaun und klingelte den
Bootsmenschen aus dem Bau und bekniete ihn so lange, bis er uns dieses
Boot aus seinem Bootshaus rausgab. Ich hätte das nicht für möglich gehalten.
Der Bootsmensch wahrscheinlich auch nicht. Ich glaube, an dem Tag hätte   40
Charlie *alles* erreicht. Sie war einfach nicht zu bremsen. Sie hätte jeden zu allem
rumgekriegt.
Auf dem Wasser kroch sie mit unter die Pelerine. Es regnete immer noch wie

verrückt. Ein paar Grad weniger, und wir hätten den schönsten Schneesturm
gehabt. Wahrscheinlich wird sich keiner mehr an den letzten Dezember erinnern.
Es war sicher ekelhaft klamm in dem Kahn, aber ich merkte kein Stück davon.
Ich weiß nicht, ob das einer begreift. Charlie legte den Arm um meinen Sitz und
den Kopf auf meine Schulter. Ich dachte, ich wurde nicht wieder. Das Boot hatte
ich langsam im Griff. Ich wußte nicht, ob es auf dem Wasser auch Verkehrsregeln
gab. Ich hatte mal so was läuten hören. Aber auf dieser ganzen ewig langen Spree
war an dem Tag nicht ein einziges Boot unterwegs oder Dampfer. Ich zog den
Gasgriff ganz raus. Der Bug stellte sich hoch. Dieses Boot war nicht übel.
Wahrscheinlich war es für den Privatgebrauch von diesem Bootsmensch. Ich fing
an, allerhand Kurven zu ziehen. Hauptsächlich Linkskurven, weil das Charlie so
gut gegen mich drückte. Sie hatte nicht die Bohne was dagegen. Später fing sie
selber an zu lenken. Einmal kamen wir nur knapp an einem Brückenpfeiler
vorbei. Charlie sagte keinen Ton. Sie hatte immer noch ungefähr dasselbe
Gesicht von dem Moment, als sie von Dieter rausgeschossen kam.
Ich hatte bis dahin nicht gewußt, daß man eine Stadt auch von hinten sehen kann.
Berlin von der Spree, das ist Berlin von hinten. Die ganzen ollen Werkhöfe und
Lagerschuppen.
Zuerst dachte ich, der Regen würde uns das Boot vollmachen. Aber da war
nichts. Wahrscheinlich fuhren wir drunter weg. Wir waren längst naß bis auf die
Haut, trotz der Pelerine. Gegen diesen Regen half sowieso nichts. Wir waren so
naß, daß uns längst alles egal war. Wir hätten ebensogut baden können in den
Sachen. Ich weiß nicht, ob das einer kennt, Leute. Man ist so naß, daß einem
wirklich alles egal ist.
Irgendwann hörten dann die Schuppen auf. Nur noch Villen und das. Dann
mußten wir abbiegen, entweder links oder rechts. Ich zog natürlich nach links.
Ich hatte bloß die Hoffnung, daß wir aus diesem See wieder rauskamen. Ich
meine: auf einem anderen Weg. Ich wollte zeitlebens nie den gleichen Weg
zurück machen, den ich irgendwo hingegangen war. Nicht aus Aberglauben und
so. Das nicht. Ich wollte es nicht. Es langweilte mich wahrscheinlich. Ich glaube,
das war auch so eine meiner fixen Ideen. Wie die mit der Spritze zum Beispiel.
Als wir an einer Insel vorbeirauschten, wurde Charlie unruhig. Sie mußte mal.
Ich verstand das. Wenn es regnet, geht einem das immer so. Ich suchte eine
Lücke im Schilf. Zum Glück gab es davon massenweise. Eigentlich mehr Lücken
als Schilf. Es goß immer noch wie aus Eimern. Wir jumpten an Land. Charlie
verkrümelte sich irgendwohin. Als sie zurück war, hockten wir uns unter die
Pelerine in das klitschnasse Gras von dieser Insel. Kann aber auch sein, es war nur
eine Halbinsel. Ich bin da nie wieder hingekommen. Da fragte mich Charlie:
Willst du einen Kuß von mir?
Leute, ich wurde nicht wieder. Ich fing an zu zittern. Charlie hatte noch immer
diese Wut auf Dieter, das sah ich genau. Trotzdem küßte ich sie. Ihr Gesicht roch
wie Wäsche, die lange auf der Bleiche gewesen ist. Ihr Mund war eiskalt,
wahrscheinlich alles von diesem Regen. Ich ließ sie dann einfach nicht mehr los.

Sie riß die Augen auf, aber ich ließ sie nicht mehr los. Es wäre auch nicht anders
gegangen. Sie war wirklich naß bis auf die Haut, die ganzen Beine und alles.
In irgendeinem Buch hab ich mal gelesen, wie ein Neger, also ein Afrikaner, nach
Europa kommt und wie er seine erste weiße Frau kriegt. Er fängt dabei an zu
singen, irgendeinen Song von sich zu Hause. Ich stieg sofort aus. Es war vielleicht 5
einer meiner größten Fehler, gleich auszusteigen, wenn ich was nicht kannte. Bei
Charlie hätte ich wirklich singen können. Ich weiß nicht, wer das kennt, Leute.
Ich war nicht mehr zu retten.
Wir sind dann zurück nach Berlin auf demselben Weg. Charlie sagte nichts, aber
sie hatte es plötzlich sehr eilig. Ich wußte nicht, warum. Ich dachte, daß ihr 10
einfach furchtbar kalt war. Ich wollte sie wieder unter die Pelerine haben, aber sie
wollte nicht, ohne eine Erklärung. Sie faßte die Pelerine auch nicht an, als ich sie
ihr ganz gab. Sie sagte auf der ganzen Rückfahrt überhaupt kein Wort. Ich kam
mir langsam wie ein Schwerverbrecher vor. Ich fing wieder an, Kurven zu ziehen.
Ich sah sofort, daß sie dagegen war. Sie hatte es bloß eilig. Dann ging uns der Sprit 15
aus. Wir pätschelten uns bis zur nächsten Brücke. Ich wollte zur nächsten Tankstelle, Sprit holen, Charlie sollte warten. Aber sie stieg aus. Ich konnte sie nicht
halten. Sie stieg aus, rannte diese triefende Eisentreppe hoch und war weg. Ich
weiß nicht, warum ich ihr nicht nachrannte. Wenn ich in Filmen oder wo diese
Stellen sah, wo eine weg will und er will sie halten, und sie rennt zur Tür raus, und 20
er stellt sich bloß in die Tür und ruft ihr nach, stieg ich immer aus. Drei Schritte,
und er hätte sie gehabt. Und trotzdem saß ich da und ließ Charlie laufen. Zwei
Tage später war ich über den Jordan, und ich Idiot saß da und ließ sie laufen und
dachte bloß daran, daß ich das Boot jetzt allein zurückbringen mußte.

Christa Wolf

Der geteilte Himmel

*Die 1929 in Landsberg/Warthe
geborene Christa Wolf gilt als von
Bertolt Brecht und Anna Seghers
beeinflußte Autorin. Nicht nur in ihren
Romanen dokumentiert sie
überzeugend Aspekte der Geschichte
des geteilten Deutschlands. Nach dem
Bau der Mauer erschien ihr erstes Buch;
aus ihrem zweiten, „Der geteilte
Himmel" (1963), stammt der folgende
Abschnitt, der von Rita und Manfred
handelt. Neuere Werke sind
„Nachdenken über Christa T." und
„Störfall".*

Rita war siebzehn Jahre alt. Starrsinn ist gut, wenn man gegen sich selbst angehen muß, aber ewig hält er nicht vor. Etwas anderes ist es, mutig einen unangenehmen Entschluß zu fassen, ein Opfer, meinetwegen – etwas anderes, dann Tag für Tag in diesem engen Büro zu sitzen, allein (denn wieviel Angestellte brauchte
5 schon so eine kleine ländliche Zweigstelle von einer großen Versicherung?); tagtäglich Zahlenreihen in endlose Listen zu schreiben und mit immer den gleichen Worten immer die gleichen säumigen Zahler an ihre Pflichten zu erinnern. Gelangweilt sah sie die Autos kommen, denen anleitende, lobende, tadelnde Männer für ihr Büro entstiegen – immer die gleichen. Gelangweilt sah
10 sie sie wieder wegfahren.
Einst hatte der junge, blasse, begeisterte Lehrer ihre Ansprüche an das Leben bestärkt: Sie erwartete Außerordentliches, außerordentliche Freuden und Leiden, außerordentliche Geschehnisse und Erkenntnisse. Das ganze Land war in Unruhe und Aufbruchstimmung (das fiel ihr nicht auf, sie kannte es
15 nicht anders); aber wo blieb einer, der ihr half, einen winzigen Teil dieses großen Stromes in ihr eigenes kleines, wichtiges Leben abzuleiten? Wer gab ihr die Kraft, einen bösen blinden Zufall zu korrigieren? – Schon bemerkte sie an sich mit Schrecken Zeichen der Gewöhnung an den einförmigen Ablauf ihrer Tage.
20 Wieder wurde Herbst. Zum drittenmal sollte sie zusehen, wie die Blätter von den zwei mächtigen Linden vor ihrem Bürofenster fielen. Manchmal schien ihr das Leben dieser Bäume vertrauter als ihr eigenes. Oft dachte sie: Niemals krieg ich von diesem Fenster aus noch was Neues zu sehen. In zehn Jahren hält das Postauto auch noch hier, Punkt zwölf Uhr mittags, dann werden meine Finger-
25 spitzen staubtrocken, ich wasche mir die Hände, noch ehe ich weiß, daß ich essen gehen muß.
Tagsüber arbeitete Rita, abends las sie Romane, und ein Gefühl der Verlorenheit breitete sich in ihr aus.
Da traf sie Manfred, und auf einmal sah sie Sachen, die sie nie gesehen hatte.
30 Dieses Jahr verloren die Bäume ihre Blätter in einem Feuerwerk von Farben, und das Postauto verspätete sich manchmal um schreckliche Minuten. Eine feste, zuverlässige Kette von Gedanken und Sehnsüchten band sie wieder an das Leben. In dieser Zeit gab sie sich zufrieden, wenn sie Manfred wochenlang nicht sah. Sie kannte keine Langeweile mehr.
35 Dann schrieb er, Weihnachten werde er kommen. Rita erwartete ihn an der Bahn, obwohl er es sich verbeten hatte.
„Ach", sagte er. „Das braune Fräulein mit brauner Pelzmütze. Wie in einem russischen Roman."
Sie gingen die paar Schritte bis zur Omnibushaltestelle und blieben vor einem
40 Schaufenster stehen. Es zeigt sich: In Briefen kann man leicht „Sie" zueinander sagen und dabei doch ganz vertraut werden, weit weniger leicht aber in Wirklichkeit.
„Sehen Sie", sagte er schließlich – und für eine Sekunde packte sie die Angst, sie

könnte ihn schon jetzt, für immer, enttäuscht haben – „das hab ich vermeiden wollen. Im Schneematsch stehen, auf Gießkannen und Kinderbadewannen starren und nicht wissen, wie's weitergehen soll." „Wieso denn?" sagte Rita. Sie lernte wirklich rasend schnell, wenn sie mit ihm zusammen war. „Wir lassen den Roman einfach ablaufen."

„Zum Beispiel?" fragte er gespannt.

„Zum Beispiel sagt die Heldin jetzt zum Helden: Komm, wir steigen in den blauen Bus ein, der da gerade um die Ecke biegt. Dann bring' ich dich nach Hause, und du kommst mit mir zu meinen Leuten, die noch keine Ahnung haben, daß es dich gibt und die dich kennenlernen müssen, damit sie dich zur Weihnachtsgans einladen können. Genug Handlung für einen Tag?"

In der Schaufensterscheibe begegnete sie seinem Blick. „Genug", sagte er überrascht. „Übergenug. Das hast du gut gemacht . . ."

Sie lachten ein bißchen und stiegen dann in den blauen Bus ein, der vor der Schaufensterscheibe hielt, und sie brachte ihn zu seiner Kusine, und er begleitete sie zu ihren Leuten, die fast keine Ahnung hatten, daß es ihn gab, und die ihn minutenlang schweigend musterten. Sehr männlich, dachte die Tante, aber zu alt für das Kind. Ein Chemiedoktor, dachte die Mutter. Wenn er sie nimmt, hat sie ausgesorgt, und ich kann beruhigt sterben. Und beide sagten gleichzeitig: „Kommen Sie Weihnachten zum Gänsebraten?"

Wenn Rita heute daran denkt: Weihnachten in dem verschneiten Dörfchen – denn zu Heiligabend war Schnee gefallen, wie es sein muß – und sie gingen ganz still, Arm in Arm, die einsame Dorfstraße hinunter, dann fragt sie sich: Wann war es noch mal so? Wann kann es noch mal so sein? Die beiden Hälften der Erde paßten ganz genau ineinander, und auf der Nahtstelle spazierten sie, als wäre es nichts.

Vor ihrer Haustür zog Manfred einen schmalen silbernen Armreifen aus der Tasche und gab ihn ihr, ungeschickter, als er je einem Mädchen etwas geschenkt hatte. Rita hatte längst begriffen, daß ein für allemal sie die Geschicktere sein mußte. Sie zog ihre Hände aus den dicken Wollhandschuhen, die in den Schnee fielen, und legte sie an Manfreds kalte Wange. Er hielt ganz still und sah sie an. „Warm und weich und braun", sagte er und blies ihr die Haare aus dem Gesicht. Das Blut schoß ihm in die Augen, er blickte weg.

„Sieh mich ruhig an", sagte sie leise.

„So?" fragte er.

„So", erwiderte Rita.

Sein Blick hatte sie getroffen wie ein Stoß. Den ganzen Abend lang mußte sie verbergen, daß ihre Hände zitterten, dann hatte er es doch gemerkt und lächelte, und sie verdachte ihm das Lächeln, obwohl sie ihn weiter und weiter ansehen mußte. Sie war ein wenig zu lebhaft, aber die Tante und die Mutter hatten nie erfahren oder längst vergessen, wie ein Mädchen beklemmende Liebe zu verbergen sucht. Sie sorgten sich um das Gelingen des Bratens.

Später hob man die Gläser und trank einander zu. „Auf Ihr Examen", sagte die

Mutter zu Manfred. „Daß alles gut geht." – „Auf die lieben Eltern", versuchte es die Tante. Sie hatte bis jetzt zu wenig von dem jungen Mann erfahren.

„Danke", sagte er trocken. Rita könnte heute noch lachen über sein Gesicht. Er war damals neunundzwanzig Jahre alt und eignete sich ein für allemal nicht für den liebevollen Schwiegersohn. Er sagte: „Heut nacht hab ich geträumt, wir feiern zu Hause Weihnachten. Mein Vater, hab ich geträumt, hebt sein Glas und trinkt mir zu. Da hab ich – im Traum! – alle Teller und Gläser, die ich zu fassen kriegte, nacheinander an die Wand geschmissen."

„Mußt du die Menschen so erschrecken?" fragte Rita ihn später an der Gartenpforte.

Er zuckte die Achseln. „Warum erschrecken sie?"

„Dein Vater..."

„Mein Vater ist ein deutscher Mann. Im ersten Krieg hat er durch den Verlust eines Auges für den zweiten vorgesorgt. So macht er's heute noch: Opfere ein Auge, behalt das Leben."

„Du bist ungerecht."

„Läßt er mich in Ruhe, laß ich ihn auch. Zutrinken darf er mir nicht mal im Traum. Warum wollen sie nicht wahrhaben, daß wir alle ohne Eltern aufgewachsen sind?"

Zu Neujahr waren sie in einer kleinen Herberge im nahen Vorgebirge. Sie fuhren nachmittags auf Skiern die sanftweißen Hänge ab, und abends feierten sie mit den anderen Herbergsbewohnern – alles junge Leute – den Anbruch des neuen Jahres: 1960.

Nachts waren sie allein.

Rita erfuhr, wie dieser spöttische kalte Mensch sich danach sehnte, unspöttisch und warm zu sein. Es überraschte sie nicht, und doch weinte sie etwas vor Erleichterung. Er wischte ihr brummelnd mit den Fingern die Augen trocken, sie trommelte mit den Fäusten auf seine Brust, erst sacht, dann wütend.

„Na", sagte er leise, „was trommelt man?"

Da weinte sie stärker. Auch sie war allein gewesen.

Später drehte sie sein Gesicht zu sich herum und suchte im Schneelicht, das durch das Fenster fiel, seine Augen.

Robert Delaunay (1885–1941): Formes circulaires, 1930 (Kreisformen)

Bertolt Brecht

Die Liebenden

*Bertolt Brecht haben wir schon in „Lesereise" 7 kennengelernt. Er wurde 1898
in Augsburg geboren, von 1922 an arbeitete er in Berlin, mußte dann 1933
emigrieren, sein Weg führte ihn schließlich 1941 über Moskau in die Vereinigten
Staaten, aus denen er 1947 zurückkehrte, um sich ein Jahr später in Ost-Berlin
niederzulassen, wo er dann bis zu seinem Tode 1956 als Regisseur wirkte.
Brecht gehört zu den bedeutendsten und meistgespielten Dramatikern unserer
Zeit. Neben mehr als 30 Theaterstücken schuf er auch an die 1300 Gedichte und
Lieder, die zwischen 1927 und 1955 in zahlreichen Einzelausgaben wie z. B. der
„Hauspostille" oder der „Kriegsfibel" erschienen. Auch in den Gedichten
erweist er sich meistens als politisch ungemein engagiert. Er wählte in ihnen
einen neuen Sprechton, der auf einem besonderen Rhythmus beruht, den er
„gestisch" nannte, weil er den Handlungsgestus des Sprechenden mitvollziehen
sollte.*

Sieh jene Kraniche in großem Bogen!
Die Wolken, welche ihnen beigegeben
Zogen mit ihnen schon, als sie entflogen
Aus einem Leben in ein andres Leben
5   In gleicher Höhe und mit gleicher Eile
Scheinen sie alle beide nur daneben.
Daß so der Kranich mit der Wolke teile
Den schönen Himmel, den sie kurz befliegen
Daß also keines länger hier verweile
10 Und keines andres sehe als das Wiegen
Des andern in dem Wind, den beide spüren
Die jetzt im Fluge beieinander liegen
So mag der Wind sie in das Nichts entführen
Wenn sie nur nicht vergehen und sich bleiben
15 Solange kann sie beide nichts berühren
Solange kann man sie von jedem Ort vertreiben
Wo Regen drohen oder Schüsse schallen.
So unter Sonn und Monds wenig verschiedenen Scheiben
Fliegen sie hin, einander ganz verfallen.
20 Wohin ihr? Nirgendhin. Von wem davon? Von allen.
Ihr fragt, wie lange sind sie schon beisammen?
Seit kurzem. Und wann werden sie sich trennen? Bald.
So scheint die Liebe Liebenden ein Halt.

Erich Kästner

Sachliche Romanze

Als sie einander acht Jahre kannten
(und man darf sagen: sie kannten sich gut),
kam ihre Liebe plötzlich abhanden.
Wie andern Leuten ein Stock oder Hut.

Sie waren traurig, betrugen sich heiter,   5
versuchten Küsse, als ob nichts sei,
und sahen sich an und wußten nicht weiter.
Da weinte sie schließlich. Und er stand dabei.

Vom Fenster aus konnte man Schiffen winken.
Er sagte, es wäre schon Viertel nach Vier   10
und Zeit, irgendwo Kaffee zu trinken.
Nebenan übte ein Mensch Klavier.

Sie gingen ins kleinste Café am Ort
und rührten in ihren Tassen.
Am Abend saßen sie immer noch dort.   15
Sie saßen allein, und sie sprachen kein Wort
und konnten es einfach nicht fassen.

6
Dichter und ihre Arbeit

Von der „Arbeit" eines Dichters kann man sich nur schwer eine Vorstellung machen. Es läßt sich aber vermuten, daß sie sich von der Arbeit im landläufigen Sinne, von der in einem Betrieb, in einer Werkstatt oder in einer Amtsstube, wohl doch unterscheidet.

Wie jede künstlerische Tätigkeit setzt sie Einfallsreichtum, Phantasie und Formgefühl voraus. Und diese Eigenschaften lassen sich nicht mit der Uhr und nach Tarifverträgen bemessen und bewerten.

Andererseits aber setzt z. B. das Schreiben eines Romans oder eines Theaterstücks auch ganz gewöhnliche „bürgerliche" Qualitäten voraus: Ausdauer, Arbeitsdisziplin und nicht zuletzt Fleiß. Es wurde sogar schon einmal behauptet, daß Genie nichts anderes sei als Fleiß. Das ist sicher etwas einseitig gesehen, läßt aber doch erkennen, daß auch künstlerisches Schaffen ganz wesentlich aus mühevoller Arbeit besteht, manchmal auch begleitet von Selbstzweifeln und Mutlosigkeit.

Das bestätigen jene Dichter, die uns in Briefen, Tagebüchern und Autobiographien Einblick geben in ihre Arbeit, wie etwa im folgenden Kapitel Goethe, Storm, Fontane und Lenz. Aber auch in den Dichtungen selbst sprechen manche von ihrer Arbeit, wie die beiden Beispiele von Annette von Droste-Hülshoff und Peter Gan zeigen.

Johann Wolfgang von Goethe

Wie der „Werther" entstand

Goethe war 25 Jahre alt, als er 1774 in drei Monaten seinen Roman „Die Leiden des jungen Werthers" schrieb. Das Werk wurde zu einem ungeheueren Erfolg und machte den jungen Dichter rasch berühmt. Es löste geradezu ein „Werther-Fieber" aus. Einige Leser des Romans ahmten sogar den unglücklichen Helden nach und begingen Selbstmord.
Aber erst 37 Jahre später begann Goethe mit „Dichtung und Wahrheit" (1811–1822) seine Autobiographie zu schreiben, in der er ausführlich den ersten Abschnitt seines Lebens von der Geburt bis zu seiner Reise nach Italien erzählt.
Dort berichtet er auch über die Entstehung seines „Werther", und seine Schilderungen sind ein gutes Beispiel dafür, wie eng manchmal Leben und Dichtung miteinander verbunden sein können.

Jerusalems* Tod, der durch die unglückliche Neigung zu der Gattin eines Freundes verursacht ward, schüttelte mich aus dem Traum, und weil ich nicht bloß mit Beschaulichkeit das, was ihm und mir begegnet, betrachtete, sondern das Ähnliche, was mir im Augenblicke selbst widerfuhr, mich in leidenschaftliche Bewe-
5   gung setzte; so konnte es nicht fehlen, daß ich jener Produktion, die ich eben unternahm, alle die Glut einhauchte, welche keine Unterscheidung zwischen dem Dichterischen und dem Wirklichen zuläßt. Ich hatte mich äußerlich völlig isoliert, ja die Besuche meiner Freunde verbeten, und so legte ich auch innerlich alles beiseite, was nicht unmittelbar hierher gehörte. Dagegen faßte ich alles
10 zusammen, was einigen Bezug auf meinen Vorsatz hatte und wiederholte mir mein nächstes Leben, von dessen Inhalt ich noch keinen dichterischen Gebrauch gemacht hatte. Unter solchen Umständen, nach so langen und vielen geheimen Vorbereitungen, schrieb ich den „Werther" in vier Wochen, ohne daß ein Schema des Ganzen oder die Behandlung eines Teils irgend vorher wäre zu
15 Papier gebracht gewesen.
Das nunmehr fertige Manuskript lag im Konzept, mit wenigen Korrekturen und Abänderungen, vor mir. Es ward sogleich geheftet; denn der Band dient der Schrift ungefähr wie der Rahmen einem Bilde: Man sieht viel eher, ob sie denn auch in sich wirklich bestehe. Da ich dieses Werklein ziemlich unbewußt, einem
20 Nachtwandler ähnlich, geschrieben hatte, so verwunderte ich mich selbst darüber, als ich es nun durchging, um daran etwas zu ändern und zu bessern. Doch in Erwartung, daß nach einiger Zeit, wenn ich es in gewisser Entfernung besähe, mir manches beigehen würde, das noch zu seinem Vorteil gereichen könnte, gab ich es meinen jüngeren Freunden zu lesen, auf die es eine desto größere Wirkung
25 tat, als ich, gegen meine Gewohnheit, vorher niemanden davon erzählt, noch meine Absicht entdeckt hatte. Freilich war es hier abermals der Stoff, der eigentlich die Wirkung hervorbrachte, und so waren sie gerade in einer der

meinigen entgegengesetzten Stimmung, denn ich hatte mich durch diese Kompo-
sition, mehr als durch jede andere, aus einem stürmischen Elemente gerettet, auf
dem ich durch eigne und fremde Schuld, durch zufällige und gewählte Lebens-
weise, durch Vorsatz und Übereilung, durch Hartnäckigkeit und Nachgeben auf
die gewaltsamste Art hin und wider getrieben worden. Ich fühlte mich, wie nach   5
einer Generalbeichte, wieder froh und frei und zu einem neuen Leben berechtigt.
Das alte Hausmittel war mir diesmal vortrefflich zustatten gekommen. Wie ich
mich nun aber dadurch erleichtert und aufgeklärt fühlte, die Wirklichkeit in
Poesie verwandelt zu haben, so verwirrten sich meine Freunde daran, indem sie
glaubten, man müsse die Poesie in Wirklichkeit verwandeln, einen solchen   10
Roman nachspielen und sich allenfalls selbst erschießen; und was hier im Anfang
unter wenigen vorging, ereignete sich nachher im großen Publikum, und dieses
Büchlein, was mir so viel genützt hatte, ward als höchst schädlich verrufen.
Allen den Übeln jedoch und dem Unglück, das es hervorgebracht haben soll,
wäre zufälligerweise beinahe vorgebeugt worden, als es, bald nach seiner Entste-   15
hung, Gefahr lief, vernichtet zu werden; und damit verhielt sich's also. Merck*
war seit kurzem von Petersburg zurückgekommen. Ich hatte ihn, weil er immer
beschäftigt war, nur wenig gesprochen, und ihm von diesem „Werther", der mir
am Herzen lag, nur das Allgemeinste eröffnen können. Einst besuchte er mich,
und als er nicht sehr gesprächig schien, bat ich ihn, mir zuzuhören. Er setzte sich   20
aufs Kanapee, und ich begann, Brief vor Brief, das Abenteuer vorzutragen.
Nachdem ich eine Weile so fortgefahren hatte, ohne ihm ein Beifallszeichen
abzulocken, griff ich mich noch pathetischer an, und wie ward mir zu Mute, als er
mich, da ich eine Pause machte, mit einem „Nun ja! es ist ganz hübsch" auf das
schrecklichste niederschlug und sich, ohne etwas weiter hinzuzufügen, entfernte.   25
Ich war ganz außer mir, denn wie ich wohl Freude an meinen Sachen, aber in der
ersten Zeit kein Urteil über sie hatte, so glaubte ich ganz sicher, ich habe mich im
Sujet, im Ton, im Stil, die denn freilich alle bedenklich waren, vergriffen, und
etwas ganz Unzulässiges verfertigt. Wäre ein Kaminfeuer zur Hand gewesen, ich
hätte das Werk sogleich hineingeworfen; aber ich ermannte mich wieder und   30
verbrachte schmerzliche Tage, bis er mir endlich vertraute, daß er in jenem
Moment sich in der schrecklichsten Lage befunden, in die ein Mensch geraten
kann. Er habe deswegen nichts gesehn noch gehört und wisse gar nicht, wovon in
meinem Manuskripte die Rede sei. Die Sache hatte sich indessen, insofern sie
sich herstellen ließ, wieder hergestellt, und Merck war in den Zeiten seiner   35
Energie der Mann, sich ins Ungeheure zu schicken; sein Humor fand sich wieder
ein, nur war er noch bitterer geworden als vorher. Er schalt meinen Vorsatz, den
„Werther" umzuarbeiten, mit derben Ausdrücken, und verlangte ihn gedruckt zu
sehn, wie er lag. Es ward ein sauberes Manuskript davon besorgt, das nicht lange
in meinen Händen blieb: denn zufälligerweise an demselben Tage, an dem meine   40
Schwester sich mit Georg Schlosser* verheiratete, und das Haus, von einer
freudigen Festlichkeit bewegt, glänzte, traf ein Brief von Weygand* aus Leipzig
ein, mich um ein Manuskript zu ersuchen. Ein solches Zusammentreffen hielt ich

für ein günstiges Omen, ich sendete den „Werther" ab und war sehr zufrieden, als das Honorar, das ich dafür erhielt, nicht ganz durch die Schulden verschlungen wurde, die ich um des „Götz von Berlichingen" willen zu machen genötigt gewesen.

Die Wirkung dieses Büchleins war groß, ja ungeheuer, und vorzüglich deshalb, weil es genau in die rechte Zeit traf. Denn wie es nur eines geringen Zündkrauts bedarf, um eine gewaltige Mine zu entschleudern, so war auch die Explosion, welche sich hierauf im Publikum ereignete, deshalb so mächtig, weil die junge Welt sich schon selbst untergraben hatte, und die Erschütterung deswegen so groß, weil ein jeder mit seinen übertriebenen Forderungen, unbefriedigten Leidenschaften und eingebildeten Leiden zum Ausbruch kam. Man kann von dem Publikum nicht verlangen, daß es ein geistiges Werk geistig aufnehmen solle. Eigentlich ward nur der Inhalt, der Stoff beachtet, wie ich schon an meinen Freunden erfahren hatte, und daneben trat das alte Vorurteil wieder ein, entspringend aus der Würde eines gedruckten Buchs, daß es nämlich einen didaktischen Zweck haben müsse. Die wahre Darstellung aber hat keinen. Sie billigt nicht, sie tadelt nicht, sondern sie entwickelt die Gesinnungen und Handlungen in ihrer Folge, und dadurch erleuchtet und belehrt sie.

Von Rezensionen nahm ich wenig Notiz. Die Sache war für mich völlig abgetan, jene guten Leute mochten nun auch sehn, wie sie damit fertig wurden. Doch verfehlten meine Freunde nicht, diese Dinge zu sammeln, und, weil sie in meine Ansichten schon mehr eingeweiht waren, sich darüber lustig zu machen. Die „Freuden des jungen Werther", mit welchen Nicolai* sich hervortat, gaben uns zu mancherlei Scherzen Gelegenheit. Dieser übrigens brave, verdienst- und kenntnisreiche Mann hatte schon angefangen, alles niederzuhalten und zu beseitigen, was nicht zu seiner Sinnesart paßte, die er, geistig sehr beschränkt, für die echte und einzige hielt. Auch gegen mich mußte er sich sogleich versuchen, und jene Broschüre kam uns bald in die Hände. Die höchst zarte Vignette* von Chodowiecki* machte mir viel Vergnügen; wie ich denn diesen Künstler über die Maßen verehrte. Das Machwerk selbst war aus der rohen Hausleinwand zugeschnitten, welche recht derb zu bereiten der Menschenverstand in seinem Familienkreise sich viel zu schaffen macht. Ohne Gefühl, daß hier nichts zu vermitteln sei, daß Werthers Jugendblüte schon von vornherein als vom tödlichen Wurm gestochen erscheine, läßt der Verfasser meine Behandlung bis Seite 214 gelten, und als der wüste Mensch sich zum tödlichen Schritte vorbereitet, weiß der einsichtige psychische Arzt seinem Patienten eine mit Hühnerblut geladene Pistole unterzuschieben, woraus denn ein schmutziger Spektakel, aber glücklicherweise kein Unheil hervorgeht. Lotte wird Werthers Gattin, und die ganze Sache endigt sich zu jedermanns Zufriedenheit.

Joseph Schmeller: Goethe in seinem Arbeitszimmer mit seinem Schreiber John

Theodor Storm

Zu Besuch bei Eduard Mörike

*Während sich heute Dichter und Schriftsteller in verschiedensten Verbänden
zusammenschließen, um Kontakte miteinander zu pflegen und Erfahrungen
auszutauschen, waren sie früher meistens auf den Briefwechsel und gelegentliche
gegenseitige Besuche angewiesen; denn nur die wenigsten hatten es so gut und so
bequem wie Goethe und Schiller, die einige Jahre lang nur wenige Minuten
voneinander entfernt in Weimar wohnten.
Im folgenden schildert Theodor Storm seine Begegnung mit Eduard Mörike.
Storm war 38 Jahre alt und kein Unbekannter mehr, als er 1855 in Stuttgart den
51jährigen Mörike besuchte, den er wegen seines dichterischen Werks seit langem
schätzte und verehrte. Die Begegnung der beiden erinnert an biedermeierliche
Idyllen, wie sie zur gleichen Zeit Carl Spitzweg malte, sie bietet aber auch einen
guten Einblick in die Alltagswelt und die literarische Werkstatt des schwäbischen
Dichters.*

Mörike war nicht im Wartesaal [in Stuttgart], wie er mir geschrieben hatte. Meine
Ankunft war mit einer Literaturstunde zusammengefallen, die er derzeit als
Professor am Catharineum zu geben hatte. Als die Menge sich verlaufen hatte,
blieb ich mit einem schwarzen Herrn auf dem Perron* zurück, der nach dem mir
5 bekannten lithographierten Bilde von Weiß jedenfalls nicht Mörike sein konnte,
der aber bald auf mich suchend Umherblickenden zutrat und mir ein mit Bleistift
geschriebenes Billett überreichte. *„Salve Theodore!"* schrieb Mörike, *„Negotio
publico distentus amicum, ut meo loco te excipiat, mitto carissimum."**
Dieser Freund war Wilhelm Hartlaub, dem die erste Auflage der Gedichte
10 gewidmet ist und der jetzt von seiner Dorfpfarre bei dem Dichter auf Besuch war.
„Sie kommen zur glücklichen Stunde", sagte dieser, als wir durch die Straßen
schritten; „der Eduard hat grade etwas fertig, was von überwältigender Schönheit
ist." – Die Dichtung, welche er meinte, war die Novelle „Mozart auf der Reise
nach Prag".
15 In der einfach, aber nett eingerichteten Wohnung, freilich mehrere Treppen
hoch, wurde ich von Frau und Schwester empfangen. Mörike selbst war noch
nicht da; aber während ich mich an einem Glase jungen Weins, noch aus dem
Garten zu Mergentheim, nach der heißen Fahrt erquickte, trat auch er herein. Er
war damals erst 51 Jahre alt; in seinen Zügen aber war etwas Erschlafftes, um
20 nicht zu sagen Verfallenes, das bei seinem lichtblonden Haar nur um so mehr
hervortrat; zugleich ein fast kindlich zarter Ausdruck, als sei das Innerste dieses
Mannes von dem Treiben der Welt noch unberührt geblieben.
Er faßte mich an beiden Händen und betrachtete mich mit großer Herzlichkeit.
„Gelt, Alte!" sagte er dann zu seiner Frau, „so haben wir ihn uns ungefähr
25 vorgestellt. Als ich eben da heraufgegangen bin, da hab ich mir die Stufe angesehen und gedacht, ob wohl der Storm da herüber gestiegen ist?"

Eduard Mörike im Kreise seiner Familie während eines Besuchs in Neuenstadt um das Jahr 1865 (v. l. n. r.: Vetter Karl A. Mörike, dessen Frau Marie, Fanny und Klara Mörike, Marie von Schott, geb. Mörike, und Eduard Mörike selbst)

Bei den Gesprächen, in die wir bald vertieft waren, offenbarte sich überall der ihm inwohnende Drang, sich alles, auch das Abstrakteste, gegenständlich auszuprägen; die Monaden* des Leibniz erschienen ihm wie Froschlaich, von den kleinen Naturbildern des ihm befreundeten Dichters Karl Mayer* sagte er: „Er kann nichts passieren lassen, ohne es auf diese Art gespießt zu haben." – Über dem Sofa zwischen den Lichtbildern von mir und meiner Frau, die wir als Erwiderung der Silhouetten gesandt hatten, hing eine in Öl gemalte Mondscheinlandschaft; Mörike meinte, es stecke ein Gedicht darin. „Eine Nachtuhr!" sagte er und zeigte auf einen Felsblock im Vordergrunde des Bildes, über den, vom Monde beleuchtet, ein rieselndes Wasser tropfenweise herabfiel. Aber soviel ich weiß, ist dies schon keimende Gedicht nicht zur Entfaltung gediehen. Wir kamen auf Heine zu sprechen. „Er ist ein Dichter ganz und gar", sagte Mörike; „aber nit eine Viertelstund könnt ich mit ihm leben wegen der Lüge seines ganzen Wesens." Dagegen fühlte er sich zu Geibel* und Heyse*, dessen eben erschienene „L'Arrabbiata*" er „eine ganz einzige Perle" nannte, hingezogen und wünschte sich nur Jugend und Gesundheit, um ihnen recht feurig entgegenkommen zu können; auch von unserer persönlichen Begegnung wünschte er, daß sie in eine frühere Zeit seines Lebens gefallen sei.

Von mir, der ich damals erst im Beginn meiner Prosadichtung stand, hatte Mörike kurz zuvor die kleine Idylle „Im Sonnenschein" zugesandt erhalten. „Als ich das gelesen", sagte er, „da habe ich gleich gesehen, das ist so mit einem feinen Pinsel ausgeführt; das mußt du Satz für Satz lesen. – Wisse Sie was!" fuhr er dann fort; „drei Stellen daraus möchte ich auf Porzellan gemalt haben." – Er hatte eben nicht unrecht mit dieser freundlichen Kritik. Dann aber meinte er wieder: „Sie habe das an sich, so leise zu überraschen: ‚Es war eine andere Zeit!'"

Ich hatte ihm erzählt, daß mein Vater, ein Müllersohn vom Dorfe, von seiner Jugend her eine Liebhaberei für Vögel habe und noch jetzt mit Behagen dem Treiben der Stare um die ausgehängten Brutkästen zuschaue. Als wir später bei der Besichtigung der Wohnräume in das Zimmer kamen, wo sein erst einige Monate altes Töchterlein in einer Wiege schlief, sagte er mir, daß er diese Liebhaberei meines Vaters teile, und zeigte auf zwei Rotkehlchen, die im Bauer vor dem Fenster standen. „Richtige Gold- und Silberfäde ziehe sie heraus; sie singe so leise, sie wollen das Kind nit wecke."

In meiner Heimat, wo das Plattdeutsche der Volkssprache sich schärfer von der Schriftsprache scheidet, ist man nicht gewöhnt, einen derartigen Anflug von Dialekt in der Unterhaltung zu hören; auch Mörikes Gedichte, hatte ich sie nun laut oder leise gelesen, waren mir stets nur in meiner eigenen Sprache dagewesen. Nun hörte ich den Dichter selber in behaglichster Weise sich in der Sprache seiner schwäbischen Heimat ergehen, insbesondere beim Mittagstische im Gespräch mit seinem Jugendfreunde Hartlaub. Als ich ihm meine Gedanken darüber kundtat, legte er zutraulich die Hand auf meinen Arm und sagte lächelnd: „Wisse Sie was? Ich möcht's doch nit misse." – Noch ein anderes hatte mich stutzen gemacht, ohne daß ich gleicherweise einen traulichen Bescheid darauf bekommen hätte. Es war dies das Tischgebet, das Mörike kurz vor Beginn der Mahlzeit sprach. Ich mußte schweigend darüber nachsinnen, ob das ein Rest des früheren Pfarrlebens sei oder vielleicht nur einer allgemein schwäbischen Haussitte angehöre; eine solche formulierte Kundgebung wollte mir zu dem *Dichter* Mörike nicht passen, wenngleich in seinen Gedichten sich nichts findet, das dem Glauben an eine persönliche, dem Herzensdrange des Menschen erreichbare Gottheit widerspräche. Die Verse aber:

. . . Aus Finsternissen hell in mir aufzückt ein Freudenschein:
Sollt ich mit Gott nicht können sein,
So wie ich möchte, Mein und Dein?
Was hielte mich, daß ich's nicht heute werde?

Ein süßes Schrecken geht durch mein Gebein!
Mich wundert, daß es mir ein Wunder sollte sein,
Gott selbst zu eigen haben auf der Erde!

sind erst in der Ausgabe von 1867 veröffentlicht.
Als das Gespräch sich auf das poetische Schaffen überhaupt wandte, meinte Mörike, es müsse nur so viel sein, daß man eine Spur von sich zurücklasse; die Hauptsache aber sei das Leben selbst, das man darüber nicht vergessen dürfe. Er sagte dies fast so, als wolle er damit den jüngeren Genossen warnen. Und daß es nicht ein bloß hingeworfenes Wort gewesen, beurkunden seine Gedichte, in denen der Inhalt eines reichen, wenn auch noch so stillen Lebens wie von selber ausgeprägt ist.
Am Nachmittag wurde mir zu Ehren auf nordische Weise der Teetisch hergerichtet; Mörike meinte, o, sie kennten das hier auch. Dann schleppte er mir selbst aus seinem Studierstübchen seinen großen Lehnstuhl herbei, und als ich mich hineingesetzt hatte, begann er seinen „Mozart" vorzulesen. Die noch jugendliche Frau des Dichters ging indessen, wie ein freundlicher Hausgeist, ab und zu; die wirtschaftliche Sorge für die Gäste hatte sie genötigt, sich dem pantomimisch kundgegebenen Wunsche ihres Mannes, sich mit in unseren Kreis zu setzen, mit dem liebenswürdigsten Ausdruck des Bedauerns zu entziehen. – Mörike las, wie mir damals schien, vortrefflich; jeder Anflug von Dialekt war dabei verschwunden. Auch hier aber hatte ich Gelegenheit zu bemerken, welch hohe Stellung der Dichter bei seinen Jugendgenossen einnahm, und wie sie überall nur das Schönste und Beste von ihm erwarteten.

Theodor Fontane

Über den eigenen Stil

Zu den Dichtern, die ihrer Arbeit stets kritisch gegenüberstanden, gehört Theodor Fontane (1819–1898), der ein sehr vielseitiger Autor war. Neben Gedichten, Balladen, Romanen und Erzählungen schrieb er auch einfühlsame Reisebücher wie die „Wanderungen durch die Mark Brandenburg" (1862–1882) oder „Jenseits des Tweed" (1860) und trat als Journalist und Berichterstatter hervor. Die folgenden Ausführungen sind kennzeichnend für seine Arbeit; denn aus ihnen sprechen gleichermaßen Selbstkritik wie auch Selbstbewußtsein.

Ich bilde mir nämlich ein, unter uns gesagt, ein Stilist zu sein, nicht einer von den unerträglichen Glattschreibern, die für alles nur einen Ton und eine Farbe haben, sondern ein wirklicher. Das heißt·also ein Schriftsteller, der den Dingen nicht seinen altüberkommenen Marlitt*- oder Gartenlaubenstil aufzwängt, sondern
5 umgekehrt einer, der immer wechselnd seinen Stil aus der Sache nimmt, die er behandelt. Und so kommt es denn, daß ich Sätze schreibe, die vierzehn Zeilen lang sind, und dann wieder andre, die noch lange nicht vierzehn Silben, oft nur vierzehn Buchstaben aufweisen. Und so ist es auch mit den „Unds". Wollt' ich alles auf den Und-Stil stellen, so müßt' ich als gemeingefährlich eingesperrt
10 werden. Ich schreibe aber Mit-und-Novellen und Ohne-und-Novellen, immer in Anbequemung und Rücksicht auf den Stoff. Je moderner, desto endloser; je schlichter, je mehr sancta simplicitas, desto mehr „Und". „Und" ist biblisch-patriarchalisch und überall da, wo nach dieser Seite hin liegende Wirkungen erzielt werden sollen, gar nicht zu entbehren. Im Einzelfall – dies gesteh' ich gern
15 zu – kann es an der unrechten Stelle stehen, aber dann muß der ganze Satz anders gebildet werden. Durch bloßes Weglassen ist nicht zu helfen.
Das Dröhnen ist unter allen Umständen eine Tortur für den Hörer und sans phrase ein Fehler, eine Ungehörigkeit; die Weitschweifigkeit aber, die ich übe, hängt doch durchaus auch mit meinen literarischen Vorzügen zusammen. Ich
20 behandle das Kleine mit derselben Liebe wie das Große, weil ich den Unterschied zwischen klein und groß nicht recht gelten lasse; treff' ich aber wirklich mal auf Großes, so bin ich ganz kurz. Das Große spricht für sich selbst; es bedarf keiner künstlerischen Behandlung, um zu wirken. Gegenteils, je weniger Apparat und

Inszenierung, um so besser. Ich kann also unter Einräumung des Tatsächlichen den Fehler, der in dem „Auspulen" stecken soll, nur sehr bedingungsweise zugeben. „Wär' ich nicht Puler, wär' ich nicht der Tell."* Daß diese Pularbeit vielen langweilig ist und immer war, davon hab' ich mich in meinem Leben genugsam überzeugen können; ich hab' aber nicht finden können, daß all diese Dutzendmenschen, die durch die Nase gähnten, interessanter waren als ich. Dann und wann find' ich einen, freilich selten, der Geschmack an mir findet, und da dies in der Regel keine schlechten Nummern sind, so muß ich mich trösten. Herwegh* schließt eins seiner Sonette mit der Wendung:

Und wenn einmal ein Löwe vor euch steht,   10
Sollt ihr nicht das Insekt auf ihm besingen.

Gut. Ich bin danach ein Lausedichter, z. T. sogar aus Passion; aber doch auch wegen Abwesenheit des Löwen.

Annette von Droste-Hülshoff

Der Dichter

Die aus dem Münsterland stammende Annette von Droste-Hülshoff (1797–1848) ist mit ihrem naturverbundenen, aus tiefer Frömmigkeit erwachsenen Werk wohl die bedeutendste deutsche Dichterin des 19. Jahrhunderts. Neben der bekannten Novelle „Die Judenbuche" schrieb sie mehrere Versepen und zahlreiche Gedichte, die zu den Höhepunkten deutscher Lyrik gehören und von denen manche – so wie das folgende – den inneren Zwiespalt ihrer Gefühle in seltener Eindringlichkeit deutlich werden lassen.

Die ihr beim frohen Mahle lacht,
Euch eure Blumen zieht in Scherben*
Und, was an Gold euch zugedacht,
Euch wohlbehaglich laßt vererben,
Ihr starrt dem Dichter ins Gesicht,   5
Verwundert, daß er Rosen bricht
Von Disteln, aus dem Quell der Augen
Korall und Perle weiß zu saugen;

Daß er den Blitz herniederlangt,
10 Um seine Fackel zu entzünden,
Im Wettertoben, wenn euch bangt,
Den rechten Odem weiß zu finden:
Ihr starrt ihn an mit halbem Neid,
Den Geisteskrösus seiner Zeit,
15 Und wißt es nicht, mit welchen Qualen
Er seine Schätze muß bezahlen.

Wißt nicht, daß ihn, Verdammten gleich,
Nur rinnend Feuer kann ernähren,
Nur der durchstürmten Wolke Reich
20 Den Lebensodem kann gewähren;
Daß, wo das Haupt ihr sinnend hängt,
Sich blutig ihm die Träne drängt,
Nur in des schärfsten Dornes Spalten
Sich seine Blume kann entfalten.

25 Meint ihr, das Wetter zünde nicht?
Meint ihr, der Sturm erschüttre nicht?
Meint ihr, die Träne brenne nicht?
Meint ihr, die Dornen stechen nicht?
Ja, eine Lamp hat er entfacht,
30 Die nur das Mark ihm sieden macht;
Ja, Perlen fischt er und Juwele,
Die kosten nichts – als seine Seele.

Michael Mathias Prechtl (geb. 1926): Annette von Droste-Hülshoff

Peter Gan

**Epistel
über das Entstehen von Gedichten**

*Ironisch und witzig, sicher nicht ganz den Tatsachen entsprechend, äußert sich
Peter Gan über das Schreiben von Gedichten. Der Dichter, der eigentlich Richard
Moering hieß, wurde 1894 in Hamburg geboren und trat vor allem mit seinen teils
spielerischen, teils hintersinnigen Gedichten hervor, in denen er auch Zeitkritik
übte. Für kritische und witzige Dichter war im nationalsozialistischen Deutschland
wenig Platz. Gan emigrierte 1938 nach Frankreich und später nach Spanien, kehrte
aber 1958 in die Heimat zurück und starb 1974 in Hamburg.*

Der Begriff des Entstehens ist uns versagt.
Goethe

Sie fragen mich, verehrtester Herr Bender*:
wie eigentlich so ein Gedicht entsteht?
ob ich zum Beispiel vieles wieder änder'?
ob gleich beim Schreiben oder später, wenn der
5   Enthusiasmus schon zum Teil verweht?

Du lieber Gott, was soll ich Ihnen sagen?
Ich schreibe meistens so ‚in einem' fort,
ohne nach Form und Inhalt viel zu fragen.
Und soll ich Ihnen ganz die Wahrheit sagen:
10   ich komm' beim Dichten manchmal kaum zu Wort.

Das geht sogar so weit, daß mir die Worte
vorschreiben möchten, was ich schreiben soll.
Das tut kein Sänger von der ältern Sorte:
denn Worte machen gar zu gerne Worte
15   und nehmen leicht den Dichtermund zu voll.

Stell' ich mich aber allzu überlegen
und überlegend bei der Sache an,
haben die Worte wieder was dagegen
und fallen mir (statt ein) ins Wort, weswegen
20   ich, da ich ohne sie nicht dichten kann,

klein beizugeben für das klügste halte.
(Der Klügere gibt auch beim Dichten nach.)
Mit einem Wort, ich halte mich ans alte
bewährte Küchenkunstrezept: behalte
25   den Finger in der Suppe, aber mach'

dich nicht zu breit. Laß es dem Kopf geschehen,
daß über ihn hinweg und ihm zum Tort
das Ohr das Herz erhört. – Ein kühles Wehen
im Hain von Mamre* sühnt das Weltvergehen.
30   Ein Rauschen ist und hat das letzte Wort.

Siegfried Lenz

Wie ich begann

Die ersten gedruckten Zeilen, der große Stolz darauf, das erste damit verdiente
Geld – eigentlich wäre es reizvoll, wenn alle bekannten Schriftsteller, sei es zum
Anreiz, sei es zum Trost oder zur Abschreckung, einmal darüber schreiben
würden. Hier berichtet ein so erfolgreicher Autor wie Siegfried Lenz (geb. 1926),
den wir in früheren Bänden der „Lesereise" schon näher kennengelernt haben,
über seine Erlebnisse und Erfahrungen mit der ersten schriftstellerischen Arbeit.

Mutlos wird man erst später. Natürlich wußte ich mit dreiundzwanzig, daß es eine
Literatur gab, eine erhabene Denunziation der Welt, eine erdrückende Sammlung von Welterfahrung. Und ich kannte bereits Schriftsteller, die dem Menschen
auf so kunstvolle und abschließende Weise seine Untauglichkeit bescheinigt
hatten, daß nichts mehr hinzuzufügen war. Alle Grundkonflikte waren endgültig 5
dargestellt; was immer Menschen erlebt und empfunden hatten, war in einem
Kunstwerk beerdigt worden. Doch obwohl Klassiker mich warnend umstellten,
resignierte ich nicht. Obwohl eindrucksvolle Literaturgipfel zum Verzicht über-
redeten, wurde ich nicht mutlos. Mit dreiundzwanzig hielt ich es für nötig, mein
erstes Buch zu beginnen, und zwar im Vertrauen darauf, daß die Erfahrungen, 10
die ich in Krieg und Nachkrieg gemacht hatte, exemplarisch und deshalb mittei-
lenswert waren. Mich interessierte es nicht, ob ich diesen Erfahrungen – vor
allem Flucht und Verfolgung – stilistisch gewachsen war, und ich dachte auch
nicht daran, meine formalen Möglichkeiten zu erkunden. Worauf es mir ankam,
war dies: gemachte Erfahrung in der Erzählung wiederzubeleben und sie einem 15
Leser zum Vergleich anzubieten, der nicht weniger verschont worden war als ich
selbst. Deshalb verzichtete ich auf jede Rückendeckung durch einen Verlag; an
Vorschuß wagte ich nicht zu denken. In erträglich abgesicherter Lage kaufte ich
mir ein leeres Kontobuch mit extra weitem Linienabstand, überschlug meine Zeit
und fing an zu schreiben. 20
Und dadurch wurde die Erträglichkeit meiner Lage im Jahr 1949 bezeichnet:
meine Frau und ich arbeiteten im Feuilleton einer Besetzungszeitung; wir hatten
ein warmes Zimmer mit Kochgelegenheit; wir besaßen aus dem Nachlaß der
Kriegsmarine eine Schreibmaschine, die alle tippenden Stabsobergefreiten
erduldet hatte und somit dem härtesten Anschlag gewachsen war. Ein geliehener 25
Rundtisch stand bereit, jede Last zu tragen. Da die Redaktionsarbeit am frühen
Nachmittag begann, bot sich für die Arbeit am Roman nur der Vormittag an, die
Zeit, die uns sonst für Besorgungen blieb, für Freunde, die täglich hereinschau-
ten, für die Vorbereitung des Mittagessens.
So begann ich, gleich nach dem Frühstück, die Arbeit an dem Roman „Es waren 30
Habichte in der Luft" – ungeduldig, hartnäckig und, worüber ich heute am
meisten staune: ohne Schwierigkeiten zur Konzentration. Ja wenn ich heute an

die Umstände denke, unter denen mein erstes Buch entstand, dann blicke ich nicht nur neidvoll, sondern auch fassungslos auf den schreibenden jungen Mann gleichen Namens, dem es offenbar gelang, zu einer Form der Konzentration zu finden, die man nur gnadenlos nennen kann. Nichts beeinträchtigte meine Sammlung: weder süßsaurer Linsengeruch aus der Kochecke noch das vergnügte Palaver, das meine Frau mit Freunden hinter meinem Rücken hielt; nie kam ich in Versuchung, das auf dem Korridor trommelnde Kind meiner Wirtin unschädlich zu machen; ich war sogar in der Lage, schreibend einen Freund zu beobachten, der an meinem Arbeitstisch mit epischem Genuß eine geräucherte Makrele verspeiste. Vermutlich gelang mir diese abnorme Konzentration, weil durch die damaligen Umstände der Tatbestand der Notwehr erfüllt war.

Während ich also am Nachmittag Kulturnachrichten redigierte*, das Feuilleton umbrach*, älteren Redakteuren Zugverbindungen zusammenstellte, und während ich zweimal in der Woche an Abendseminaren in der Universität teilnahm – auch als Journalist setzte ich zunächst mein Studium fort –, schrieb ich in den Vormittagsstunden die Geschichte Stenkas, eines Volksschullehrers auf der Flucht vor seinen Verfolgern.

Ich war selbst auf der Flucht gewesen; in Abständen träumte ich damals den archetypischen* Standardtraum: ein Horizont von triumphierenden Verfolgern, die magnetischen Behinderungen eines Fliehenden; dort Ausdauer und höhnische Überlegenheit, hier Erschöpfung und durch Angst gelähmtes Bewußtsein. So sehr der Fliehende auch danach verlangte, die Welt bot weder Schutz noch Verstecke. Alles, was die Erfahrung der Flucht lehrt und hervorruft: Angst, List, Tarnung und durch Not geschärfte Instinkte, das Deuten von Zeichen ebenso wie eine siebenfache Vorsicht – alles, was Flucht mit sich bringt, hatte ich, mitunter widerwillig, an mir selbst erlebt, und davon wollte ich erzählen.

Allerdings, ich hielt es für zweckmäßig, mir selbst diese Erfahrungen zu entziehen und sie auf eine erfundene Person zu übertragen, auf Stenka, den Volksschullehrer. Und indem ich diese Erfahrungen mir selbst entzog – aus instinktivem Argwohn vermutlich, um nicht identifiziert werden zu können –, entzog ich sie auch der Zeit, meiner Zeit: Stenka, der Gehetzte von meinen Gnaden, hat seinen Auftritt nach dem Ersten Weltkrieg, in den finnischen Wäldern. Er flieht nach einem politischen Umsturz, taucht unter, tarnt sich und erlebt als Flüchtiger die Spielarten von Anteilnahme und Opportunismus, von wortloser Güte und banaler Bösartigkeit. Mir kam es nicht allein darauf an, das seelische Inventar eines Fliehenden zu besichtigen, ebenso interessierte mich die Frage, wie sich eine Gesellschaft in ihren Reaktionen auf den Verfolgten darstellt oder bloßstellt.

Ich merkte früh, daß Erfahrungen allein nicht ausreichen, wenn sie nicht durch Erfindungen beglaubigt werden. Pure Erfahrung, für sich selbst ausgebreitet, tritt ja mit dem dröhnenden Anspruch auf, ein für immer gesicherter, ein wahrer Besitz zu sein. Doch jeder Versuch zeigt, daß er nur bei dem Anspruch bleibt: Niemand kann die präzise Wiederholbarkeit erfahrener Augenblicke garantieren. Erst durch Verwandlung, und das heißt durch Erfindung, erhält Erfahrung eine Chance, auf langfristige Weise „wahr" zu werden.

So erfand ich also dem flüchtigen Volksschullehrer Stenka eine Umwelt, die seinen Zustand mannigfach reflektiert und die seiner jeweiligen Situation korrespondiert. Nicht nur, daß das Äußere verformt wird durch das Innere – um die selbstgesetzten Forderungen eines symbolischen Realismus zu erfüllen, werden die Etappen der Flucht durch entsprechende Symbole gespiegelt, Habichte vor allem, die hier auf die Nähe von Gefahr und Bedrohung hinweisen; auch wenn die Existenz eines Verfolgten als sehr intensive Existenz angenommen werden kann: so pünktlich, so vielsagend stellten sich die Symbole des Unheils nun doch nicht ein wie in meinem ersten Roman. Mit dreiundzwanzig glaubte ich offenbar, daß ein Zuwachs an Erkenntnis nur aus dem Wesentlichen zu gewinnen sei und daß das sogenannte Wesentliche kenntlich gemacht werden müsse durch signalhafte Zeichen. Bach, See, Schilf, Kiefernwald: was der Verfolgte auch streift und passiert, alles hält ein symbolisches Echo auf seine Angst bereit. Ein symbolisches Scheitern drängte sich da zum Schluß wie von selbst auf.

Nach etwa anderthalb Jahren war mein erster Roman „Es waren Habichte in der Luft" fertig, geschrieben an den freien Vormittagen, mitunter auch an Wochenenden. Meine Frau tippte ihn aus dem Kontobuch ab, knapp dreihundert Seiten, und Freunde gaben ihren Senf zu den einzelnen Kapiteln. Was nun? Ich hatte keinen Vertrag, hatte noch nicht mal Beziehungen zu einem Verlag, deshalb war es müßig, eine Vorschußerwartung zu äußern. Die Erfahrungen der Flucht waren zwar fixiert und konkretisiert, und theoretisch hätte mir das genügen können; aber ich begann einzusehen, daß persönliche Erfahrung erst dann eine *Valuta* zu werden beginnt, wenn andere Gelegenheiten erhalten, sie mit ihrer Erfahrung zu vergleichen. Das Manuskript mußte also veröffentlicht werden, und die erste Möglichkeit ergab sich in der Zeitung, die damals eine englische Besetzungszeitung war.

Als sogenannter Jungredakteur im Feuilleton hatte ich mitbekommen, wie schwierig die Suche nach geeigneten Fortsetzungsromanen war; man war da in ständiger Verlegenheit, weil die Konflikte nicht überschaubar waren, weil Begebenheiten in Deskription* ertranken, weil es einem Buch an minimaler „Spannung" fehlte, und mitunter entschied auch die Tatsache, daß ein durchaus brauchbarer Roman einen unliebsamen Autorennamen trug. Ich konnte beim besten Willen nicht beurteilen, ob mein erstes Buch alle Forderungen erfüllte, um der besonderen Ästhetik eines Fortsetzungsromans zu entsprechen. Eher neugierig auf das Gutachten als hoffnungsvoll, gab ich meinen Packen in die Lektorenzentrifuge, wurde, da offenbar gerade wieder ein Engpaß herrschte, schon nach überraschend kurzer Zeit zu Willy Haas* gerufen, und Captain Haas, seinerzeit kultureller Chefberater des Blattes, bot mir einen Gin an und die Aussicht, mein erstes Buch bereits nach vierzehn Tagen in der Zeitung gedruckt zu sehen, in Fortsetzungen. Er schickte mich in die Verlagsleitung, Abteilung Lizenzen, und dort bot man mir, ohne Einleitung, ein Honorar von dreitausend

Mark – eine Summe, die zwar nicht mein Weltgefühl veränderte, die aber doch so unbegreiflich hoch war, daß neue Wünsche wie Pilze wuchsen.

Am Tag der Vorankündigung – es war ein Samstag – kam ich von meiner ersten beruflichen Auslandsreise zurück, und in Frankfurt stürzte ich zu einem Kiosk und kaufte mir ein Exemplar meiner Zeitung. Nicht auf dem Bahnsteig, erst im Abteil schlug ich das Blatt auf, genauer: die Feuilletonbeilage zwischen Daumen und Zeigefinger, ließ ich Politik und Anzeigen einfach weggleiten, entdeckte sogleich die Voranzeige mit meinem Bild, las sie und las sie noch einmal. Was mich erstaunte: wie undeutlich der Inhalt meines ersten Romans wiedergegeben wurde. Da sollte offenbar einem unbekannten Leser Appetit gemacht werden durch schweifende Andeutung, durch vielsagende Ungenauigkeit; gleichzeitig wurde ihm versprochen, daß er sich dem „Sog der Handlung" nicht würde entziehen können. Ich muckte auf: mir war nicht an einem Leser gelegen, der sich in einen Sog bringen ließ; er sollte nur eine Gelegenheit erhalten, seine eventuellen Erfahrungen mit meinen Erfahrungen abzustimmen, um gegebenenfalls seine Schlüsse daraus zu ziehen.

Was mich noch mehr erstaunte, ja was einer Kränkung gleichkam: mein Gegenüber im Abteil, ein mürrischer Reisender, blätterte das gleiche Blatt durch; nachdem er mich skeptisch gemustert hatte, überflog er die Schlagzeilen, studierte intensiv Bilder und Bildunterschriften, und ich dachte: gleich, gleich ist er beim Feuilleton, wird dein Bild entdecken, wird vergewissernd aufblicken, lächeln und nach geglückter Identifizierung ein Gespräch suchen.

Er las gleichmütig den Titel meines ersten Romans, nahm ebenso gleichmütig von meiner Fotografie Kenntnis, und dann ging er zu den gemischten Verbrechen über, ohne sein Gegenüber entdeckt zu haben.

Nun erschien also jeden Tag eine Fortsetzung, und fast jeden Tag rief mich der Umbruchredakteur an mit der Bitte, ihm einige Zeilen zu kürzen oder, damit die Fortsetzung mit dem sogenannten Höhepunkt endete, einige Zeilen dazuzuschreiben. Nach seiner Auffassung dürfte es für den Leser keine Möglichkeit des „Entrinnens" geben; ja der Umbruchredakteur riet mir, den Schluß jeweils so „anzuspitzen", daß sich beim Leser das Gefühl einstellte, ohne die nächste Fortsetzung nicht leben zu können. Ich widersprach ihm, lehnte eine Nötigung des Lesers ab; doch während wir uns mit einem Prinzipienstreit aufhielten, geschah etwas, was ich nicht so schnell erwartet hatte: es trudelten tatsächlich Leserbriefe ein. Der Roman wurde also wirklich gelesen, er löste Reaktionen aus, der fliehende Stenka erhielt Antwort auf die Angebote zum Vergleich von Erfahrungen. Was aber sagten die Leserbriefe?

Obwohl ich auch damals das Recht eines Lesers verteidigte, aus einem Buch zu beziehen, was seiner Lage entspricht – das heißt, souverän und subjektiv mit einem Buch zu verfahren –, konnte ich mit den formulierten Reaktionen nicht zufrieden sein; man bescheinigte mir etwas, was ich am allerwenigsten bescheinigt bekommen wollte – Spannung nämlich.

Auf dem Umschlag der Erstausgabe sind Beispiele dafür abgedruckt: „Latente

Spannung", „notwendige Spannung" oder ganz schlicht „Spannung" wird da einem Buch nachgesagt, bei dem es mir auf manches andere ankam, nur nicht darauf, den Leser durch forcierte Spannung unter die Schraube zu bringen. Wurde ich mißverstanden? Galt Spannung mehr als das Psychogramm* der Flucht, das ich zu beschreiben versucht hatte? Da es zu nichts führt, wenn ein 5 betroffener Autor sich in Leserschelte rettet, begann ich mich zu fragen, welche Fehler ich gemacht haben könnte, schließlich liegt es ja fast immer am Autor, zu welch einem Resultat eine Lektüre führt.

Auch für Mißverständnisse muß er haftbar gemacht werden. Ich fand eine Erklärung: mein erstes Buch eignete sich nicht als Fortsetzungsroman. Durch die 10 Versorgung des Lesers mit Prosascheibchen wurde ein unangemessenes Bedürfnis geweckt: offenbar legte das Prinzip der Fortsetzung nahe, sich vornehmlich für die Konturen der äußeren Handlung zu „interessieren": Zu welchem Ende führt das alles, was hier erzählt wird? Ein „gerechtes" Echo konnte ich nur auf das gedruckte Buch erhalten. 15

Schon nach der Veröffentlichung der ersten Fortsetzungen fragten Feuilleton-Mitarbeiter, die Verbindungen zu Verlagen hatten, wo denn das Buch – als Buch – erscheinen werde, und zwei boten sich an, Durchschläge des Manuskripts in die Verlagsmühlen zu bringen. Der einheimische Verlag, Hoffmann und Campe, meldete sich zuerst, bot mir einen Vertrag an, den ich sehr schnell unterschrieb. 20 Er verpflichtete sich, das Buch angemessen auszustatten und es zu Ostern 1951 herauszubringen, mit einer Startauflage von 3000 Exemplaren, zum kulanten Preis von 9,80 DM.

Der Verlag hielt Wort: Kurz vor Ostern kreuzte der Vertriebschef bei uns auf, spielte uns Feierlichkeit vor, versteifte ordentlich und benützte Wörter, die mit 25 Bedeutung befrachtet waren: Da man sein erstes Buch nur einmal überreicht bekäme, meinte er, gelte es, dieses „Augenblicks innezuwerden". Natürlich nahm ich das erste Exemplar stehend in Empfang. Mich störten weder das miese Papier noch der amateurhafte Schutzumschlag, ich hielt mein erstes Buch in der Hand, und um dem Augenblick gewachsen zu sein, entkorkte ich eine Flasche 30 Samos, schweren Süßwein, den der Gemüsehändler schon für einsachtzig verkaufte. Wenn nicht das zweite, das dritte Glas wirkte wie ein verläßlicher Hammerschlag. Die Dauer meiner damaligen Ohnmacht kann ich mir nur so erklären, daß meine Frau zu bestimmter Zeit eine zweite Flasche geholt haben muß.

Jedenfalls, das Buch war erschienen, und als seltsame Folge stellte sich ein 35 unerwartetes Existenzgefühl ein: wir beschlossen, nicht mehr mit der vielfach verwendbaren Munitionskiste als Hauptmöbel zu leben; mit dem Buch als Rükkendeckung, leisteten wir uns die erste Bettcouch. Und nicht nur dies: mit der Hälfte des Honorars, das ich für den Vorabdruck erhielt, kauften wir uns zwei Fahrkarten – gut für eine Afrikareise auf einem der ersten deutschen Bananen- 40 dampfer nach dem Krieg. Und noch vor Erscheinen des Buches gondelten wir mit dem Bus nach Bremen, um uns einzuschiffen; selbstverständlich erhielt der erstaunte Kapitän als Gastgeschenk „Es waren Habichte in der Luft". Während wir durch die kabbeligen* Wellen der Biskaya dampften, wurde mein erstes Buch offiziell zur Kenntnis genommen.

Was das bedeutet, erfuhr ich nach meiner Rückkehr. Mein Verleger, sozusagen alte Schule, lud mich in den Verlag ein, und umständlich, in weitschwingenden Gesprächskreisen, steuerte er bei dünnem Tee auf das Geständnis zu, das er direkt nicht zu äußern wagte: er sei, wenn man alles bedenke, wenn man vergleiche, auch die Schwierigkeiten in Betracht ziehe, wenn man das Wagnis nicht zu gering veranschlage, die Namenlosigkeit berücksichtige, also das Anfängertum, und wenn man den Buchmarkt, die soziologische Umschichtung, nicht zu vergessen Gutenberg persönlich, wobei Hamburg als Stadt des Kaufmanns gewiß eine Rolle spiele, wenn er also alles unter dem Strich zusammenziehe, dann müsse er mir gestehen, daß er zufrieden sei. Dreizehnhundert Exemplare waren verkauft. Vorsichtig legte er einen Umschlag auf den Tisch: die Kritiken: „Nur damit Sie erfahren, wie man Sie zur Kenntnis genommen hat."

Ich las die Kritiken, und ich war weniger darüber verblüfft, wie man mich zur Kenntnis genommen hatte, als vielmehr über die Tatsache, wo überall das geschehen war. Der arme Stenka, dem ich meine Erfahrungen geliehen hatte, bekam nicht nur in Tages- und Wochenzeitungen seine Zensuren; seine Glaubwürdigkeit wurde bestätigt oder bezweifelt, in einer Zeitschrift für Wasserfreunde, in einem Fleischerfachblatt, in einem Ärztemagazin, ja sogar im Feuilleton eines Periodikums, das die Hamburger Gaswerke herausbrachten. Ich mußte glauben, die ganze Welt habe meine Symbole der gelassen schwebenden Bedrohung, habe die Habichte zur Kenntnis genommen; denn auch eine Lederwarenzeitschrift hatte sich mit meinem ersten Buch auseinandergesetzt.

Doch ich lernte bald, dem Gedächtnis zu mißtrauen beziehungsweise die Einprägsamkeit meines Titels zu bezweifeln. Zuerst reagierte ich nur säuerlich amüsiert, wenn Leute mich fragten, ob ich es nicht sei, der dies Buch über Störche geschrieben habe, und ich kam jedesmal in Versuchung, den genauen Titel zu nennen. Es blieb nicht bei Störchen. Um anzuzeigen, daß ihnen mein erstes Buch zumindest unter die Augen gekommen sei, warteten Gesprächspartner so ziemlich mit allem auf, was die Ornithologie* in nördlichen Breiten für möglich hält: Krähen, Elstern, Möwen, Kolkraben, Bussarde, Seeadler. Haben Sie nicht das Buch über die Wanderfalken geschrieben? Über Nebelkrähen, sagte ich manchmal, der genaue Titel: Nebelkrähen sehen dich an. Immerhin, es waren Vögel, und nach einiger Zeit der Betroffenheit war ich auch mit einer Wildgans zufrieden.

Achtsamer als diese Leute hatte jedenfalls ein Freund mein erstes Buch gelesen, und mit dem Hinweis, daß die „Habichte" dies geradezu verlangten, schlug er vor, meinen Erstling für den Hessischen Rundfunk zu „verfietschern"*. Ein Feature also mit einem Erzähler, mit dramatischen Szenen, womöglich mit Habichtruf: Was konnte ich gegen die neue Form einwenden? Die Übersetzung einer Geschichte in ein anderes Medium ist mir immer wie eine zusätzliche Härteprobe vorgekommen; ich war einverstanden, ich lernte etwas bei dem

Versuch, Stenkas Not nur ins Akustische zu transportieren: sprechend wurde mein „Held" sichtbar. Die Aufführung litt allerdings stark unter exzessiven Ätherstörungen, der Frankfurter Sender drang nicht bis Hamburg durch, und überreizt durch außergewöhnliche Konzentration, glaubte ich mitunter nur heftiges Flügelrauschen und den nicht sehr melodiösen Ruf von Fasanen zu hören. Verdrossen fuhr ich nach Hause und suchte Erholung bei meinem zweiten Roman.

Siebzehn Jahre später entschloß sich mein Verleger zu einer Neuauflage. Er forderte mich auf, meinen Erstling noch einmal zu lesen und das Fazit meiner Lektüre in einem Vorwort oder Nachwort zu veröffentlichen. Ich las die „Habichte" noch einmal, las sie mit dem unwillkürlichen Wunsch, einzugreifen, umzuschreiben, die Charaktere neu zu konzipieren, die Ereignisse neu zu organisieren. Wie fern das alles war, wie uneinholbar. Wie mühselig es war, mir anzueignen, was mir einst gehört hatte und immer noch gehörte. Hatte ich diese heftigen Konturen bestimmt, war ich es, der die Willkürlichkeit so mit Symbolen bespickt hatte? Und diese dunkle Feier der Natur: Hatte ich sie inszeniert? Die Lektüre meines ersten Buches war eine Gelegenheit zu der Feststellung, wie einer sich von selbst entfernen kann, nicht thematisch vielleicht, nicht in den Grundmotiven, aber doch im Hinblick auf gewisse Empfindlichkeiten und die Möglichkeit, sie auszudrücken. Ich schrieb kein Vorwort und kein Nachwort; ich verzichtete darauf, als ich merkte, daß es nur auf eine Bitte um Nachsicht hinauslaufen würde, auf Rabatt, auf kritischen Preisnachlaß sozusagen. Man muß ja einverstanden sein mit den Möglichkeiten, über die man jeweils verfügt in der Ablösung der Jahre. Der Text der zweiten Auflage wurde nicht geändert. Der Umschlag allerdings zeigte kreisende Vögel, die eine verblüffende Ähnlichkeit mir Sperbern haben – Habichte sind es jedenfalls nicht.

7
Die Literatur nach 1945

In den ersten Nachkriegsjahren, nach der Normalisierung der Lebensverhältnisse im geteilten Deutschland, zeigte sich ein großer Nachholbedarf an Lektüre. Endlich konnte man die Werke jener Autoren lesen, die aus Deutschland fliehen mußten oder im eigenen Land von der NS-Diktatur zum Schweigen verurteilt gewesen waren. Zu nennen sind hier vor allem Autoren wie Thomas Mann, Alfred Döblin, Hermann Hesse (s. S. 64), Werner Bergengruen (s. S. 41), Erich Kästner (s. S. 139) und Carl Zuckmayer. Aber auch ausländische Autoren erreichten nun endlich das deutsche Publikum: die Franzosen Jean Anouilh, Jean Paul Sartre und Albert Camus, die Amerikaner Thornton Wilder und Ernest Hemingway, die Engländer Thomas Eliot und Aldous Huxley, der Rumäne Eugene Ionesco und der Ire Samuel Beckett.

Die jungen Autoren der Nachkriegszeit waren geprägt vom Erlebnis des Krieges. Sie waren illusionslos und kritisch. Sie machten „Inventur" und hofften auf einen radikalen Neubeginn in Staat, Wirtschaft und Gesellschaft.

Die Arbeitsbedingungen für die Schriftsteller waren im Westen und Osten jedoch sehr unterschiedlich. Im Westen konnten sie ungehindert schreiben und Staat und Gesellschaft in aller Schärfe kritisieren. Angriffspunkte waren die einseitige Westbindung der Bundesrepublik, die Wiederbewaffnung, das „kapitalistische" Gewinnstreben und die ihrer Meinung nach unzureichende Auseinandersetzung mit der NS-Zeit.

Im Jahre 1947 bildete sich die „Gruppe 47", ein Forum, vor dem junge Autoren vor kritischem Kollegen-Publikum aus unveröffentlichten Werken lasen. Ihr gehörten viele der bekanntesten Autoren der Nachkriegszeit an. Ingeborg Bachmann (s. S. 217), Johannes Bobrowski (s. S. 20), Heinrich Böll, Günter Eich, Hans Magnus Enzensberger (s. S. 22 und 74/75), Günter Grass, Uwe Johnson, Peter Weiss und viele andere feierten in der „Gruppe 47" ihre ersten literarischen Erfolge. Die Gruppe löste sich 1967 auf.

In den 70er und 80er Jahren wendeten sich viele Schriftsteller von politischen Themen ab und widmeten sich der Auseinandersetzung mit dem eigenen Ich. Die Autobiographie wurde, wie z. B. bei Thomas Bernhard, zu einer bevorzugten Gattung.

Die Literatur in der DDR stand ganz unter dem Einfluß der herrschenden Partei, der SED. Richtlinie war der „sozialistische Realismus", der die objektive gesellschaftliche Wirklichkeit zeigen sollte. Literatur stand im Dienste des „Klassenkampfes". Schriftsteller, die sich nicht an die Parteilinie hielten, riskierten Schreibverbot, Bespitzelung, Gefängnis oder Ausbürgerung. Erst nach dem Ende der DDR 1989/90 wurde offenbar, in welchem Ausmaße dort die Literatur gegängelt und überwacht worden war. Schriftsteller, die sich vom SED-Regime distanziert hatten, konnten ihre Kritik nur versteckt und indirekt äußern, wie etwa Christoph Hein in seiner Komödie „Die Ritter der Tafelrunde". Wie die Überwachung mißliebiger Autoren durch die Staatssicherheitsbehörden funktionierte, zeigt der Blick Reiner Kunzes in seine Akte, welche die „Stasi" über ihn geführt hatte.
Nach den politischen Umwälzungen am Anfang der 90er Jahre suchen auch die Schriftsteller vielfach noch nach neuen Orientierungen.

Franz Radziwill (1895–1983): Die Klage Bremens, 1946

DER NACHHALL DES KRIEGES

Günter Eich

Inventur

Günter Eich (1907–1972) hatte das Erlebnis des Krieges zu verarbeiten. Seine Gedichte der ersten Nachkriegsjahre sind geprägt von Nüchternheit, Direktheit und einer extrem sparsamen Sprache. Er erhielt als erster den Preis der „Gruppe 47". Das folgende Gedicht wurde zum häufig zitierten Beispiel für die Literatur des „Kahlschlags" nach der

Dies ist meine Mütze,
dies ist mein Mantel,
hier mein Rasierzeug
im Beutel aus Leinen.

5 Konservenbüchse:
Mein Teller, mein Becher,
ich hab in das Weißblech
den Namen geritzt.

Geritzt hier mit diesem
10 kostbaren Nagel,
den vor begehrlichen
Augen ich berge.

Im Brotbeutel sind
ein Paar wollene Socken
und einiges, was ich
niemand verrate,   15

so dient es als Kissen
nachts meinem Kopf.
Die Pappe hier liegt
zwischen mir und der Erde.

Die Bleistiftmine   20
lieb ich am meisten:
Tags schreibt sie mir Verse,
die nachts ich erdacht.

Dies ist mein Notizbuch,
dies meine Zeltbahn,   25
dies ist mein Handtuch,
dies ist mein Zwirn.

Peter Huchel

Der Rückzug

Ein Gedicht von Peter Huchel (1903–1981) steht schon im Kapitel „Alles hat
seine Zeit", S. 65.
Als Chefredakteur einer Literaturzeitschrift in der DDR geriet er wegen fehlen-
der Anpassungsbereitschaft in Konflikt mit den kommunistischen Machthabern.
1971 konnte er die DDR verlassen.

I
Ich sah des Krieges Ruhm.
Als wärs des Todes Säbelkorb,
durchklirrt von Schnee, am Straßenrand
lag eines Pferds Gerippe.
Nur eine Krähe scharrte dort im Schnee nach Aas,   5
wo Wind die Knochen nagte, Rost das Eisen fraß.

III
Am Bahndamm rostet das Läutwerk,
Schienen und Schwellen starren zerrissen,
zerschossen die Güterwagen.

Auf der Chaussee,   10
den Schotter als Kissen,
vom Sturz zersplitterter Pappeln erschlagen
liegt eine Frau im schwarzen Geäst.

Noch klagt ihr Mund
hart an der Erde.   15
In offene Augen
fällt Regen und Schnee.

O Klage der Mütter,
nicht löschen die Tränen
die Feuer der Schlacht.   20

Hinter der Hürde des Nebels,
Schnee in den Mähnen,
weiden die toten Pferde,
die Schatten der Nacht.

Wolfgang Borchert

Das Brot

Wolfgang Borchert, geb. 1921, gehörte jener Generation an, welche die Hauptlast des Krieges zu tragen hatte. Er kehrte unheilbar krank zurück und hatte nur noch zwei Lebensjahre, um sich die furchtbaren Erlebnisse von der Seele zu schreiben. 1947 starb er. Aufsehen erregte er 1946 mit seinem Bühnenstück „Draußen vor der Tür". Es zeigt den Kriegsheimkehrer Beckmann, der sich schuldig am Tod anderer weiß, der an allen Türen abgewiesen wird, auch von seiner Frau. Traum und Wirklichkeit gehen dabei ineinander über. Der Tod erscheint als Beerdigungsunternehmer und Gott als hilfloser alter Mann.

Seine Kurzgeschichten schrieb Borchert in einer kunstlosen Berichtssprache. Er wurde damit einer der Wegbereiter für diese bis dahin in

Deutschland noch recht ungewöhnliche Form der Kurzprosa. Die Kurzgeschichte hat nicht die kunstvolle Struktur der Novelle, sondern orientiert sich an der amerikanischen short story. Sie zeigt einen Ausschnitt aus dem alltäglichen Gang der Ereignisse und überläßt es dem Leser, daraus eigene Erkenntnisse zu ziehen.

Plötzlich wachte sie auf. Es war halb drei. Sie überlegte, warum sie aufgewacht war. Ach so! In der Küche hatte jemand gegen einen Stuhl gestoßen. Sie horchte nach der Küche. Es war still. Es war zu still und als sie mit der Hand über das Bett neben sich fuhr, fand sie es leer. Das war es, was es so besonders still gemacht

5 hatte: sein Atem fehlte. Sie stand auf und tappte durch die dunkle Wohnung zur Küche. In der Küche trafen sie sich. Die Uhr war halb drei. Sie sah etwas Weißes am Küchenschrank stehen. Sie machte Licht. Sie standen sich im Hemd gegenüber. Nachts. Um halb drei. In der Küche.

Auf dem Küchentisch stand der Brotteller. Sie sah, daß er sich Brot abgeschnitten

10 hatte. Das Messer lag noch neben dem Teller. Und auf der Decke lagen Brotkrümel. Wenn sie abends zu Bett gingen, machte sie immer das Tischtuch sauber. Jeden Abend. Aber nun lagen Krümel auf dem Tuch. Und das Messer lag da. Sie fühlte, wie die Kälte der Fliesen langsam an ihr hochkroch. Und sie sah von dem Teller weg.

15 „Ich dachte, hier wär was", sagte er und sah in der Küche umher.

„Ich habe auch was gehört", antwortete sie und dabei fand sie, daß er nachts im Hemd doch schon recht alt aussah. So alt wie er war. Dreiundsechzig. Tagsüber sah er manchmal jünger aus. Sie sieht doch schon alt aus, dachte er, im Hemd sieht sie doch ziemlich alt aus. Aber das liegt vielleicht an den Haaren. Die machen dann auf einmal so alt. 5

„Du hättest Schuhe anziehen sollen. So barfuß auf den kalten Fliesen. Du erkältest dich noch."

Sie sah ihn nicht an, weil sie nicht ertragen konnte, daß er log. Daß er log, nachdem sie neununddreißig Jahre verheiratet waren.

„Ich dachte, hier wäre was", sagte er noch einmal und sah wieder so sinnlos von 10 einer Ecke in die andere, „ich hörte hier was. Da dachte ich, hier wäre was."

„Ich hab auch was gehört. Aber es war wohl nichts." Sie stellte den Teller vom Tisch und schnippte die Krümel von der Decke.

„Nein, es war wohl nichts", echote er unsicher.

Sie kam ihm zur Hilfe: „Komm man. Das war wohl draußen. Komm man zu Bett. 15 Du erkältest dich noch auf den kalten Fliesen."

Er sah zum Fenster hin. „Ja, das muß wohl draußen gewesen sein. Ich dachte, es wäre hier."

Sie hob die Hand zum Lichtschalter. Ich muß das Licht jetzt ausmachen, sonst muß ich nach dem Teller sehen. „Komm man", sagte sie und machte das Licht aus, 20 „das war wohl draußen. Die Dachrinne schlägt immer bei Wind gegen die Wand. Es war sicher die Dachrinne. Bei Wind klappert sie immer."

Sie tappten sich beide über den dunklen Korridor zum Schlafzimmer. Ihre nackten Füße platschten auf den Fußboden.

„Wind ist ja", meinte er. „Wind war schon die ganze Nacht." Als sie im Bett lagen, 25 sagte sie: „Ja, Wind war schon die ganze Nacht. Es war wohl die Dachrinne."

„Ja, ich dachte, es wäre in der Küche. Es war wohl die Dachrinne." Er sagte das, als ob er schon halb im Schlaf wäre.

Aber sie merkte, wie unecht seine Stimme klang, wenn er log.

„Es ist kalt", sagte sie und gähnte leise, „ich krieche unter die Decke. Gute Nacht." 30

„Nacht", antwortete er und noch: „ja, kalt ist es schon ganz schön."

Dann war es still. Nach vielen Minuten hörte sie, daß er leise und vorsichtig kaute. Sie atmete absichtlich tief und gleichmäßig, damit er nicht merken sollte, daß sie noch wach war. Aber sein Kauen war so regelmäßig, daß sie davon langsam einschlief. 35

Als er am nächsten Abend nach Hause kam, schob sie ihm vier Scheiben Brot hin. Sonst hatte er immer nur drei essen können.

„Du kannst ruhig vier essen", sagte sie und ging von der Lampe weg. „Ich kann dieses Brot nicht so recht vertragen. Iß du man eine mehr. Ich vertrag es nicht so gut." 40

Sie sah, wie er sich tief über den Teller beugte. Er sah nicht auf.

In diesem Augenblick tat er ihr leid.
„Du kannst doch nicht nur zwei Scheiben essen", sagte er auf seinen Teller.
„Doch. Abends vertrag ich das Brot nicht gut. Iß man. Iß man."
Erst nach einer Weile setzte sie sich unter die Lampe an den Tisch.

Hans Werner Richter

Die hoffnungsvollen Hoffnungslosen

*Hans Werner Richter (1908–1993) war Gründer und Betreuer der „Gruppe 47",
so benannt nach dem Gründungsjahr 1947. Die jungen Autoren der Gruppe trafen sich regelmäßig, trugen aus ihren unveröffentlichten Werken vor und stellten
sich der Kritik der Kollegen. Die Gruppe verlieh einen Preis. Die damit ausge-
zeichneten Schriftsteller wurden so einer breiteren Öffentlichkeit bekannt und für
Verleger interessant. – Die Gruppe 47 prägte damit sehr nachhaltig das literarische Leben der ersten Nachkriegszeit.*
*Der folgende Textabschnitt stammt aus der Reportage Hans Werner Richters
„Unterhaltungen am Schienenstrang", veröffentlicht 1946 in der Zeitschrift
„Der Ruf". Diese Zeitschrift, deren Mitbegründer Richter war, wurde kurze Zeit
später wegen zu kritischer Tendenz von den Alliierten verboten.*

Auf allen Bahnhöfen stehen sie herum, die Hoffnungslosen. Sie sind jung und tragen noch die Uniformen von gestern. Sie sind aus der Gefangenschaft zurückgekommen und haben ihre Heimat nicht wiedergefunden. Mit dem Ende des Krieges
haben sie ihren Glauben verloren. Nun sind sie illusionslos und stecken doch vol-
5 ler Illusionen. Sie sind erschreckend nüchtern und sind doch keine Realisten. Sie
sind zu allem fähig und beweisen dadurch täglich ihre Befähigung zum Leben.
Heute können sie ihrem Freund die letzten Schuhe stehlen und morgen mit ihm die
letzte Zigarette teilen. Sie haben das Warten in diesen Jahren gelernt. Nun warten
sie auf den Weg, der zurück ins Leben führt. In einer Telephonzelle auf dem Frank-
10 furter Bahnhof sitzen zwei von ihnen in der Nacht und unterhalten sich. „Du", sagt
der eine, der eine abgeschabte Matrosenjacke trägt, „verkauf mir deine Schuhe." –
„Siebenhundert Mark", antwortet der andere. „Soviel Geld habe ich nicht." Der
Jüngere blickt auf seine fast noch neuen Schuhe. „Bedaure", sagt er: „Schwarz-
marktpreis". Dann wird es still zwischen den beiden. Nach einer Weile sagt der mit
15 der Matrosenjacke: „Wie lange soll der Mist noch dauern?" Der Jüngere steckt
sich eine Zigarette an. Für einen Augenblick scheint er nachzudenken. „Mensch",
sagt er dann, „wir haben den Krieg verloren. Jetzt müssen wir warten, bis die anderen den Frieden gewonnen haben."

NACHDENKLICHKEIT UND NEUBEGINN

Heinrich Böll

An der Brücke

Auch Heinrich Böll (1917–1985) gehörte jener Generation an, die vom Krieg gezeichnet war und die man auch „die skeptische" nannte. Er schrieb eine Reihe von Romanen, von denen „Billard um halb zehn" (1959), „Ansichten eines Clowns" (1963) und „Die verlorene Ehre der Katharina Blum" (1974) mit die bekanntesten sind. Bezugspunkt für seine Romane und Kurzgeschichten ist fast immer die Kriegs- und Nachkriegszeit. Er kämpfte mit seinen Texten gegen das Vergessen und gegen die etablierte Gesellschaft. Seine Kritik traf Staat und Kirche gleichermaßen.

Seine Sympathie galt den Unangepaßten und den Randexistenzen. 1972 erhielt er den Nobelpreis für Literatur.

Die haben mir meine Beine geflickt und haben mir einen Posten gegeben, wo ich sitzen kann: ich zähle die Leute, die über die neue Brücke gehen. Es macht ihnen ja Spaß, sich ihre Tüchtigkeit mit Zahlen zu belegen, sie berauschen sich an diesem sinnlosen Nichts aus ein paar Ziffern, und den ganzen Tag, den ganzen Tag geht mein stummer Mund wie ein Uhrwerk, indem ich Nummer auf Nummer häufe, um ihnen abends den Triumph einer Zahl zu schenken. 5

Ihre Gesichter strahlen, wenn ich ihnen das Ergebnis meiner Schicht mitteile, je höher die Zahl, um so mehr strahlen sie, und sie haben Grund, sich befriedigt ins Bett zu legen, denn viele Tausende gehen täglich über ihre neue Brücke…

Aber ihre Statistik stimmt nicht. Es tut mir leid, aber sie stimmt nicht. Ich bin ein unzuverlässiger Mensch, obwohl ich es verstehe, den Eindruck von Biederkeit zu erwecken. 10

Insgeheim macht es mir Freude, manchmal einen zu unterschlagen und dann wieder, wenn ich Mitleid empfinde, ihnen ein paar zu schenken. Ihr Glück liegt in meiner Hand. Wenn ich wütend bin, wenn ich nichts zu rauchen habe, gebe ich nur den Durchschnitt an, manchmal unter dem Durchschnitt, und wenn mein Herz aufschlägt, wenn ich froh bin, lasse ich meine Großzügigkeit in einer fünfstelligen Zahl verströmen. Sie sind ja so glücklich! Sie reißen mir förmlich das Ergebnis je- 15 desmal aus der Hand, und ihre Augen leuchten auf, und sie klopfen mir auf die Schulter. Sie ahnen ja nichts! Und dann fangen sie an zu multiplizieren, zu dividieren, zu prozentualisieren, ich weiß nicht was. Sie rechnen aus, wieviel heute jede Minute über die Brücke gehen und wieviel in zehn Jahren über die Brücke gegangen sein werden. Sie lieben das zweite Futur, das zweite Futur ist ihre Spezialität – und doch, es tut mir leid, daß alles nicht stimmt…

Wenn meine kleine Geliebte über die Brücke kommt – und sie kommt zweimal am Tage –, dann bleibt mein Herz einfach stehen. Das unermüdliche Ticken meines Herzens setzt einfach aus, bis sie in die Allee eingebogen und verschwunden ist. Und alle, die in dieser Zeit passieren, verschweige ich ihnen. Diese zwei Minuten gehören mir, mir ganz allein, und ich lasse sie mir nicht nehmen. Und auch wenn sie abends wieder zurückkommt aus ihrer Eisdiele, wenn sie auf der anderen Seite des Gehsteigs meinen stummen Mund passiert, der zählen, zählen muß, dann setzt mein Herz wieder aus, und ich fange erst wieder an zu zählen, wenn sie nicht mehr zu sehen ist. Und alle, die das Glück haben, in diesen Minuten vor meinen blinden Augen zu defilieren, gehen nicht in die Ewigkeit der Statistik ein: Schattenmänner und Schattenfrauen, nichtige Wesen, die im zweiten Futur der Statistik nicht mitmarschieren werden…

Es ist klar, daß ich sie liebe. Aber sie weiß nichts davon, und ich möchte auch nicht, daß sie es erfährt. Sie soll nicht ahnen, auf welche ungeheure Weise sie alle Berechnungen über den Haufen wirft, und ahnungslos und unschuldig soll sie mit ihren langen braunen Haaren und den zarten Füßen in ihre Eisdiele marschieren, und sie soll viel Trinkgeld bekommen. Ich liebe sie. Es ist ganz klar, daß ich sie liebe.

Neulich haben sie mich kontrolliert. Der Kumpel, der auf der anderen Seite sitzt und die Autos zählen muß, hat mich früh genug gewarnt, und ich habe höllisch aufgepaßt. Ich habe gezählt wie verrückt, ein Kilometerzähler kann nicht besser zählen. Der Oberstatistiker selbst hat sich drüben auf die andere Seite gestellt und hat später das Ergebnis einer Stunde mit meinem Stundenplan verglichen. Ich hatte nur einen weniger als er. Meine kleine Geliebte war vorbeigekommen, und niemals im Leben werde ich dieses hübsche Kind ins zweite Futur transponieren lassen, diese meine kleine Geliebte soll nicht multipliziert und dividiert und in ein prozentuales Nichts verwandelt werden. Mein Herz hat mir geblutet, daß ich zählen mußte, ohne ihr nachsehen zu können, und dem Kumpel drüben, der die Autos zählen muß, bis ich sehr dankbar gewesen. Es ging ja glatt um meine Existenz.

Der Oberstatistiker hat mir auf die Schulter geklopft und hat gesagt, daß ich gut bin, zuverlässig und treu. „Eins in der Stunde verzählt", hat er gesagt, „macht nicht viel. Wir zählen sowieso einen gewissen prozentualen Verschleiß hinzu. Ich werde beantragen, daß Sie zu den Pferdewagen versetzt werden."

Pferdewagen ist natürlich die Masche. Pferdewagen ist ein Lenz wie nie zuvor.

Pferdewagen gibt es höchstens fünfundzwanzig am Tage, und alle halbe Stunde einmal in seinem Gehirn die nächste Nummer fallen zu lassen, das ist ein Lenz! Pferdewagen wäre herrlich. Zwischen vier und acht dürfen überhaupt keine Pferdewagen über die Brücke, und ich könnte spazierengehen oder in die Eisdiele, könnte sie mir lange anschauen oder sie vielleicht ein Stück nach Hause bringen, meine kleine ungezählte Geliebte… 5

Lyonel Feininger (1871–1956): *Brücke III, 1917*

Günter Eich

Der fünfte Traum

*Günter Eich (1907–1972) hat nicht nur die Lyrik (s. S. 164), sondern auch die
kurze Blüte des Hörspiels in der Nachkriegszeit maßgeblich geprägt.
Als Schriftsteller sah er die Welt als Sprache. Mit der Sprache denken wir, mit ihr
verständigen wir uns, mit ihr bewirken wir etwas. Die zunehmende Visualisie-
rung, Verbilderung, der Kommunikation läßt jedoch Umfang und Bedeutung der
sprachlichen Verständigung schwinden. Ein dramatisches Geschehen wird uns
heute auf dem Bildschirm in höchster Perfektion und in allen Einzelheiten vor
Augen gestellt. Diese Entwicklung erklärt, warum das Hörspiel als dramatische
Gattung fast ganz aus den Radioprogrammen verschwunden ist. Dort hatte es
vor der Ausbreitung des Fernsehens seinen festen Platz. Das Hörspiel ist auf die
Sprache und die Vorstellungskraft des Hörers angewiesen. Die Geräuschkulisse
ersetzt die Bühne. Der einzelne Hörer schafft sich mit den eher sparsamen akustischen Mitteln seine jeweils eigene Vorstellung des Geschehens, an dem Sehen-
de und Blinde gleichermaßen teilnehmen können. Der Hörer ist mit seiner eigenen Imaginationskraft Mitgestalter des Geschehens und nicht nur passiver
Konsument wie beim Fernsehen.
Der folgende Textausschnitt stammt aus Günter Eichs Hörspiel „Träume", erstmals gesendet 1950.*

*… Frau Lucy Harrison, Richmond Avenue, New York, vernahm sie[1] am 31. Au-
gust 1950, als sie am Nachmittag über dem Ausbessern eines zerrissenen Rock-
saumes eingeschlafen war.*

[…]
MUTTER: […] Ja, du siehst gut aus, – man sieht, daß du glücklich bist.
5 TOCHTER: Ach, Mama –
MUTTER: Na, was ist das? Tränen?
TOCHTER: Nur weil ich mich freue.
MUTTER: Lucy, mein kleines Mädchen.
TOCHTER: So, jetzt ist es schon wieder gut.
10 MUTTER: Euer Lift geht ja dauernd.
TOCHTER: Ja, es ist ein großes Haus mit vielen Wohnungen.
MUTTER: Das ist aber ein merkwürdiger Lift.

---

[1] Im Text, der dem fünften Traum vorangestellt ist, ist von „unhörbaren Lauten", die um uns leben, die Rede.
„Eines Tages werden sie zu vernehmen sein und unser Ohr mit Entsetzen erfüllen…"

TOCHTER: Wieso merkwürdig?

MUTTER: Ich meine, das Geräusch ist merkwürdig.

Pause.

Man hört das Geräusch wie vorher.

TOCHTER, *mit erzwungenem Lachen*: Ach was, jetzt stelle ich das Radio an – der Lift scheint dich ganz nervös zu machen. *Sie schaltet das Radio ein.* Und jetzt gehe ich und mache eine Tasse Tee. Keine Widerrede! Ich muß sowieso in die Küche, für Bill das Essen richten.

MUTTER: Wenn es durchaus sein muß.

Musik aus dem Radio.

MUTTER *rufend:* Lucy, hörst du?

TOCHTER *entfernt:* Was, Mama?

MUTTER: Where is my rose of Waikiki!

TOCHTER: Na also, deine Lieblingsmelodie.

Die Mutter summt das Lied ein paar Takte lang mit, bricht plötzlich ab.

MUTTER: Man hört den Lift sogar, wenn das Radio geht. Ich muß einmal nachsehen.

Sie geht hinaus.

TOCHTER *entfernt:* Was ist Mama?

MUTTER *entfernt:* Ich will sehen, was mit dem Lift ist.

TOCHTER: Laß doch, Mama!

MUTTER *entfernt:* Der Lift geht gar nicht. Er steht still. Und man hört das Geräusch trotzdem.

TOCHTER *gepreßt:* Dann ist es irgendein anderes Geräusch. Sei nicht nervös.

MUTTER: Merkwürdig ist das schon.

TOCHTER: Komm, geh ins Zimmer und hör auf die Musik.

MUTTER: Du hast recht. Es ist albern, allzu feine Ohren zu haben.

Die Musik im Radio endet. Man hört den Ansager.

ANSAGER: Sie hörten: Where is my rose of Waikiki. Damit ist unser Schallplattenkonzert beendet. Sie hören anschließend einen Vortrag.

MUTTER *vor sich hin*: Vortrag! Was Besseres wißt ihr wohl nicht?

ANSAGER: Die genaue Zeit: Mit dem Gongschlag 17 Uhr.

Gong.

Es spricht jetzt Professor Wilkingson über das Thema: „Die Termiten".

PROFESSOR: Es lebt sich nicht angenehm, wo es Termiten gibt. Die Insekten zernagen in unersättlichem Hunger schlechthin alles, und der Mensch ist machtlos gegen sie. Ihre Freßmethode ist um so unangenehmer, als man für gewöhnlich erst dann etwas von ihrer zerstörenden Tätigkeit bemerkt, wenn es zu spät ist. Die Termiten haben die Gewohnheit, alle Gegenstände von innen her auszuhöhlen und eine dünne Außenwand wie eine Haut stehen zu lassen, die freilich dann eines Tages wie Staub zerfällt. Da kann es geschehen, daß man sich abends in seinem Haus zur Ruhe legt, und am Morgen erwacht man im Freien, weil das Haus über Nacht zu Staub zerfallen ist.

MUTTER: Hörst du das Lucy? *Lachend*: Die Termiten zerfressen das Haus, und man erwacht im Freien.

TOCHTER *sich nähernd:* Schalte das aus, Mama!

Das Radio wird ausgeschaltet.

MUTTER: Das war doch interessant.

TOCHTER *verzweifelt:* Nein, nein!

MUTTER: Was hast du Lucy? Du bist ja ganz bleich.

TOCHTER: Ach nichts.

Pause.

MUTTER *bestimmt:* Lucy, – du hast vorhin nicht aus Freude geweint.

TOCHTER: Unsinn, Mama.

Pause, in der man das Geräusch verstärkt hört.

MUTTER: Das sind die Termiten, die man hört.

TOCHTER: Termiten fressen keinen Beton.

MUTTER: Du willst es nicht zugeben. Lucy, mein Kind, nicht wahr, ich habe recht?

TOCHTER: Ja, Mama.

Pause wie vorher.

MUTTER: Ich verstehe euch nicht. Warum zieht ihr nicht aus?

TOCHTER: Es hat keinen Zweck.

MUTTER: Aber Lucy!

TOCHTER: Sie sind überall.

MUTTER: Wie meinst du das?

TOCHTER: Hast du noch nicht bemerkt, daß das gleiche Geräusch überall zu hören ist? In New York wie in Kalifornien, in Mexiko und Kanada.

MUTTER: In Albaville gibt es keine Termiten, verlaß dich darauf. Mein Haus ist sicher.

TOCHTER: Verlaß dich darauf: Sie nagen in deinem Haus ebenso wie hier.

MUTTER: Das hätte schon jemand bemerkt. So ein Unsinn.

TOCHTER: Wenn du es erst einmal gehört hast, hörst du es überall, in den Wohnungen und in der Untergrundbahn, in den Bäumen und im Getreide. Ich glaube, sie nagen auch unter der Erde. Der Boden, auf dem wir stehen, ist noch eine dünne Haut, alles hat nur noch eine dünne Haut und ist innen hohl. […]

Elisabeth Endres

Die Gruppe 47

Wenn man von Weyrauch und Eich spricht, von Hans Werner Richter und vom oppositionellen Schreiben, dann spricht man von der Gruppe 47. Ich möchte die These aufstellen, daß diese in der Geschichte der deutschen Literatur einzigartige Gruppierung in ihrer Struktur und durch die Produktion ihrer Besucher die genaue intellektuelle Entsprechung zu der gesellschaftlichen Entwicklung darstellt. 5
Hier fanden sich die Besiegten und begannen den Wiederaufbau. Nach dem Verbot des „Rufs"*, dem Scheitern des unmittelbaren Idealismus, trafen sich die Mitarbeiter einer geplanten literarischen Nachfolgezeitschrift am Bannwaldsee nahe Hohenschwangau im Allgäu. Hans Werner Richter hatte sie in das Haus der Autorin Ilse Schneider-Lengyil eingeladen. Sie lasen sich ihre engagierten Texte vor, 10
diskutierten sie. Man beschloß, eine Probenummer der Zeitschrift zu erarbeiten und sich wiederzutreffen.
Das war im September 1947 gewesen. Im November des gleichen Jahres legte Hans Werner Richter, diesmal als Gast in Herrlingen bei Ulm, einem erweiterten Kreis von Autoren die Probenummer des „Skorpion" vor. Die Zeitschrift erschien 15
nie. Die Militärregierung versagte die Lizenz. Ab Juni 1948 war aufgrund der Währungsreform die Herausgabe einer neuen literarischen Zeitschrift im Stil des geplanten Vorhabens ohnehin illusorisch.
Aber Hans Werner Richter und seine Schriftsteller hatten den Wert des Treffens erkannt. Bereits vor Herrlingen hatte Hans Georg Brenner den Namen „Grup- 20
pe 47" gefunden; die Notwendigkeit der direkten Kritik und des Gesprächs leuchtete ein. Man traf sich 1948 in Jugenheim an der Bergstraße und in Altenbeuern in Oberbayern, 1949 in Marktbreit und in Utting am Ammersee, 1950 in Inzigkofen, 1951 in Bad Dürkheim und in Laufenmühle bei Ulm. 1952 tagte die Gruppe in Niendorf an der Ostsee. 25
Die Tagungen waren zu literarischen Ereignissen geworden. Die Zeitungen, die anfangs nur sehr sporadisch über diese jungen resoluten Dichter geschrieben hatten, diskutierten nun ihrerseits lebhaft die Diskussionen. War diesmal mehr der Geist Franz Kafkas oder der Geist Ernest Hemingways beschworen worden, fühlte sich vielleicht einer an die Dadaisten erinnert? Die Legendenbildung begann. 30
Und auch das Beiwerk der Anekdoten fehlte nicht. Wann hat wer zum ersten- oder letztenmal gesagt, daß es nun mit der Gruppe wirklich zu Ende gehe? Wer immer es tat, es ging mit ihr nicht zu Ende. Wenigstens nicht damals.
Das Erfolgsgeheimnis der Gruppe beruhte auf verschiedenen Faktoren, die in der reichen Literatur über die Gruppe, die nicht selten von Gruppen-Besuchern und 35
Gruppen-Beauftragten stammt, immer wieder festgestellt worden sind. Man kann sich dabei an das Atmosphärische halten. Deutschland hatte keine kulturelle Hauptstadt mehr, so wurde die Gruppe zu einem literarischen Kommunikations-

zentrum im grünen Wagen, ersetzte das Romanische Café und alle vergleichbaren Etablissements. In der Gruppe waren zudem zwei Elemente miteinander verbunden, die dem Menschlichen und dem Dichterischen dienten. Auf der einen Seite gab es die Kumpanei, auf der anderen scharfe Kritik. Und durch die Kritik wurde
5 der Bruch der Traditionen gutgemacht. Schulte sich der Schriftsteller früher an dem Vorbild, das er vielleicht sogar persönlich kannte, so deuteten ihm jetzt die rüde nach unten gehaltenen Daumen seiner Freunde an, daß er sich vergaloppiert hatte und recht langweilig wirkte. Selbst Hans Werner Richter entging dem Verdikt der von ihm eingeladenen Autoren nicht, als er einen Text verfaßt hatte, der
10 sich nicht auf dem zur Höhe der Zeit passenden Prosaniveau befand.
Natürlich war die Gruppe auch eine Clique. Die Lamentationen* der Gruppenfeinde, die bald zur Gruppe gehörten wie die Winterkälte zur außerhäuslichen Umwelt eines gemütlichen Ofens, waren nicht so ganz falsch. Die Gruppenfreunde hatten Einfluß in den Medien, Posten in den Zeitungen und in den Rundfunk-
15 anstalten. Sie benützten dies keineswegs immer zum Lobe des Gruppen-Genossen, aber doch häufig dazu, ihn interessant erscheinen zu lassen.

Bertolt Brecht

Der Radwechsel

Ich sitze am Straßenhang.
Der Fahrer wechselt das Rad.
Ich bin nicht gern, wo ich herkomme.
Ich bin nicht gern, wo ich hinfahre.
5 Warum sehe ich den Radwechsel
Mit Ungeduld?

Gottfried Benn

Nur zwei Dinge

*Der Berliner Arzt Gottfried Benn
(1886–1956) begann als Expressionist
und Bürgerschreck. In seinen frühen Gedichten ging es in unterkühlter Sprache
um Krankheit, Tod und Verwesung
(„Mann und Frau gehn durch die Krebs-
baracke"). Seine späten Gedichte sind
gekennzeichnet von melancholischer
Skepsis und dem Gefühl individueller
Verlorenheit („Verlorenes Ich"). Er be-
kennt sich in seinen letzten Jahren zum
Geist als dem Gegensatz zur Materie.
Neben Brecht hat er die Lyrik der Nachkriegszeit am nachhaltigsten beeinflußt.
Für Benn war die Arbeit am Gedicht ein*

*fast mikroskopisches Prüfen und sorgfäl-
tiges Auswählen. Den Wert eines Gedichts maß er weniger am Inhalt als an
der Sprache und der Form.*

Durch so viel Formen geschritten,
durch Ich und Wir und Du,
doch alles blieb erlitten
durch die ewige Frage: wozu?

Das ist eine Kinderfrage.   5
Dir wurde erst spät bewußt,
es gibt nur eines: ertrage
– ob Sinn, ob Sucht, ob Sage –
dein fernbestimmtes: Du mußt.

Ob Rosen, ob Schnee, ob Meere,   10
was alles erblüht, verblich,
es gibt nur zwei Dinge: die Leere
und das gezeichnete Ich.

LITERATUR IN OST UND WEST

Horst Bienek

Vom Nachkrieg geschlagen

Ich war fünfzehn, als der Krieg zu Ende ging und damit auch die Nazidiktatur. Ich war sechzehn, als die ersten Bücher jener Autoren erschienen, die zwölf Jahre lang verboten und verbrannt gewesen waren. Ich war siebzehn, als in der Ostzone, wo ich lebte, nur noch die Brücke kommunistischer und russischer Schriftsteller ge-
5   druckt wurden, in den Westzonen nur die Werke westlicher Autoren – doch damals konnte man sie alle in Leipzig wie in Stuttgart kaufen, mit Geldscheinen, auf denen ein Hakenkreuz gedruckt war. Ich war achtzehn, und die Ostzone wurde eine Republik, und es gab neues Geld mit Hammer und Zirkel auf dem Rücken, dafür konnte man jetzt keine im Westen gedruckten Bücher mehr kaufen. Ich war
10   neunzehn, und es gab in meinem Land eine neue Zensur, Faulkner* wurde nicht gedruckt (zum Beispiel), Sartre* nicht aufgeführt (zum Beispiel) und Kafka ver-boten (zum Beispiel). Ich war zwanzig, als ich versuchte, meine ersten literari-schen Arbeiten in der neuen Diktatur zum Druck durchzuschmuggeln. Ich war einundzwanzig, als mich das Regime verhaftete und in ein Arbeitslager nach Wor-
15   kuta deportierte, wo ich vier Jahre lang keine deutsche Zeitung, kein deutsches Buch lesen konnte. Fünfundzwanzig war ich schließlich, als ich frei kam und in die Westzone ging, die inzwischen auch eine Republik geworden war, was mir zunächst nicht viel bedeutete – aber daß ich nun alle Bücher lesen (wenn auch nicht kaufen) konnte, das war neu in meinem Leben. Und machte es reich. Gab mir
20   Mut zum Schreiben. Ich war spät dazu gekommen. Später als allgemein die Auto-ren meiner Generation. Wie auch schon jene Generation vor mir, die man die vom Krieg Geschlagenen nannte. Ich gehörte zu jener der vom Nachkrieg Geschla-genen.

Johannes R. Becher

Partei

Johannes R. Becher (1891–1958) begann als Expressionist, der gegen alles Alte und Überkommene anschreiben wollte und in der russischen Oktoberrevolution die Verwirklichung eines Menschheitstraumes sah. 1933 verließ er Deutschland und ging in das Exil nach Moskau. 1945 kehrte er zurück und wurde 1954 Kulturminister der DDR.
Das Gedicht „Partei" wurde 1937 verfaßt und 1957 im SED-Organ „Neues Deutschland" veröffentlicht.

Das auszusagen, was ich dir verdanke,
Mußt' eine Zeit vergehen. Schweres wurde
Mir aufgeladen, daß ich fest verspüre
Dich, ewigen Halt… Wenn die Verzweiflung mir
Die Sicht entzog, und Nimmerwiederkehr   5
Mir tückisch drohte, dann, dann warst es du,
Die mir ein Zeichen gab, und klar sah ich
Das Land vor mir, dem all mein Mühen galt.

Dich sah ich wachsen dort, mit dir erwuchs
Das Beste, und ich selbst sah mich in dir   10
Aufwachsen, in die Höhe wuchs ich so
Durch deine Kraft… Du bist es, wenn ich dich
Auch nicht mit Namen nenne. „Vaterland"
Bist du und bist die „Heimat". Beides schließt
Dich ein und bliebe Phrase ohne dich,   15
Gefährlich Mißverständnis, ausnutzbar
Für jene, die im Namen teurer Worte
Geschäfte treiben, schändlichen Verrat
In hoher Worte Namen kalt begehen…

Du warst die Schule, die ich frei besuchte   20
Als ein Erwachsener, du die Lehre, mir
Antwort erteilend auf die Frage nach
dem Weltgesetz… So sei zurückerstattet,
Womit du mich beschenkt hast überreichlich.
Mag das Gelernte für die Lehrer zeugen!   25

Wenn du sagst „Gut", dann darf ich stolz sein, wenn
Du sagst, ich hätte mein Teil beigetragen
Zu deinem hohen Sieg, dann ist's, als habe
Das Künft'ge sein Urteil mir gesprochen…

30   In ihrer Fülle bringe ich dir dar
Die ganze Welt, und werde weiterdichten
An deinem Bild, damit, wie nie zuvor,
Ein Bild ersteh von Opfern, Heldentaten,
Und alle die Gestalten sind durchstrahlt
35   von *einem* Willen. Wissend folgen sie
Dir nach, damit gescheh des Volkes Wille.

Reiner Kunze

Der Vogel Schmerz

Nun bin ich dreißig jahre alt
und kenne Deutschland nicht:
die grenzaxt fällt in Deutschland wald.
O land, das auseinanderbricht
5   im menschen…

Und alle brücken treiben pfeilerlos.
Gedicht, steig auf, flieg himmelwärts!
Steig auf, gedicht, und sei
der vogel Schmerz.

Uwe Johnson

Reifeprüfung 1953

Uwe Johnson (1934–1984) ging 1959 aus der DDR in den Westen. Seine frühen Romane „Mutmaßungen über Jakob" (1959) und „Das dritte Buch über Achim" (1961) haben denn auch als Hintergrund das problematische Verhältnis zwischen Ost- und Westdeutschland. Die Grenze zwischen den beiden Teilen Deutschlands trennte für Johnson die Menschen nicht nur physisch, sondern auch psychisch. Sie werden sich fremd und verstehen sich nicht mehr. Achim in der Bundesrepublik: „Er sah alles, er erriet nichts. Fremde sprachen über Fremdes in fremder Sprache." – Im folgenden Auszug aus dem Roman „Ingrid Babendererde" verlangt der Leiter einer Oberschule in der DDR vom Schüler Jürgen Petersen, Mitschüler zu bespitzeln.

Der Direktor der Gustav-Adolf-Oberschule Herr Robert Siebmann genannt Pius –, der sass grossartig wartend hinter seinem Schreibtisch in der Sonne und betrachtete die Tür, an die es eben geklopft hatte. Nach einer Weile klopfte es abermals. Pius ruckte sich zusammen und rief in ärgerlichem Ton: Ja! Der Schüler Petersen (12 A) schloss sorgfältig die Tür hinter seinem Eintreten und kam langsam 5 näher neben den hohen Fenstern auf Pius zu mit seinem müden Gesicht über dem ausgebleichten Hemd und sagte währenddessen geübt und gleichgültig: Freundschaft. [...]

Pius [...] beugte sich vor über den grossen Tisch und sprach: Jürgen. Dann sagte er wer er war: Er rede jetzt nicht mit Jürgen als Schulleiter. Und auch nicht als Vor- 10 sitzender der Sozialistischen Einheitspartei. Jürgen möge sich vorstellen Pius sei – wenn er auch nicht aufhöre all das zu sein – ein Freund. Der ihm helfen wolle. Und zu dem man Vertrauen haben könne.

Jürgen sah dass Pius' Gesicht bei aller lächerlichen Gemessenheit besorgt war und gutwillig. Aber er mochte ihn nicht mehr ansehen, als Pius fortfuhr: Jürgen wisse. 15 Dass Pius. Ihn immer. Für einen der Besten der Parteijugend gehalten habe. Und darum sei er. So enttäuscht. Verstehst du. Abgesehen davon. Dass das Ansehen der Partei. Schwer gelitten habe! Dadurch. Dass einer ihrer – aktivsten Vertreter. Sichplötzlichgegendie Linieder Parteigewendethabe!

Pius war also enttäuscht und hatte von nichts abgesehen. Und der Schlussbogen 20 seiner melodischen Rede war geknickt an dem Worte, das dem Vertreter der Partei neuerdings nicht passend zukam. Nun wartete er. Aber der Genosse Petersen blickte nicht auf und schwieg; sein Nacken war gebeugt unter der Sonne. Draussen am Fenster raschelten die Blätter der Birke im Wind. Von nebenan hörten sie gedämpft und unablässig [...] eine Schreibmaschine klappern, dann klingelte das 25 Telefon dazwischen. Nun war es ganz still. – Wie sei es denn nur dazu gekommen: fragte Pius eindringlich.

Jürgen hob sein Gesicht auf gegen Pius und betrachtete ihn mit Neugier und erwartend. Wie er Pius kannte würde der jetzt gleich sagen wie es dazu gekommen war.

Herr Direktor Siebmann sah starr auf seine Hände und redete grüblerisch vor sich hin. Er habe Jürgens Verhältnis zu der Babendererde und zu Niebuhr immer mit – er könne wohl sagen: Sorge. Betrachtet. Jürgen sah plötzlich auf. Pius zögerte. Jürgen sei jung: fuhr er fort: Er habe zwar bis jetzt treu in ihrem Kampfe um den Sozialismus gestanden – aber er sei natürlich nicht gefeit gegen Einflüsse aus dem feindlichen Lager. Der Lehrer-Babendererdes seien immerhin eine völlig bürgerliche Familie, sie hätten Verwandte in Lübeck… und das gestrige Auftreten der Babendererde habe Pius' Argwohn voll und ganz bestätigt.

– Sie meinen: fragte Jürgen unmässig erstaunt. Pius wolle andeuten Fräulein Babendererde habe im Auftrage ausländischer Agenturen…?

Pius betrachtete seine Hände und drückte aus durch Schulterheben: der Abgründe im menschlichen Leben seien viele, und ihm seien sie bekannt. Er vermutete das: sagte er. – Sieh mal. Diese doch wirklich demagogischen*. Bemerkungen. Hätten doch nur den Zweck haben können. Verwirrung unter die Massen zu tragen. Unsere politische Auseinandersetzungzustören!! Er warte nur darauf: sagte Pius ernsthaft: Dass die Babendererde versuche nach West-Berlin zu fliehen. (Ein Pass für Lübeck werde ihr jedenfalls verweigert werden.) Damit sei dann für ihn der Fall endgültig klar.

Er glaube nicht dass Fräulein Babendererde eine bezahlte undsoweiter Agentin sei: sagte Jürgen.

Pius blickte befremdet. Und dieser Niebuhr. Dieser sei Pius seit langem verdächtig. Er verschliesse sich gegen die Gemeinschaft. Sie mal und dann. Er habe so ein merkwürdiges Wesen, so –. Pius suchte nach passenden Kennzeichen, und in seinem Aufblicken erinnerte etwas an die Vertraulichkeit früherer Zusammenarbeit. Aber der Ansatz zu freundschaftlicher Beratung brach wieder ab, als Jürgen gelassen ergänzte: Bürgerlich.

– Naja: sagte Pius. Er wiegte sein Haupt in Unzufriedenheit. – So ironisch. Bürgerlich auch, klar: aber so richtig feindselig.

– Nun nicht: sagte Jürgen gutmütig, aber Pius beharrte: Er habe eben so die Meinung, er könne sich nicht helfen. Er tat das in einer gefälligen Art. Er liess durchblicken diese Höflichkeit sei ein Zugeständnis: ihm sei gelegen an einem guten Auskommen mit Jürgen. Aber er wusste nicht dass Jürgen nur den verächtlichen und abschätzigen Sinn, in dem Pius „bürgerlich" gebrauchte, in seinem Ton zitiert hatte; Herr Petersen selbst hatte sich gar nicht geäussert. Der Schüler Petersen gedachte was er noch hatte, in der Tat fand sich ein Wunsch: er möge die Babendererde niemals aus solcher neugierigen Entfernung betrachten und mit solchem Spott wie jetzt Pius. (Den er doch geachtet hatte zu Zeiten.) Und ihm fiel ein dass dies wohl die Sehweise war, die Klaus unablässig betrieb. Nur machte das für Klaus weiter nichts aus.

Er wolle wohl wissen: sagte Pius ebenso angelegentlich grübelnd: Was mit dem eigentlich sei. Sag mal was macht der eigentlich in seiner Freizeit?

Diese Frage beantworte er nicht: sagte Jürgen ebenso gleichgültig wie seine vorigen Antworten. Als die Stimmung aber nun heftig umschlug, hielt er für möglich dass er ungerecht war. Pius hatte nicht so leidenschaftlich und getragen gesprochen wie sonst sondern ganz natürlich; seine Frage mochte wirkliche Teilnahme bedeutet haben.

Es gab keinen amtlichen Grund die Antwort zu verweigern: nur persönliche; es schien einiges auf sich zu haben mit diesen persönlichen Gründen. Er gestand sich letztlich ein dass er mit offenbarem Ungehorsam zu Ende bringen wollte, was in der Tat zu Ende war; er mochte nicht diese Vorstellung von Vertrauen und Zusammengehörigkeit, er hasste die Unwahrscheinlichkeit. Sollte er sagen: Klaus Niebuhr in seiner Freizeit? Segelte mit Babendererde und Petersen, las Bücher aus München und Hamburg?

Pius hatte sich erstaunt aufgerichtet in seinem Stuhl. Er fragte: Was sei mit dieser Frage?

Mit dieser Frage sei nur: sagte Jürgen nachdenklich: Dass er sie nicht beantworte.

Erich Fried

Schwächer

Sie werden wieder stärker
Wer denn?
Sie

Wer sollen sie sein?
Sie sollen nicht sein
sie sind nur

Stärker als wer?
Als du
Vielleicht bald als viele

Was wollen sie?
Zunächst
wieder stärker werden

Warum sagst du das alles?
Weil ich es
noch sagen kann

Das kann dir doch schaden?
Gewiß
denn sie werden stärker

Woher weißt du das?
Aus deinen Worten
daß es mir schaden kann

Hans Magnus Enzensberger

Restlicht

Doch, doch, ich gehöre auch zu denen,
die es hier aushalten. Leicht sogar,
im Vergleich zu Kattowitz oder Montevideo.
Hie und da Reste von Landschaft,
5 rostende Eisenbahnschienen, Hummeln.
Ein kleiner Fluß, Erlen und Haselnüsse,
weil das Geld nicht gereicht hat
zur Begradigung. Über dem trüben Wasser
das Summen der Hochspannungsmasten
10 stört mich nicht. Es redet mir ein,
daß ich noch eine Weile lang
lesen könnte, bevor es dunkel wird.
Und wenn ich mich langweilen will,
ist das Fernsehen da, der bunte Wattebausch
15 auf den Augen, während draußen im Regen
die kindlichen Selbstmörder auf ihren Hondas
um den leeren Platz heulen. Auch der Krach,
auch die Rachsucht ist noch ein Lebenszeichen.
Im halben Licht vor dem Einschlafen
20 keine Kolik, kein wahrer Schmerz.
Wie einen leichten Muskelkater
spüren wir gähnend, sie und ich,
die von Minute zu Minute
kleiner werdende Zeit.

Martin Walser

Die Artikel, die ich vertrete

*Der folgende Text stammt aus Martin
Walsers Roman „Halbzeit" (1960).
Dieser Roman ist der erste einer
Romantrilogie, deren Ich-Erzähler
Anselm Kristlein in der Wohlstands-
gesellschaft seinen Weg nach oben
sucht. Martin Walser (geb. 1927)
geht in seinen Texten der Frage nach,
wie sich der einzelne als selbständige
Persönlichkeit im Zwang zum
Wettbewerb, zum Erfolg und zur
Anpassung zu behaupten versucht.*

Die Artikel, die ich vertrat, seit ich, um mit den immer noch herrschenden Studi-
en- und Examensvorschriften zu sprechen, seit ich vorzeitig die Universität verlassen hatte, diese oft von phantastischen Branchen ersonnenen Artikel würden,
legte man sie in einem Saal aus – und das wäre etwa zum fünfzigsten Geburtstag
eines Vertreters eine empfehlenswerte Jubiläumsausstellung –, diese die Ge- 5
schichte unserer wirtschaftlichen Entwicklung wie ein Kolossalgemälde und besser als jede Statistik repräsentierenden Artikel würden, was mich persönlich betrifft, beweisen, daß ich weder ein Pessimist noch ein Optimist gewesen bin. Denn
um das anzubieten, was ich schon anzubieten gezwungen war, durfte ich kein Pessimist sein, sonst wäre ich jeden Morgen im Bett liegen geblieben; und zu erwar- 10
ten, daß man mit solchen Artikeln ein Geschäft machen könne, so optimistisch zu
sein, verbot sich einfach angesichts der Ware, die ich zeitweise zu vertreten hatte.
Ich lernte, daß Optimismus und Pessimismus gleich lächerlich sind angesichts der
ungeheuren Unordnung, die die Welt lebendig erhält, und der aus diesem Zustand
folgenden ebenso ungeheuren Möglichkeiten, mit denen man nicht rechnen kann, 15
obwohl man mit nichts anderem als mit ihnen zu rechnen hat.
Einmal hatte ich Küchenwecker im Montafon zu verkaufen, obwohl den Bauern
dort die Schläge der Kirchturmuhren so in Fleisch und Blut übergegangen sind,
daß sie, ohne den Begriff der Pünktlichkeit überhaupt zu kennen, auf die Sekunde
und Minute jeden Tag tun werden, was zu dieser Sekunde und Minute zu tun ist, 20
auch wenn die Kirchturmuhren – was zumindest dort unvorstellbar ist – einmal zu
schlagen aufhörten. […]
Einmal bin ich im Dezember und im Januar im Fränkischen Jura gereist, aber das
zu erwähnen hat wenig Sinn. Wer weiß schon, was das heißt? Die Einheimischen

merken es nicht mehr, und außer mir hat noch nie ein Fremder – dessen bin ich ganz sicher – zu dieser Jahreszeit diese Tour gemacht; immer wenn ich plötzlich sehen muß, daß meine geschäftlichen Pläne sozusagen durch höhere Gewalt bedroht werden, dann marschiert der Dezember-Januar-Chor jener Ortschaften her-

5 auf. Begleitet von schlimmen Gongschlägen der Erinnerung rücken gegen mich an Steinhart und Schweinepoint und Trugenhofen und Natterholz und Blossenau und Nassenfels und Sausenhofen und Unterstall und Sappenfeld und Schambach und Kaltenbuch und Frohnhofen und Kurzenaltheim und Schmähingen und Magerbein… Und man kann den Leuten dort keinen Vorwurf machen, sie haben ihre

10 Ortschaften sogar redlicher benannt, als man es verlangen kann; den Vorwurf hat sich der Reisende selbst zu machen, weil er diese Namen für bloße Petrefakte* und in Namen geronnene frühere, längst überwundene lokale Lebenserfahrung hielt. Ein süddeutscher Schuhwichsefabrikant, der mit seinen Fabrikaten die Städte vielleicht schon alle erobert hatte oder von der städtischen Bevölkerung rundweg

15 abgelehnt worden war, ich weiß es nicht, er schickte mich auf jeden Fall auf diese Tour, mit dem Auftrag, auch die Anschriften jener Landschuster und Kramläden mitzubringen, die sich nicht gleich zu einer Bestellung entschließen könnten. Als ich nach sechs Wochen mit einem Auftragsbestand von neunhundertdreißig Mark und einer Liste, in der keine Landschuster und kein Kramladen jener unwirtlichen

20 Gegend fehlte, zurückkam, da wußte ich, obwohl der Fabrikant mich beschimpfte und von nun an nichts mehr mit mir zu tun haben wollte, da wußte ich, daß ich mich zeit meines Lebens als Vertreter würde ernähren können.

Das ist nicht nur mir passiert, und mir nicht nur damals, als ich noch ein Anfänger war. Damals war ja auch das Urteil des Oberlandesgerichts Nürnberg vom

25 19.9.1957 noch nicht gefällt worden. Es gab zwar den Paragraphen 89b des HGB, aber dieses Urteil U 94/57, das hat uns gefehlt bei den Streitereien um den Ausgleichsanspruch des Handelsvertreters.
Wir mußten uns mit anderen Mitteln helfen, und die waren nicht immer fein, Gott sei's geklagt.

30 Einmal wollte ich die schwer arbeitende Bauernbevölkerung in einem auch von der Natur nicht sonderlich geliebten Teil unseres Vaterlandes mit hölzernen Fußstützen ausrüsten, da gerade die arme Landbevölkerung mit ihren Füßen oft recht sorglos umgeht. Das ist, so mag sich der Hersteller dieser Fußstützen wohl gedacht haben, ein Vergehen gegen die Volksgesundheit. Aber da er ein Geschäftsmann

35 war, schrie er nicht nach Strafe, sondern sann auf Abhilfe und ließ ein paar Modell-Fußstützen bauen, annoncierte in ein paar Zeitungen, ich wenigstens meldete mich und wurde in die karge Gegend entsandt. Vieles ist einfacher als die dem Sanitären verständnislos, ja fast feindlich gegenüberstehende arme Bauernbevölkerung davon zu überzeugen, daß sie mit der hölzernen Fußstütze Geh-gut (Gehwohl

40 war leider als Markenname schon vergeben) ein längeres und besseres Leben zu

erwarten hätte. Aberglaube und finstere Amateurchemie haben eine große Macht
über Bauern in öden Gegenden. Ich erinnerte an die Redewendung vom guten
Fuß, auf dem man lebe, Spruchweisheit, Bauernregel, nicht von einer Firma erfunden, die Wichtigkeit des Fußes für ein ausgeglichenes Menschenleben doku-
mentierend. Vergebens. Es hätte schon eine spezielle Bauernregel geben müssen: 5
Ist am dritten Juli Hitze, kauf deinem Fuß rasch eine Geh-gut-Stütze, dann hätte
man wahrscheinlich in der ersten Juliwoche ein gutes Geschäft gemacht, vorausgesetzt, daß es am dritten dann auch tatsächlich sehr heiß gewesen wäre. Mir blieb
nichts anderes übrig, als etwas offizieller aufzutreten, als es sonst meine Gewohnheit ist. Ich verschaffe mir einen Stempel und einen amtlichen Bogen. Wer mich 10
übrigens wegen der nun folgenden Geständnisse noch gerichtlich belangen möchte, dem darf ich gleich mitteilen, daß diese milde Art des Betrugs, deren ich mich,
wenn man es schroff und unfreundlich formulieren will, damals schuldig machte,
inzwischen schon der Verjährung verfallen ist. Tempus edax rerum*, tja! Ich verfaßte einen amtlichen Text, der mir eine Erhebung über den Zustand der Fußge- 15
sundheit in jenem Landstrich auftrug. So gerüstet, suchte ich die Landschulen auf,
vermaß mit kritischer Kennermiene und innerlichem Wohlgefallen viele zierliche
Mädchenfüße, notierte mindestens bei jedem zweiten einen erworbenen oder an-
geborenen Fußschaden, gliederte die Schäden orthopädisch in mehrere Gruppen,
teilte den Lehrern das Ergebnis in Prozenten bis auf zwei Stellen hinter dem 20
Komma mit, suchte dann die Eltern der Kinder auf, denen ich Fußstützen zugedacht hatte. Natürlich war ich von den Lehrern jeweils genau über die Vermö-
gensverhältnisse der einzelnen Höfe informiert. Die Lehrer erwiesen sich überhaupt als unendlich hilfreich. Vielleicht weil ich aus der Stadt kam, von einer
Behörde, vom Gesundheitsministerium. So verkaufte ich in vier Wochen zwei- 25
hundertachtzig Paar Fußstützen, das Paar zu acht, zehn, vierzehn, ja manchmal
sogar zu achtzehn Mark, je nach dem Grad der Armut und des Geizes, den ich an-
traf. Ich selbst bezahlte für das Paar drei Mark. Der Hersteller, inzwischen reich
und angesehen und ein richtiger Fabrikant, produziert jetzt andere, wenn auch
nicht ganz und gar andere Artikel. Ich hätte damals vielleicht noch mehr verkau- 30
fen können; wenn ich die Eltern, die ihren Kindern trotz meines offiziellen Auftretens keine Fußstützen gönnten (obwohl diese doch ganz sicher unschädlich
waren), wenn ich diese Eltern gewissermaßen von Amts wegen, im Interesse der
Volksgesundheit und so weiter, gezwungen hätte. Ich führte zwar immer an, daß
das Gesundheitsministerium nur im Interesse der unter harten Bedingungen le- 35
benden Bevölkerung dieses Landstrichs ein Drittel der Kosten übernehme, weil
sonst diese aus feinstem Lindenholz gefertigten Fußstützen an die dreißig Mark
kosteten, aber wo nicht einmal die Verlockung, etwas durch Staatshilfe billiger zu
bekommen, fruchtete, würde auch kein Zwang zum Ziele führen. Das waren entweder Idioten oder charakterfeste Leute, und mit beiden Sorten ist schwer ein Ge- 40
schäft zu machen. Und wenn eine Frau immer wieder nur den einen Satz hervor-

brachte, daß ich nämlich auf ihren Mann warten sollte, dann verließ ich das Gehöft rasch, aber mit einem hochmütigen und verstimmten Gesicht.

Um mir zu diesem Unternehmen Mut zu machen, hatte ich wochenlang die Wirtschaftsteile der großen Zeitungen studiert, die Berichte über Bankrotte, über neue Steuergesetze, über Aktionärsversammlungen und Kreditgewährungen, hatte mir eine Vorstellung gemacht von den in die Millionen gehenden Steuerhinterziehungen großer Firmen, von den Steuernachlässen, die einem solchen Koloß gewährt werden, wenn er zu wanken beginnt, hatte die Manöver zu durchschauen versucht, mit denen die Bankrotteure ihre Schäfchen ins trockene bringen, bevor sie die leeren Kassen vorweisen. White collar-crimes nenne man das in Amerika, hatte mein Schwiegervater gesagt. Bei uns war man sanfter, ein Verbrechen in den oberen Rängen war immer nur ein Skandal; wenn ein Direktor im Ausland eine Firma gründete, unter einem fremden Namen natürlich, gewissermaßen pseudonym, wenn er dorthin die Produkte der Firma, der er im Inland vorstand, zu lächerlichen Preisen verkaufte, sich so auf Kosten seiner Aktionäre und aller Steuerzahler rasch ein Riesenvermögen ergaunerte, dann war das bloß ein Skandal. Mich, wenn man erwischt hätte, nach Zweihunderttausend Kaution wär ich kaum gefragt worden, wäre auch durchaus abkömmlich gewesen für längeres Einsitzen und Teesieb- und Schaumschlägerflechten, und man hätte mich wahrscheinlich nicht nach einem Jährchen gleich wieder in den nächsten Aufsichtsrat geschubst, mich, wenn man erwischt hätte, oh je! Daß auch die oberen Ränge von unaufgedeckten Skandalen leben, ist doch bloß noch ein Beichtgeheimnis. Ein Syndikus* ist eben kein Komplice, sondern ein Fachmann. Ja, wenn mein Zeigefinger nicht so staubig wäre um und um, würde ich ihn gerne auf manchen white collar legen, aber ich halt ihn besser tief im Hosensack und gebe endlich zu, daß es der Ärger über den Paragraphen 263 ist, der aus mir spricht. Betrugsparagraph! Ein Wort, das so häßlich klingt wie Rabenschrei und Marschtritt. Für uns gemacht. Verbrechen nennt man's bei uns, während man…

Heimito von Doderer

Die Dämonen

Heimito von Doderer (1896–1966) ist einer der großen österreichischen Schriftsteller dieses Jahrhunderts. Am bekanntesten sind seine Romane „Die Strudelhofstiege" (1951) und „Die Dämonen" (1956). Schauplatz ist jeweils Wien. In diesen Großstadtromanen verknüpft der Autor das ganz persönliche Schicksal einer Vielzahl von Gestalten mit dem Strom der historischen Ereignisse. Dabei zeigt er sich als Meister der Personendarstellung und der Situationsbeschreibung. Der folgende Text stammt aus dem Roman „Die Dämonen". Den zeitlichen Hintergrund bilden die Jahre 1926 und 1927, in denen sich die sozialen und politischen Gegensätze auch in Österreich immer mehr verschärfen und schließlich in Wien zu bürger-

kriegsähnlichen Zuständen führen. Leonhard Kakabsa, um den es hier geht, ist ein junger, sympathischer Arbeiter, der sich nicht in eine Schablone pressen lassen will. Er ist dabei, seine nähere Umgebung zu erkunden.

Jene nähere Umgebung aber zeigte ihm bald die Zähne – zwischen die er den Finger dann keineswegs steckte – durch ihr unerschütterlich Gleichbleibendes: worin sie nicht gestört zu werden wünschte.

Dies Völkchen lebte, wie es eben lebte, seit den neuen Zeiten, seit 1918 insbesondere. 5

Auf dem Gehsteig kamen etwa die Angestellten der städtischen Gaswerke in Reihen zu vieren und fünfen daher in ihren blauen Arbeitsmonturen und mit umgehängten Werkzeugkästen, die Gaskassierer oder Ableser der Verbrauchs-Uhren und die Kontrollorgane für Wohnungs-Gasometer und deren Wasserstand: sie versperrten den Weg gänzlich, wichen niemandem aus, redeten laut und trugen auch erhebliche Bäuche vor sich her: wirklich, in ihnen hatte das Zeitalter 10 seine Höhe erreicht, und offenbar nur, damit sie sich hinaufsetzten. Der Doktor Catona, ein Arzt dort in der Gegend, wich einmal nicht aus, ließ einen Bauch glatt gegen sich anrennen und erregte dadurch heftigste Empörung. Die meisten

Menschen aber gaben jener Phalanx* der ‚Gaserer‘, wie sie genannt wurden, in scheuer Weise Raum. Wer ein Antlitz wies, daraus Intelligenz hervorschaute, konnte eines verachtungsvollen und provozierenden Blickes gewiß sein.

Denn diese Intelligenz war es im Grunde, welche die Instinkte erregte, und kei
5   neswegs eine wirtschaftliche Besserstellung, die mit der Intelligenz damals gar nicht mehr verbunden war: sehr im Gegenteile.

Denn diese Intelligenz war es – und hier lag der eigentliche Kern, der bittere, die wahre Wurzel der Bitternis – welche versagt hatte, welche den Weltkrieg nicht hatte zu verhüten vermocht, und nicht seinen unglücklichen Ausgang. Diese Intel
10 ligenz war es, welche gesprochen hatte mit der ihr verliehenen Sprache, für das mundlose Volk. Und sie hatte übel gesprochen und Wahnsinn gepredigt. Ein allgemeiner Haß gegen Autoritäten jeder Art brach aus, und wo sich derlei zeigte, muckte man nicht nur auf, sondern eine Art demonstrativer Lümmelei trat unverzüglich in Erscheinung. Einem berühmten Chirurgen machte im Krankenhaus ein
15 sehr klassenbewußter, wenn auch sozialistisch wenig gebildeter Patient in entsprechender Weise den Standpunkt unzweideutig klar, und sagte ihm, daß einem Professor keineswegs höhere Bezahlung gebühre als dem Heizer im Hause. Beide seien Arbeiter, der eine nicht wichtiger oder mehr wert als der andere. „Nun sind Sie aber bald still, mein Lieber“, entgegnete der Gelehrte lachend, „sonst lasse ich
20 Sie morgen vom Heizer operieren.“

So steckte alles voll Forderung und großem Selbstbewußtsein. In den Weinstuben redete jeder nur von sich selbst. „Bei mir gibt’s das nicht.“ „Ich bin ein Mensch, der sich solche Sachen nie hat gefallen lassen.“ „Ich bin immer ein entgegenkommender Mensch gewesen.“ „Ich hab’ mir in meinem Leben von nie
25 mand etwas schenken lassen.“ „Mein Standpunkt war immer ein ganz klarer.“ So lauteten die meisten Äußerungen. Die gewaltigsten Zechen machten die ‚Gaserer‘.

Leonhard sagte einmal (in der Weinstube), daß er zufrieden sei. Das hätte er auf keinen Fall sagen dürfen. Man jagte ihn sogleich in sich selbst zurück. „Sie haben
30 leicht reden. Keine Frau, keine Kinder. Was wollen denn Sie überhaupt? Zufrieden!“

Man fiel sozusagen mit Weibern und Kindern über ihn her.

„Die Zufriedenen, die haben wir schon gern!“ tönte eine Stimme vom Nachbartisch.

35 Die Lage knisterte. Leonhard fühlte ein eigentümliches inneres Bedürfnis: nämlich gerecht zu bleiben, loyal. Einen Augenblick hindurch erschien in seinem Innern so etwas wie eine geometrische Figur; oder es war nur eine Gerade auf hellerem Grund.

„Die Herren haben schon recht“, sagte er. „Aber man kann doch auch unzufrieden
40 sein – mit sich selbst, zum Beispiel.“

Jetzt gerann die Gereiztheit zum Grinsen. Man zuckte die Achseln.

„Wer weiß, was Sie für Anlaß dazu haben. Das geht uns nix an."

Das gewollte Mißverständnis mauerte rasch ein. Aber dann kam die sehr ruhige und geradezu wohlwollende Stimme eines älteren Mannes in blauer Bluse:

„Meine Herren, tut's dem jungen Mann nicht Unrecht. Er meinte halt, wenn ich ihn richtig versteh', daß er noch was lernen möcht', daß er weiterkommen möcht', und nicht in seinen jetzigen Verhältnissen stecken bleiben. Junge Leut' dürfen nicht mit sich zufrieden sein, sonst wird nix."

Er trank Leonhard zu. Die Mauer des Mißverständnisses war nun aus gefälligerem Stoffe errichtet. Das Grinsen zerlief da und dort; zwar wurden noch Achseln gezuckt; aber man trank schließlich rundum, auch mit Leonhard. Dieser aber wußt' es deutlich – in derselben Art, wie früher jene geometrische Linie vor seinem inneren Aug' erschienen war – daß man sich mit ihm nicht verglichen hatte, daß kein Schritt getan worden war, daß alles auf der Stelle blieb, nämlich in der Bequemlichkeit, in welche er schließlich selbst zurückfiel. Er roch das Säuerliche des Weins. Auf der Tischplatte war einiges verschüttet.

Eigentlich endete immer alles damit, daß etwas verschüttet wurde, und daß es dann eben verschüttet war, in einem unangenehmen doppelten oder dreifachen Sinne des Wortes: verschüttet, zugeschüttet und vertan.

Leonhard fühlte sich zeitweise wie von einer Welt von Feinden umgeben, worin er sich vollends täuschte. Er war all jenen Leuten nur grenzenlos gleichgültig, auch seinen Altersgenossen, den jungen Burschen, denn er trat nicht als Bewerber und Wettbewerber in Erscheinung. Aber (und das erfaßte Leonhard nicht oder nur ganz ungenügend): von einem Menschen, der uns völlig gleichgültig ist, werden wir uns kaum gerne in der Bequemlichkeit stören lassen, und wir werden weit davon entfernt sein, ihm diese etwa gar zum Opfer zu bringen. Da müßte schon weit mehr daherkommen als Leonhard Kakabsa. Und auch das käme und geschähe sehr wahrscheinlich vergebens.

Thomas Bernhard

Luftangriff auf Salzburg

*Den Österreicher Thomas Bernhard
(1931–1989) ließen die bitteren Lehren
der Geschichte an der Möglichkeit einer
Weltverbesserung zweifeln. Sein Pessimismus erwuchs auch daraus, daß er
den Tod als die einzige Gewißheit
menschlicher Existenz ansah. Mit seiner
Heimat verband ihn eine Art von Haßlie-
be. Besonders umstritten war dort das
Stück „Heldenplatz" (1988), mit dem er
nach fünfzig Jahren an den Einmarsch
der Deutschen in Österreich im Jahre
1938 erinnerte und sich sehr kritisch mit
dem damaligen Verhalten seiner Landsleute auseinandersetzte.*

*Der folgende Text, eine Kriegserinne-
rung, stammt aus seinem Werk „Die Ursache – Eine Andeutung".*

[…] Einerseits hatten wir Angst vor einem solchen *tatsächlichen* Luft- oder Bom-
ben- oder Terrorangriff auf unsere Heimatstadt, die bis zu diesem Oktobermittag
davon völlig verschont geblieben war, andererseits wünschten wir (Zöglinge) alle
insgeheim tatsächlich, mit einem solchen Luft- oder Bomben- oder Terrorangriff
5   als *tatsächliches Erlebnis* konfrontiert zu sein, wir hatten unser Erlebnis eines solchen fürchterlichen Vorgangs noch nicht gehabt, und die Wahrheit ist, daß wir es
aus (pubertärer) Neugierde herbeiwünschten, daß nach den Hunderten von deutschen und österreichischen Städten, die schon bombardiert und zum Großteil auch
schon völlig zerstört und vernichtet waren, wie wir wußten und was uns nicht nur
10 nicht verborgen geblieben, sondern tagtäglich aus allen nur möglichen persönlichen Berichten und aus den Zeitungen mit der ganzen Furchtbarkeit des Authenti-
schen aufgedrängt worden war, daß auch unsere Stadt bombardiert wird, was
dann, ich glaube, es war der siebzehnte Oktober, geschehen ist. Wie Hunderte
Male vorher, waren wir an diesem Tage gleich anstatt in die Schule oder aus der
15 Schule durch die Wolfdietrichstraße in den Glockengassenstollen hineingegangen
und hatten dort mit der in einem jungen Menschen immer größtmöglichen Auf-
nahme- und Beobachtungs- und also auch Sensationsbereitschaft das sich schon
gewohnheitsmäßig vollziehende zweifellos schreckliche und erschreckende Geschehen wahrgenommen, die Angst der in den Stollen stehenden und sitzenden

und liegenden mehr oder weniger betroffenen, aber doch ununterbrochen von dem ganzen entsetzlichen Geschehen des Krieges bewußt oder unbewußt schon lange Zeit zur Gänze beherrschten Menschen, vornehmlich der Kinder und Schüler und Frauen und alten Männer, die sich in gegenseitiger Hilflosigkeit und in dem permanenten Dauer- als Lauerzustand des Krieges fortwährend, als wäre das schon ihre einzige Nahrung gewesen, beobachteten und beargwöhnten und die alles schon nur mehr noch apathisch mit ihren vor Angst und Hunger gebrochenen Augen verfolgten, gleichgültig zum Großteil die Erwachsenen alles Geschehende, sich in ihrer ganzen totalen Hilflosigkeit zu Ende Vollziehende hinnehmend. Sie waren wie wir schon längst an die in den Stollen Sterbenden gewöhnt gewesen, hatten längst den Stollen und also die Fürchterlichkeit der Finsternisse des Stollens als ihren tagtäglichen gewohnheitsmäßig auszusuchenden Aufenthaltsort akzeptiert, die ununterbrochene Demütigung und Zerstörung ihres Wesens. An diesem Tage hatten wir zu der Zeit, in welche sonst immer die sogenannte Entwarnung gewesen war, auf einmal ein Grollen gehört, eine außergewöhnliche Erderschütterung wahrgenommen, auf die eine vollkommene Stille im Stollen gefolgt war. Die Menschen schauten sich an, sie sagten nichts, aber sie gaben durch ihr Schweigen zu verstehen, daß das, was sie schon monatelang befürchtet hatten, jetzt eingetreten war, und tatsächlich hatte sich bald nach dieser Erderschütterung und dem darauf gefolgten Schweigen von einer Viertelstunde rasch herumgesprochen gehabt, daß auf die Stadt Bomben gefallen waren.
[...] Wir hatten uns einen Bombenangriff anders vorgestellt, es hätte die ganze Erde beben müssen und so fort, und wir liefen durch die Linzergasse hinunter. Jetzt hörten wir alle möglichen Signale und Notsignale von Feuerwehren und Rettungswagen, und als wir hinter dem Gablerbräu über die Bergstraße auf den Marktplatz gelaufen waren, hatten wir plötzlich die ersten Anzeichen der Zerstörung gesehen: die Straßen waren voll Glas- und Mauerschutt, und in der Luft war der eigentümliche Geruch des totalen Krieges. Ein Volltreffer hatte das sogenannte Mozartwohnhaus zu einem rauchenden Schutthaufen gemacht und die umliegenden Gebäude, wie wir gleich gesehen haben, schwer beschädigt. So fürchterlich dieser Anblick gewesen war, die Menschen waren hier nicht stehen geblieben, sondern in Erwartung einer noch viel größeren Verwüstung weitergelaufen, in die Altstadt, wo man das Zentrum der Zerstörung vermutete und von woher alle möglichen Geräusche und uns bis jetzt unbekannten Gerüche auf eine größere Verheerung hindeuteten [...] und sofort, wie ich mit mehreren anderen Zöglingen um die Slamaecke gebogen bin, habe ich gewußt, *was* die Menschen hier nicht stehenbleiben, sondern weiterhasten ließ: den Dom hatte eine sogenannte Luftmine getroffen, und die Domkuppel war in das Kirchenschiff gestürzt, und wir waren gerade im richtigen Zeitpunkt auf dem Residenzplatz angekommen: eine riesige Staubwolke lag über dem fürchterlich aufgerissenen Dom, und dort, wo die Kuppel gewesen war, war jetzt ein ebenso großes Loch, und wir konn-

ten schon von der Slamaecke aus direkt auf die großen, zum Großteil brutal abge-
rissenen Gemälde auf den Kuppelwänden schauen: sie ragten jetzt, angestrahlt
von der Nachmittagssonne, in den klarblauen Himmel; wie wenn dem riesigen,
das untere Stadtbild beherrschenden Bauwerk eine entsetzlich blutende Wunde in
5   den Rücken gerissen worden wäre, schaute es aus. Der ganze Platz unter dem Dom
war voll Mauerbrocken, und die Leute, die gleich uns von allen Seiten herbeige-
laufen waren, bestaunten das exemplarische, zweifellos ungeheuer faszinierende
Bild, das für mich eine Ungeheuerlichkeit als *Schönheit* gewesen war und von
dem für mich kein Erschrecken ausgegangen war, auf einmal war ich mit der ab-
10 soluten Brutalität des Krieges *konfrontiert,* gleichzeitig von dieser Ungeheuerlichkeit *fasziniert* und verharrte minutenlang, wortlos das noch in Zerstörungsbe-
wegung befindliche Bild, das der Platz mit dem kurz vorher getroffenen und wild
aufgerissenen Dom für mich als ein gewaltiges, unfaßbares gewesen war, an-
schauend. Dann gingen wir, wo alle andern hingingen, in die Kaigasse hinüber, die
15 von Bomben beinahe zur Gänze zerstört war. Lange Zeit standen wir, zur Untätigkeit verurteilt, vor den riesigen qualmenden Schutthaufen, unter welchen, wie es
hieß, viele Menschen, wahrscheinlich schon als Tote, begraben waren. Wir schauten auf die Schutthaufen und die auf den Schutthaufen verzweifelt nach Menschen
Suchenden, die ganze Hilflosigkeit der plötzlich unmittelbar in den Krieg Hinein-
20 gekommenen hatte ich in diesem Augenblick gesehen, den vollkommen ausgelie-
ferten und gedemütigten Menschen, der sich urplötzlich seiner Hilflosigkeit und
Sinnlosigkeit bewußt geworden ist. Nach und nach waren immer mehr Rettungs-
mannschaften gekommen, und wir erinnerten uns plötzlich unserer Anstaltsord-
nung und kehrten um, aber wir gingen dann doch nicht in die Schrannengasse,
25 sondern in die Gstättengasse, aus welcher ebenso große Zerstörungen wie in der
Kaigasse gemeldet worden waren. In der Gstättengasse, in dem uralten Haus links
vom Mönchsbergaufzug, das zu dieser Zeit noch Verwandten von mir gehörte, die
zweifellos zur Zeit des Angriffs in ihrem Hause gewesen waren, habe ich, von dem
Haus meiner Verwandten ab, fast alle Gebäude vollkommen vernichtet gesehen,
30 ich hatte bald die Gewißheit, daß meine Verwandten, ein über zweiundzwanzig
Nähmaschinen und ihre Opfer herrschender Schneidermeister und seine Familie,
lebten. Auf dem Weg in die Gstättengasse war ich auf dem Gehsteig, vor der Bürgerspitalskirche, auf einen weichen Gegenstand getreten, und ich glaubte, es
handle sich, wie ich auf den Gegenstand schaute, um eine Puppenhand, auch
35 meine Mitschüler hatten geglaubt, es handelte sich um eine Puppenhand, aber es
war eine von einem Kind abgerissene Kinderhand gewesen. Erst bei dem Anblick
der Kinderhand war dieser Bombenangriff amerikanischer Flugzeuge auf meine
Heimatstadt urplötzlich aus einer den Knaben, der ich gewesen war, in einen Fie-
berzustand versetzenden *Sensation* zu einem *grauenhaften Eingriff der Gewalt*
40 und zur Katastrophe geworden. Und als wir dann, wir waren mehrere, von diesem
Fund vor der Bürgerspitalskirche erschrocken, über die Staatsbrücke und gegen

alle Vernunft nicht in das Internat zurück, sondern zum Bahnhof hinausgelaufen und in die Fanny von Lehnertstraße hineingegangen sind, wo Bomben in das Konsumgebäude gefallen waren und viele Konsumangestellte getötet hatten, und wie wir hinter dem Eisengitter der Grünanlage des sogenannten Konsums reihenweise mit Leintüchern zugedeckte Tote gesehen haben, deren Füße nackt auf dem staubigen Gras lagen, und wir zum erstenmal Lastautos fahren gesehen haben, die riesige Holzsärgestapel in die Fanny von Lehnertstraße transportierten, war uns augenblicklich und endgültig die Faszination der Sensation vergangen. […]

Ulla Hahn

Danklied

Ich danke dir daß du mich nicht beschützt
daß du nicht bei mir bist wenn ich dich brauche
kein Firmament bist für den kleinen Bärn
und nicht mein Stab und Stecken der mich stützt.

Ich danke dir für jeden Fußtritt der
mich vorwärts bringt zu mir
auf meinem Weg. Ich muß alleine gehn.
Ich danke dir. Du machst es mir nicht schwer.

Ich dank dir für dein schönes Angesicht
das für mich alles ist und weiter nichts.
Und auch daß ich dir nichts zu danken hab
als dies und manches andere Gedicht.

VARIANTEN DES THEATERS

Bertolt Brecht

Mutter Courage

*Von Bertolt Brecht (1898–1956) haben
Sie auf den Seiten 138 und 176 bereits
zwei Gedichte kennengelernt.
Wie die Lyrik stand auch das Theater der
Nachkriegszeit zunächst unter dem Einfluß Brechts. Er hatte die Zeit der NS-
Herrschaft im Exil verbracht und gewann nach seiner Rückkehr nach
Ostberlin mit seinen Stücken und seiner
Theatertheorie immer mehr Einfluß auf
die deutschen Bühnen in Ost und West.
Als überzeugter Kommunist glaubte er
an die Veränderbarkeit einer Gesellschaft auch mit den Mitteln des Theaters. Sein Theater sollte „episch" sein,
etwas erzählen und nicht die Illusion
einer gespielten Gegenwart erzeugen.
Der Zuschauer soll mitdenken, nicht mit-
fühlen. Besondere Bühneneffekte sollen
das Dargestellte in bestimmten Abständen „verfremden" und den Zuschauer
aus der genießerischen Hingabe an das
Spiel herausreißen.
Brecht schrieb mit „Mutter Courage und
ihre Kinder" eines seiner populärsten
Stücke. Es spielt im Dreißigjährigen*

*Krieg auf verschiedenen Schauplätzen.
Courage ist Marketenderin, die am
Krieg verdienen, aber auch ihre Kinder
durchbringen will. Sie ist eine Person
aus dem Volke: derb, mit Mutterwitz und
illusionslos. Der Krieg ist für sie ein Geschäft der Großen, und davon will sie
auch einen Teil abbekommen. Am Ende
aber zeigt sich, daß sie über ihrem Geschäft ihre Kinder verloren hat. Die
Krieg gibt und frißt. Sie zieht schließlich
ihren Wagen, das wichtigste Requisit im
Stück, allein weiter.*

MUTTER COURAGE AUF DER HÖHE IHRER GESCHÄFTLICHEN LAUFBAHN.

*Landstraße. Der Feldprediger, Mutter Courage und ihre Tochter Kattrin ziehen
den Planwagen, an dem neue Waren hängen. Mutter Courage trägt eine Kette
mit Silbertalern.*

MUTTER COURAGE: Ich laß mir den Krieg von euch nicht madig machen. Es heißt, er vertilgt die Schwachen, aber die sind auch hin im Frieden. Nur, der Krieg nährt seine Leut besser.

Sie singt.

Und geht er über deine Kräfte

Bist du beim Sieg halt nicht dabei.

Der Krieg ist nix als die Geschäfte

Und statt mit Käse ists mit Blei.

Und was möcht schon Seßhaftwerden nützen? Die Seßhaften

sind zuerst hin. *Singt.*

So mancher wollt so manches haben

Was es für manchen gar nicht gab:

Er wollt sich schlau ein Schlupfloch graben

Und grub sich nur ein frühes Grab.

Schon manchen sah ich sich abjagen

In Eil nach einer Ruhestatt –

Liegt er dann drin, mag er sich fragen

Warums ihm so geeilet hat.

Sie ziehen weiter.

[…]

Januar 1636. Die kaiserlichen Truppen bedrohen die evangelische Stadt Halle. Der Stein beginnt zu reden. Mutter Courage verliert ihre Tochter und zieht allein weiter. Der Krieg ist noch lange nicht zu Ende.

Der Planwagen steht zerlumpt neben einem Bauernhaus mit riesigem Strohdach, das sich an eine Felswand anlehnt. Es ist Nacht. Aus dem Gehölz treten ein Fähnrich und drei Soldaten in schwerem Eisen.

DER FÄHNRICH: Ich will keinen Lärm haben. Wer schreit, dem haut den Spieß hinauf.

ERSTER SOLDAT: Aber wir müssen sie herausklopfen, wenn wir einen Führer haben wollen.

DER FÄHNRICH: Das ist kein unnatürlicher Lärm, Klopfen. Da kann eine Kuh sich an die Stallwand wälzen.

Die Soldaten klopfen an die Tür des Bauernhauses. Eine Bäuerin öffnet. Sie halten ihr den Mund zu. Zwei Soldaten hinein.

MÄNNERSTIMME DRINNEN: Ist was?

Die Soldaten bringen einen Bauern und seinen Sohn heraus.

DER FÄHNRICH *deutet auf den Wagen, in dem Kattrin aufgetaucht ist:* Da ist auch noch eine. *Ein Soldat zerrt sie heraus.* Seid ihr alles, was hier wohnt?

DIE BAUERSLEUTE: Das ist unser Sohn, und das ist eine Stumme, ihre Mutter ist in die Stadt, einkaufen, für ihren Warenhandel, weil viele fliehn und billig verkaufen. Es sind fahrende Leut, Marketender.

DER FÄHNRICH: Ich ermahn euch, daß ihr euch ruhig verhaltet, sonst, beim geringsten Lärm, gibts den Spieß über die Rübe. Und ich brauch einen, der uns den Pfad zeigt, wo auf die Stadt führt. *Deutet auf den jungen Bauern.* Du, komm her!

DER JUNGE BAUER: Ich weiß keinen Pfad nicht.

ZWEITER SOLDAT *grinsend:* Er weiß keinen Pfad nicht.

DER JUNGE BAUER: Ich dien nicht die Katholischen.

DER FÄHNRICH *zum zweiten Soldaten:* Gib ihm den Spieß in die Seit!

DER JUNGE BAUER *auf die Knie gezwungen und mit dem Spieß bedroht:* Ich tus nicht ums Leben.

ERSTER SOLDAT: Ich weiß was, wie er klug wird. *Er tritt auf den Stall zu.* Zwei Küh und ein Ochs. Hör zu: wenn du keine Vernunft annimmst, säbel ich das Vieh nieder.

DER JUNGE BAUER: Nicht das Vieh!

DIE BÄUERIN *weint:* Herr Hauptmann, verschont unser Vieh, wir möchten sonst verhungern.

DER FÄHNRICH: Es ist hin, wenn er halsstarrig bleibt.

ERSTER SOLDAT: Ich fang mit dem Ochsen an.

DER JUNGE BAUERN *zum Alten:* Muß ichs tun? *Die Bäuerin nickt.* Ich tus.

DIE BÄUERIN: Und schönen Dank, Herr Hauptmann, daß Sie uns verschont haben, in Ewigkeit, Amen.

„Mutter Courage", Aufführung des „Berliner Ensembles" (Januar 1949)

Friedrich Dürrenmatt

Der Besuch der alten Dame

Der Schweizer Friedrich Dürrenmatt (1921–1990) teilte nicht mehr den aufklärerischen Optimismus Brechts. Er glaubte nicht mehr an die Veränderbarkeit der Welt. Diese ist unüberschaubar und unberechenbar geworden. Die angemessene Dramenform ist daher für ihn die Komödie bis hin zur Groteske.
Aus Dürrenmatts Stück „Der Besuch der alten Dame" steht schon auf S. 28/29 ein erstes Textbeispiel. Dort geht es um die höchst absichtsvolle Rhetorik des Bürgermeisters von Güllen. Im folgenden Abschnitt findet ein Dialog zwischen der alten Dame und ihrem treulosen früheren Geliebten Ill

statt, dessen Tod der Preis für den wirtschaftlichen Aufstieg der verarmten Gemeinde Güllen sein soll. Hier kann man sehen, mit welchen dramatischen Mitteln Dürrenmatt arbeitet.

Von links kommen die vier Bürger mit einer einfachen Holzbank, ohne Lehne, die sie links absetzen. Der Erste steht auf die Bank, eine großes Kartonherz umgehängt mit den Buchstaben AK, die andern stellen sich im Halbkreis um ihn, breiten Zweige auseinander, markieren Bäume.

DER ERSTE: Wir sind Fichten, Föhren, Buchen.   5
DER ZWEITE: Wir sind dunkelgrüne Tannen.
DER DRITTE: Moos und Flechten, Epheudickicht.
DER VIERTE: Unterholz und Fuchsgeheg.
DER ERSTE: Wolkenzüge, Vogelrufe.
DER ZWEITE: Echte deutsche Wurzelwildnis.   10
DER DRITTE: Fliegenpilze, scheue Rehe.
DER VIERTE: Zweiggeflüster, alte Träume.
Aus dem Hintergrund kommen die zwei Kaugummi kauenden Monstren, die Sänfte mit Claire Zachanassian tragend, neben ihr Ill. Dahinter der Gatte VII und ganz im Hintergrund der Butler, die beiden Blinden an der Hand führend.   15
CLAIRE ZACHANASSIAN: Der Konradsweilerwald, Roby und Toby, haltet mal an.
DIE BEIDEN BLINDEN: Anhalten Roby und Toby, anhalten Boby und Moby.
Claire Zachanassian steigt aus der Sänfte, betrachtet den Wald.

CLAIRE ZACHANASSIAN: Das Herz mit deinem und meinem Namen, Alfred. Fast verblichen und auseinandergezogen. Der Baum ist gewachsen, sein Stamm, seine Äste dick geworden wie wir selber.

Claire Zachanassian geht zu den andere Bäumen.

5 CLAIRE ZACHANASSIAN: Eine deutsche Baumgruppe. Ich ging schon lange nicht mehr im Walde meiner Jugend, stampfte schon lange nicht mehr durch Laub, durch violetten Epheu. Spaziert nun etwas hinter die Büsche, mit eurer Sänfte, ihr Kaugummikauer, ich mag eure Visagen nicht immer sehen. Und du, Moby, wandere nach rechts gegen den Bach zu deinen Fischen.

10 *Die zwei Monstren mit der Sänfte links ab. Gatte VII nach rechts. Claire Zachanassian setzt sich auf die Bank.*

CLAIRE ZACHANASSIAN: Schau mal, ein Reh.

Der Dritte springt davon.

ILL: Schonzeit.

15 *Er setzt sich zu ihr.*

CLAIRE ZACHANASSIAN: Auf diesem Findling küßten wir uns. Vor mehr als fünfundvierzig Jahren. Wir liebten unter diesen Sträuchern, unter dieser Buche, zwischen Fliegenpilzen im Moos. Ich war siebzehn und du noch nicht zwanzig. Dann hast du Mathilde Blumhard geheiratet mit ihrem Kleinwarenladen und 20 ich den alten Zachanassian mit seinen Milliarden aus Armenien. Er fand mich in einem Hamburger Bordell. Meine roten Haare lockten ihn an, den alten, goldenen Maikäfer.

ILL: Klara!

CLAIRE ZACHANASSIAN: Eine Henry Clay, Boby.

25 *Die beiden Blinden: Eine Henry Clay, eine Henry Clay.*

Der Butler kommt aus dem Hintergrund, reicht ihr eine Zigarre, gibt ihr Feuer.

CLAIRE ZACHANASSIAN: Ich schätze Zigarren. Eigentlich sollte ich jene meines Mannes rauchen, aber ich traue ihnen nicht.

ILL: Dir zuliebe habe ich Mathilde Blumhard geheiratet.

CLAIRE ZACHANASSIAN: Sie hatte Geld.

ILL: Du warst jung und schön. Dir gehörte die Zukunft. Ich wollte dein Glück. Da mußte ich auf das meine verzichten.

CLAIRE ZACHANASSIAN: Nun ist die Zukunft gekommen.

ILL: Wärest du hier geblieben, wärest du ebenso ruiniert wie ich.

CLAIRE ZACHANASSIAN: Du bist ruiniert?

ILL: Ein verkrachter Krämer in einem verkrachten Städtchen.

CLAIRE ZACHANASSIAN: Nun habe *ich* Geld.

ILL: Ich lebe in einer Hölle, seit du von mir gegangen bist.

CLAIRE ZACHANASSIAN: Und ich bin die Hölle geworden.

ILL: Ich schlage mich mit meiner Familie herum, die mir jeden Tag die Armut vorhält.

CLAIRE ZACHANASSIAN: Mathildchen machte dich nicht glücklich?

ILL: Hauptsache, daß du glücklich bist.

CLAIRE ZACHANASSIAN: Deine Kinder?

ILL: Ohne Sinn für Ideale.

CLAIRE ZACHANASSIAN: Der wird ihnen schon aufgehen.

Er schweigt. Die beiden starren in den Wald ihrer Jugend.

ILL: Ich führe ein lächerliches Leben. Nicht einmal recht aus dem Städtchen bin ich gekommen. Eine Reise nach Berlin und eine ins Tessin, das ist alles.

CLAIRE ZACHANASSIAN: Wozu auch. Ich kenne die Welt.

ILL: Weil du immer reisen konntest.

CLAIRE ZACHANASSIAN: Weil sie mir gehört.

Er schweigt und sie raucht.

ILL: Nun wird sich alles ändern.

CLAIRE ZACHANASSIAN: Gewiß.

ILL *lauernd:* Du wirst uns helfen?

CLAIRE ZACHANASSIAN: Ich lasse das Städtchen meiner Jugend nicht im Stich.

ILL: Wir haben Millionen nötig.

CLAIRE ZACHANASSIAN: Wenig.

ILL *begeistert:* Wildkätzchen!

Er schlägt ihr gerührt auf ihren linken Schenkel und zieht die Hand schmerzerfüllt zurück.

CLAIRE ZACHANASSIAN: Das schmerzt. Du hast auf ein Scharnier meiner Prothese geschlagen.

Der Erste zieht aus der Hosentasche eine alte Tabakpfeife hervor und einen rostigen Hausschlüssel, klopft mit dem Schlüssel auf die Pfeife.

CLAIRE ZACHANASSIAN: Ein Specht.

ILL: Es ist wie einst, wie wir jung waren und kühn, da wir in den Konradsweilerwald gingen, in den Tagen unserer Liebe. Die Sonne hoch über den Tannen,
eine helle Scheibe. Ferne Wolkenzüge und das Rufen des Kuckucks irgendwo
5 in der Wurzelwildnis.

DER VIERTE: Kuckuck! Kuckuck!

Ill befühlt den Ersten.

ILL: Kühles Holz und Wind in den Zweigen, ein Rauschen, wie die Brandung des
Meeres. Wie einst, alles wie einst.

10 *Die drei, die Bäume markieren, blasen, bewegen die Arme auf und ab.*

ILL: Wäre doch die Zeit aufgehoben, mein Zauberhexchen. Hätte uns doch das
Leben nicht getrennt.

CLAIRE ZACHANASSIAN: Das wünschest du?

ILL: Dies, nur dies. Ich liebe dich doch!

15 *Er küßt ihre rechte Hand.*

ILL: Die selbe kühle weiße Hand.

CLAIRE ZACHANASSIAN: Irrtum. Auch eine Prothese. Elfenbein.

Ill läßt entsetzt ihre Hand fahren.

ILL: Klara, ist denn überhaupt alles Prothese an dir!

20 CLAIRE ZACHANASSIAN: Fast. Von einem Flugzeugabsturz in Afghanistan. Kroch
als einzige aus den Trümmern. Auch die Besatzung war tot, bin nicht umzubringen.

DIE BEIDEN BLINDEN: Nicht umzubringen, nicht umzubringen. [...]

Friedrich Dürrenmatt
Thesen zum Theater

In der Wurstelei unseres Jahrhunderts [...] gibt es keine Schuldigen und auch
keine Verantwortlichen mehr. Alle können nichts dafür und haben es nicht ge-
wollt. Es geht wirklich ohne jeden. [...] Uns kommt nur noch die Komödie bei.
Unsere Welt hat ebenso zur Groteske geführt wie zur Atombombe.
5 [...] Doch das Groteske ist nur ein sinnlicher Ausdruck, ein sinnliches Paradox,
die Gestalt einer Ungestalt. [...]
Nun liegt der Schluß nahe, die Komödie sei Ausdruck der Verzweiflung, doch ist
dieser Schluß nicht zwingend. Gewiß, wer das Sinnlose, das Hoffnungslose einer
Welt sieht, kann verzweifeln, doch ist diese Verzweiflung nicht eine Folge dieser
10 Welt, sondern eine Antwort [...], und eine andere Antwort wäre sein Nichtver-
zweifeln, sein Entschluß etwa, die Welt zu bestehen. [...]
Auch der nimmt Distanz, auch der tritt einen Schritt zurück, der seine Gegner ein-
schärfen will, der sich bereit macht, mit ihm zu kämpfen, oder ihm zu entgehen. Es
ist immer noch möglich, den mutigen Menschen zu zeigen. [...]

Friedrich Dürrenmatt

Modell Scott

Shakespeare* hätte das Schicksal des unglücklichen Robert Falcon Scott* doch
wohl in der Weise dramatisiert, daß der tragische Untergang des großen Forschers
durchaus dessen Charakter entsprungen wäre, Ehrgeiz hätte Scott blind gegen die
Gefahren der unwirtlichen Regionen gemacht, in die er sich wagte, Eifersucht und
Verrat unter den anderen Expeditionsteilnehmern hätte das Übrige hinzugetan, die
Katastrophe in Eis und Nacht herbeizuführen; bei Brecht wäre die Expedition aus
wirtschaftlichen Gründen und Klassendenken gescheitert, die englische Erziehung hätte Scott gehindert, sich Polarhunden anzuvertrauen, er hätte zwangsläufig
standesgemäße Ponys gewählt, der höhere Preis wiederum dieser Tiere hätte ihn
genötigt, an der Ausrüstung zu sparen; bei Beckett* wäre der Vorgang auf das
Ende reduziert*, Endspiel, letzte Konfrontation, schon in einen Eisblock verwandelt säße Scott anderen Eisblöcken gegenüber, vor sich hinredend, ohne Antwort
von seinen Kameraden zu erhalten, ohne Gewißheit, von ihnen noch gehört zu
werden: Doch wäre auch eine Dramatik denkbar, die Scott beim Einkaufen der für
die Expedition benötigten Lebensmittel aus Versehen in einen Kühlraum ein-
schlösse und in ihm erfrieren ließe. Scott, gefangen in den endlosen Gletschern der
Antarktis, entfernt durch unüberwindliche Distanzen von jeder Hilfe, Scott, wie
gestrandet auf einem anderen Planeten, stirbt tragisch, Scott, eingeschlossen in
den Kühlraum durch ein läppisches Mißgeschick, mitten in einer Großstadt, nur
wenige Meter von einer belebten Straße entfernt, zuerst beinahe höflich an die
Kühlraumtüre klopfend, rufend, wartend, sich eine Zigarette anzündend, es kann
nur wenige Minuten dauern, dann an die Tür polternd, darauf schreiend und häm-
mernd, immer wieder, während sich die Kälte eisiger um ihn legt, Scott, herumge-
hend, um sich Wärme zu verschaffen, hüpfend, stampfend, turnend, radschlagend,
endlich verzweifelt Tiefgefrorenes gegen die Türe schmetternd, Scott, wieder in-
nehaltend, im Kreise herumzirkelnd auf kleinstem Raum, schlotternd, zähneklap-
pernd, zornig und ohnmächtig, dieser Scott nimmt ein noch schrecklicheres Ende
und dennoch ist Robert Falcons Scott im Kühlraum erfrierend ein anderer als
Robert Falcon Scott erfrierend in der Antarktis, wir spüren es, dialektisch* gesehen ein anderer, aus einer tragischen Gestalt ist eine komische Gestalt geworden,
komisch nicht wie einer, der stottert, oder wie einer, der vom Geiz oder von der Eifersucht überwältigt worden ist, eine Gestalt komisch allein durch ihr Geschick:
Die schlimmstmögliche Wendung, die eine Geschichte nehmen kann, ist die Wendung in die Komödie.

Max Frisch

Der Autor und das Theater

Je näher wir der Gegenwart kommen, je mehr wir die vorhandene Welt kennen, desto deutlicher wird uns, wie unabbildbar sie ist, die komplexe Realität; ein Stück, selbst ein großes, ist immer nur ein Stück: eine Engführung, eben dadurch eine Erlösung für Stunden. Wie immer das Theater sich gibt, ist es Kunst: Spiel als
5 Antwort auf die Unabbildbarkeit der Welt. Was abbildbar wird, ist Poesie. Auch Brecht zeigt nicht die vorhandene Welt. Zwar tut sein Theater, als zeige es, und Brecht hat immer neue Mittel gefunden, um zu zeigen, daß es zeigt. Aber außer der Gebärde des Zeigens: was wird gezeigt? Sehr viel, aber nicht die vorhandene Welt, sondern Modelle der brecht-marxistischen These, die Wünschbarkeit einer ande-
10 ren und nichtvorhandenen Welt: Poesie. Es ist kein Zufall, daß seine Stücke, ausgenommen die fragmentarischen Szenen von Furcht und Elend im Dritten Reich, nicht im heutigen Deutschland spielen, sondern in China, im Kaukasus, in Chicago, im Dreißigjährigen Krieg, im Italien des Galilei; keines in Ost-Deutschland. Warum nicht? Shakespeare tat dasselbe; seine Stücke spielen im antiken Rom oder
15 im fernen Dänemark oder in Illyrien, und wenn in England, dann in der Historie. Wegen der Zensur? Das mag hinzukommen, aber es ist nicht der einzige und nicht der eigentliche Grund für die Ansiedlung jenseits der jeweils vorhandenen Welt. Wer selber schreibt, erfährt den Grund sehr bald; man muß verändern, um darstellen zu können, und was sich darstellen läßt, ist immer schon Utopie: „Sie werden
20 sich nicht verwundern", schreibt Brecht in jener Antwort, „von mir zu hören, daß die Frage der Beschreibbarkeit der Welt eine gesellschaftliche Frage ist", und wir wissen ja, was Brecht damit sagen möchte; nur läßt sich das auch umgekehrt lesen, nämlich so: daß das politische Credo, das Veränderung der Welt fordert, sekundär ist, Auslegung des darstellerischen Problems. Selbst wenn ein Stückeschreiber
25 sich politisch nicht engagiert, nicht meint, daß das Theater zur Veränderung der Gesellschaft beitrage, selbst dann also, wenn wir die Frage der Beschreibbarkeit der Welt nicht zur gesellschaftlichen Frage ummünzen, gilt, daß wir auf die Unabbildbarkeit der vorhandenen Welt nur mit Utopie antworten können, daß jede Szene, indem sie spielbar ist, über die vorhandene Welt hinausgeht und im glück-
30 lichen Fall abbildet, was man eine Vision nennt. Das größte Stück deutscher Sprache seit Brecht basiert nicht auf einer politischen Ideologie, seine Vision gibt sich nicht als Programm, es zeigt die Gesellschaft nicht als veränderbar; trotzdem ist es ein großes Stück. Ich spreche vom Besuch der alten Dame. Es gibt nicht nur Sezuan, sondern auch Güllen; beide nur auf der Bühne, beide meinen unsere Welt, aber
35 sie bilden sie nicht ab, sie deuten sie, wobei die Frage, ob dadurch die Welt zu verändern ist, sich bei Dürrenmatt nicht stellt […].

Peter Weiss

Die Ermittlung

*Peter Weiss' (1916–1982) Stück „Die Ermittlung" gehört zur Gattung des doku-
mentarischen Theaters. Das dokumentarische Theater erfindet nicht, sondern
übernimmt authentisches Material, z. B. Gerichtsprotokolle und Zeitungsberich-
te, die als Nachweis eines realen Geschehens in das Stück eingefügt werden.
„Die Ermittlung" bringt den Auschwitz-Prozeß von 1964 gegen die Wachmann-
schaft dieses Konzentrationslagers auf die Bühne, die so zum Tribunal wird. Auf
diese Weise wollte Weiss auch die „faschistoiden" Elemente in der Bundesrepublik aufdecken.*

[…]

RICHTER
Herr Zeuge
Wen von den Angeklagten
sahen Sie noch auf der Rampe

5 ZEUGE 6
Diesen Angeklagten
Ich kann auch seinen Namen nennen
Er heißt Hofmann

RICHTER
10 Angeklagter Hofmann
Was hatten Sie auf der Rampe zu tun

ANGEKLAGTER 8
Ich hatte für Ruhe und Ordnung zu
sorgen

15 RICHTER
Wie ging das vor sich

ANGEKLAGTER 8
Die Leute wurden aufgestellt
Dann bestimmten die Ärzte
20 wer arbeitsfähig war
und wer zur Arbeit nicht infrage kam

Mal waren mehr
mal weniger Arbeitsfähige
rauszuholen
Der Prozentsatz war bestimmt   25
Er richtete sich nach dem Bedarf
an Arbeitskräften

RICHTER
Was geschah mit denen
die nicht zur   30
Arbeit gebraucht wurden

ANGEKLAGTER 8
Die kamen ins Gas

RICHTER
Wie groß war der Prozentsatz   35
der Arbeitsfähigen

ANGEKLAGTER 8
Im Durchschnitt ein Drittel
des Transportes
Bei Überbelegung des Lagers   40
hatten die Transporte
geschlossen abzugehn

RICHTER
Haben Sie selbst
45 Aussonderungen vorgenommen

ANGEKLAGTER 8
Ich kann dazu nur sagen
daß ich manchmal Nichtarbeitsfähige
zu den Arbeitsfähigen rübergeschoben habe
50 wenn die darum gebeten und gebettelt haben

RICHTER
Durften Sie das

ANGEKLAGTER 8
Nein
55 das war verboten
aber man hat eben beide Augen zugedrückt

RICHTER
Wurde für den Rampendienst
Sonderverpflegung ausgegeben

60 ANGEKLAGTER 8
Ja
da gab es Brot
eine Portion Wurst
und einen Fünftel Liter Alkohol

65 RICHTER
Hatten Sie bei der Ausübung Ihrer Arbeit
Gewalt anzuwenden

ANGEKLAGTER 8
Da war immer ein großes Durcheinander
70 und da hat es natürlich mal
eine Zurechtweisung
oder eine Ohrfeige gegeben
Ich habe nur meinen Dienst gemacht
Wo ich hingestellt werde
75 mache ich eben meinen Dienst

WENDEZEIT

Reiner Kunze

Deckname Lyrik

*Reiner Kunze (geb. 1933) mußte in
den siebziger Jahren als unbequem
gewordener Autor die DDR verlassen.
In der Bundesrepublik wurde er vor
allem bekannt mit seinem Buch „Die
wunderbaren Jahre" (1976), in dem
er den Alltag in der DDR schildert.
Die folgenden Aktenauszüge
vermitteln einen Einblick in die Art
und Weise, in der die Staatssicherheit
(Stasi) mißliebige Personen
bespitzelte.*

[…]
Zitiert wird die Akte Nr. X/514/68 des Ministeriums für Staatssicherheit der Deut-
schen Demokratischen Republik, Bezirksverwaltung Gera:
Operativ-Vorgang
Deckname: „Lyrik"
Tatbestand: Staatsgefährdende Hetze § 106 StGB, Staatsverleumdung § 220 StGB   5
Kunze, Reiner …, Schriftsteller
Angelegt am: 16. 9. 1968
Beendet: 19. 12. 1977
Archiv-Nr. 1434/77
Die Akte umfaßt 12 Bände mit insgesamt 3491 Blatt.   10
Einfügungen und Erläuterungen in eckigen Klammern von mir.
Großbuchstaben in Anführungszeichen („A") sind Anfangsbuchstaben von IM-
Decknamen (IM = inoffizieller Mitarbeiter; registrierter, konspirativ arbeitender
Informant). […]
Cottbus, den 19. 10. 1970   15
Reiner *Kunze*, Lyriker aus Greiz. Auf Einladung des Schriftstellerverbandes Cott-
bus weilte Vorgenannter … im Blechen-Club zu einem Vortrag … Eine klare, ein-
deutige politische Haltung zu unserer Kulturpolitik ist bei K. vermutlich nicht vor-
handen … [Hinter] seinen … Worten „Man darf dem Künstler nicht die eigene

Meinung nehmen" … läßt [sich] die Tendenz von der sog. unpolitischen Kunst vermuten … Der IM, in dessen Händen die Leitung des Vortrages lag, und der die Gefährlichkeit dessen Thesen erkannte, bemühte sich mehrmals um die strikte Einhaltung der Tagesordnung.

5 Berlin, den 23. 05. 1968

… Ludvík *Kundera* ist einer der bekanntesten Lyriker der CSSR, der neben seiner eigenen lyrischen Produktion Gedichte und Erzählungen der DDR-Schriftsteller *Arendt, Bobrowski, Brecht, Fühmann, Bieler, Kunert, Kunze* und *Huchel* in die tschechische Sprache übersetzte … *Kundera* nahm an dem im Dezember 1964

10 stattgefundenen Schriftsteller-Kolloquium im Haus des Lehrers in Berlin teil. Im Verlauf der Diskussion stellte *Kundera* – nach seinen eigenen Worten – „bewußt scharf einige Fragen", die eine Provokation darstellten. So äußerte er u. a.: „Warum hält man sozusagen im Hintergrund solche Dichter wie Günter *Kunert* und Reiner *Kunze*? Ich glaube, daß diese und ähnliche offene Fragen … den Ruf

15 der Literatur und der Kulturpolitik der DDR stark schädigen."

Berlin, den 7. 06. 1968

… *Kunze* fiel 1962 erstmalig im Zusammenhang mit dem Schriftsteller *Hermlin*, Stephan, operativ an … Seit den Ereignissen in der CSSR im September/November 1967 wird ersichtlich, daß sich *Kunze* auf die feindlichen Kräfte in der CSSR

20 stützt und er besonders befürwortenden Anteil an der feindlichen Entwicklung nimmt. Aus diesem Grund erklärte er sich auch bereit, im Mai 1968 im Haus der Tschechoslowakischen Kultur in Berlin … Gedichte zu lesen. Nach der Veranstaltung wurde er mit anderen negativen und feindlichen Personen durch die Leitung des Kulturhauses zu einem Glas Wein eingeladen. In diesem Kreis wurden die

25 Ziele der feindlichen Kräfte in der CSSR diskutiert und von *Kunze* und den anderen Anwesenden akzeptiert. […]

Operativplan (Gera, den 07. 01. 1977)

Die Maßnahmen der Verunsicherung werden in folgenden Komplexen durchgeführt:

30 über Schlüsselpositionen der Landeskirche Thüringen,
über Schlüsselpositionen im Bereich des Gesundheitswesens,
durch organisierten Versand von offiziellen Briefen …, in denen die Empörung zur Haltung der Vorgangsperson zum Ausdruck gebracht wird,
durch Auferlegung staatlicher und gesellschaftlicher Maßnahmen,

35 durch operative Maßnahmen …

Maßnahmen zum organisierten Versand von Briefen usw.

Aus dem Bestand der IM … sind absolut zuverlässige und geeignete IM auszuwählen, die offiziell Briefe an die Vorgangsperson mit differenziertem Inhalt und zu unterschiedlichen Zeiten versenden. Dies ist so durchzuführen, daß bei den real

40 existierenden Personen keine Organisationsform zu spüren ist. Dazu sind … erforderlich:

Lehrer – Direktor einer POS/EOS [Politechnische/Erweiterte Oberschule] – aus dem Fach Deutsch, Geschichte oder Literatur,
Arzt mit kulturell-künstlerischen Ambitionen,
Literatur- und Kunstwissenschaftler,
Student(in) der Friedrich-Schiller-Universität Jena. [...]

Lehrer: – zu Angriffen des K. gegen die Volksbildung der DDR ...

Arzt: – K. soll an das humanistische Anliegen seiner Frau erinnert und [ermahnt] werden, nicht auch sie noch als Ärztin mit seinem feindlichen Ansinnen [zu] konfrontieren ...

Literatur- und Kunstwissenschaftler: – den Nachweis erbringen, daß Kunzes Prosa schlechte Prosa ist und nur dem Zweck der Agitation und der politisch-ideologischen Diversion des Gegners dient,

– daß *Kunze* kein Künstler und Schriftsteller mehr ist, sondern ein gekauftes Subjekt des Klassengegners;

– wenn K. sich so für die imperialistische Ideologie engagiert, so soll er doch nach drüben gehen.

Student: ... – Viele fragen, warum passiert dem K. nichts?

– Es wird angezweifelt, daß *Kunzes* antisozialistische Haltung echt ist.

– Er soll überlegen, ob nicht er einen Teil Schuld trägt, daß viele verführt und ... vorzeitig erkannt werden ...

Alle Briefe werden erst nach vorheriger Kenntnis und Zustimmung durch uns abgeschickt ... [...]

Christoph Hein

Die Ritter der Tafelrunde

Christoph Hein (geb. 1944) gehörte zu den Autoren in der DDR, welche die dortigen Verhältnisse scharf kritisierten, aber den Sozialismus prinzipiell befürworteten.
In den Rittern der Tafelrunde aus den mittelalterlichen Erzählungen um den sagenhaften König Artus fand er 1989 das Bild für den Verfall der Gesellschaft und einer ursprünglich so verheißungsvollen Utopie. Die Ritter sind ausgezogen, den Gral zu suchen. Keiner hat ihn gefunden. Immer mehr zweifeln an der Richtigkeit der Idee: Gawan, Lancelot und schließlich Mordret, der eigentlich seinem Vater Artus nachfolgen sollte.

[...]

MORDRET: Blutige Schlachten, ein unbarmherziger Feind. Das ist alles so lange her, daß es fast nicht mehr wahr ist. Und der hochberühmte Gral! Als Kind habe ich mir vor Ehrfurcht eingeschissen, wenn ihr von dem Gral erzählt. Ihr glaubtet, es sei wunder was Großartiges. Dabei wißt ihr überhaupt nicht, was das ist. Kein Mensch vermag zu sagen, was das ist: der Gral.

ORILUS: Es ist etwas sehr Schönes, Mordret.

MORDRET: Etwas Schönes, von dem kein Mensch sagen kann, ob es das über-
5   haupt gibt.

ORILUS: Es ist etwas sehr, sehr Schönes, ein armer Junge, was du nie besitzen wirst.

MORDRET: Ja, weils nicht existiert. Euer Gral ist ein Fantom, dem ihr ein Leben lang hinterhergejagt seid. Ein Hirngespinst, um das ihr euch die Köpfe blutig geschlagen habt. Sieh dir deine Gralsritter an. Verstörte, unzufriedene, ratlose
10   Greise, die das Leben verklagen. Was, glaubst du, sollte mich dazu bringen, auch so zu werden?

KEIE: Und Klingsor? Dieser blutdürstige, hinterhältige Klingsor, der unser Land bedroht, der unsere tapfersten Helden ermordete, der unentwegt Söldner an-
wirbt, um unsere Dörfer niederzubrennen, unsere Bauern zu erschlagen, unser
15   Eigentum zu rauben, ist das auch ein Fantom?

MORDRET: Ich weiß es nicht. Es ist alles so lange her. Vielleicht ist Klingsor auch nur noch ein alter, unglücklicher Mann, ein nörgelndes, unzufriedenes Wrack. Ich habe Klingsor nie gesehen. Ich kenne nur eure Geschichten über ihn, daß er Blut säuft, daß er Krieg will. Ist er mein Feind, weil ihrs mir sagt?

20   KEIE: Dann sei Gott uns gnädig. Wir werden Klingsor schutzlos ausgeliefert sein, wenn Artus geht und unser Land an diese Leute fällt. Deine Saat, Parzival, ist aufgegangen.

KUNNEWARE: Mordret, Parzival kommt. Ihr habt es mir versprochen.

PARZIVAL: Du irrst dich, Keie. Den Boden für diese Saat haben Leute wie du vor-
25   bereitet. Ihr habt die Kinder verschreckt und die Jugend entmündigt. Unein-
sichtig habt ihr auf unseren alten Tugenden beharrt. Aber auch Tugend will ge-
prüft sein, sie schimmelt leicht.

ORILUS: Parzival, der Tugendwächter. Und was hast du dafür anzubieten? Und du, Mordret? Nur Klagen, nur Unzufriedenheit. Eure Larmoyanz* ist ekelhaft. Ihr
30   langweilt mich. Auf Wiedersehn. Ich habe zu tun. […]

KEIE: Gnade uns Gott.

ARTUS: (*tritt auf*) Keie. Bist du allein?

KEIE: Ja.

ARTUS: Wie gehts dir? Ach, da liegt wieder das Tischbein. Wie oft habe ich das in
35   den letzten Monaten aufgestellt. Ich wollte den Tischlern Bescheid sagen. Habe es immer wieder vergessen. (*Er stellt das Tischbein auf.*) Das ist eigentlich un-
verzeihlich. Der Tisch der Tafelrunde, der sollte eigentlich immer in Ordnung sein. Das ist ja schließlich nicht irgendein Möbelstück.

KEIE: Gnade uns Gott. Ich weiß nicht, was wir falsch machten, aber wir müssen of-
40   fenbar entsetzliche Dummheiten begangen haben, wenn solche Leute das ganze Ergebnis unserer Bemühungen sind. Nichts bedeutet ihnen etwas, sie spucken

auf den Gral, sie spotten über unsere Ideale, sie lachen über uns. Und wir? Wir
haben unser Leben für eine Zukunft geopfert, die keiner haben will.

ARTUS: Was ist denn, Keie?

KEIE: Ich habe Angst, Artus. Ich habe Angst zu sterben.

ARTUS: Ja, das ist natürlich.

KEIE: Ich habe Angst, in die Grube zu fahren und unsere Welt Leuten wie deinem
Sohn zu hinterlassen.

ARTUS: Du hattest schlechte Träume?

KEIE: Sagen wir, schlimme Vorahnungen. Denn ich habe nicht geschlafen. Ich sah
dein Grab, Artus. Ich sah Mordret, deinen Sohn, auf deinem Thron. Ich sah die
Tafelrunde zerbrochen, ich sah ein verwüstetes Land.

ARTUS: Was soll ich tun? Ich kann nichts dagegen tun.

KEIE: Du kannst nicht die Augen schließen und es einfach hinnehmen. Du bist
Artus. Du hast die Macht, und du trägst die Verantwortung.

ARTUS: Was soll ich tun, Keie?

KEIE: Haben wir Fehler gemacht?

ARTUS: Ich weiß nicht.

KEIE: Nein, wir haben keine Fehler gemacht. Keinen einzigen. Schritt für Schritt
blieben wir unbeirrt. Wir haben schmerzliche Entscheidungen treffen müssen,
wir haben sogar Blut vergießen müssen, das uns teuer war. Aber jeder Schritt
war notwendig und richtig.

ARTUS: Vielleicht, Keie, vielleicht haben wir keine Fehler gemacht. Aber wir sind
einsam geworden. Keiner kommt zu uns, man meidet die Tafelrunde. Wir haben
nur noch wenige Freunde.

KEIE: Unsere Geschichte ist makellos, es gab keine fehlerhaften Entschlüsse.

ARTUS: Ja, es waren große Jahre. Und viel erreichten wir von dem, was wir uns vorgenommen hatten. Wir haben Recht und Gesetz in die Welt gebracht, wir haben
eine gerechtere Ordnung errichtet. Die Menschen wurden wohlhabend, die
Häuser und Straßen sicher. Wer weiß denn heute noch, was Hunger ist! Aber
sind die Menschen glücklich geworden? Wir hatten es erwartet. Doch jetzt sehe
ich nur noch unzufriedene Gesichter um mich. Wir haben unser Bestes getan,
wir haben unser Leben eingesetzt, um den Gral zu finden. Wie viele Ritter
haben dabei ihr Leben verloren. Und jetzt soll alles umsonst gewesen sein?

KEIE: Das werde ich verhindern, Artus.

ARTUS: Aber wie, Keie? Was können wir tun?

KEIE: Du mußt Gesetze erlassen, die unsere Arbeit unzerstörbar machen. Gesetze,
die den Gral für jede kommende Generation zum unverzichtbaren Ziel erhe-
ben …

ARTUS: Es gibt keine Gesetze, die die Zukunft festlegen. Gesetze sind Worte. Auch
Gesetze kann man zerstören. Wir können nur hoffen und den Jungen vertrauen.
[…]

Lutz Rathenow

Der Rest vom Gedicht

Nach dem Ende der DDR haben sich ostdeutsche Schriftsteller zunächst deutli-
cher und differenzierter zu Wort gemeldet als ihre westdeutschen Kollegen. Sie
greifen nur zu einem geringeren Teil das alte System an. Bedenken angesichts
einer ungewissen Zukunft, Klage über den Utopieverlust und Mitgefühl mit der
Generation, die nichts als Diktaturen gekannt hat, herrschen vor.
Lutz Rathenows (geb. 1952) Abgesang auf die Führungsschicht in „Der Rest
vom Gedicht" setzt dagegen 1993 die versteckten Angriffe, wie sie Hein in sei-
nem Drama „Die Ritter der Tafelrunde" vorgetragen hatte, offen fort.

[…]
überhaupt: die Greise, aller Macht entkleidet,
kindisch. Wortschleier, zum Gähnen – diese
Treuelust. „Es war nicht alles schlecht."
Der Satz des Jahres, der nächsten Jahre.
5   Wirklich, so schlecht war es nicht, eher
unendlich verdorben, widerwärtig komisch,
zum Totlachen kaputt. Wer überlügt wen.
Vergreiste Kindsköpfe, wir alle. Zu blöde,
die ganze Blödheit zu erfassen […]

GEDICHTE FÜR DIE JAHRGANGSSTUFE 10

Friedrich Nietzsche

Vereinsamt

Die Krähen schrein
Und ziehen schwirren Flugs zur Stadt:
Bald wird es schnein –
Wohl dem, der jetzt noch – Heimat hat!

Nun stehst du starr,   5
Schaust rückwärts ach! wie lange schon!
Was bist du Narr
Vor Winters in die Welt entflohn?

Die Welt – ein Tor
Zu tausend Wüsten stumm und kalt!   10
Wer das verlor,
Was du verlorst, macht nirgends halt.

Nun stehst du bleich,
Zur Winter-Wanderschaft verflucht,
Dem Rauche gleich,   15
Der stets nach kälteren Himmeln sucht.

Flieg, Vogel, schnarr
Dein Lied im Wüsten-Vogel-Ton! –
Versteck, du Narr,
Dein blutend Herz in Eis und Hohn !   20

Die Krähen schrein
Und ziehen schwirren Flugs zur Stadt:
– bald wird es schnein,
Weh dem, der keine Heimat hat!

Stefan George

Komm in den totgesagten park

Komm in den totgesagten park und schau:
Der schimmer ferner lächelnder gestade ·
Der reinen wolken unverhofftes blau
Erhellt die weiher und die bunten pfade.

5 Dort nimm das tiefe gelb · das weiche grau
Von birken und von buchs · der wind ist lau ·
Die späten rosen welkten noch nicht ganz ·
Erlese küsse sie und flicht den kranz ·

Vergiß auch diese letzten astern nicht ·
10 Den purpur um die ranken wilder reben ·
Und auch was übrig blieb von grünem leben
Verwinde leicht im herbstlichen gesicht.

Else Lasker-Schüler

Mein blaues Klavier

Ich habe zu Hause ein blaues Klavier
Und kenne doch keine Note.

Es steht im Dunkel der Kellertür,
Seitdem die Welt verrohte.

5 Es spielen Sternenhände vier
– Die Mondfrau sang im Boote –
Nun tanzen die Ratten im Geklirr.

Zerbrochen ist die Klaviatür …
Ich beweine die blaue Tote.

10 Ach liebe Engel öffnet mir
– Ich aß vom bitteren Brote –
Mir lebend schon die Himmelstür –
Auch wider dem Verbote.

Oskar Loerke

Der Silberdistelwald

Mein Haus, es steht nun mitten
Im Silberdistelwald.
Pan ist vorbeigeschritten
Was stritt, hat ausgestritten
In seiner Nachtgestalt.   5

Die bleichen Disteln starren
Im Schwarz, ein wilder Putz.
Verborgne Wurzeln knarren:
Wenn wir Pans Schlaf verharren
Nimmt niemand ihn in Schutz.   10

Vielleicht, daß eine Blüte
Zu tiefer Kommunion
Ihm nachfiel und verglühte:
Mein Vater du, ich hüte,
Ich hüte dich, mein Sohn.   15

Der Ort liegt waldinmitten,
Von stillstem Licht gefleckt.
Mein Herz – nichts kam geritten,
Kein Einhorn kam geschritten –
Mein Herz nur schlug erweckt.   20

Georg Heym

Der Winter

Der Sturm heult immer laut in den Kaminen
Und jede Nacht ist blutig-rot und dunkel.
Die Häuser recken sich mit leeren Mienen.

Nun wohnen wir in rings umbauter Enge,
5   Im kargen Licht und Dunkel unserer Gruben,
Wie Seiler zerrend grauer Stunden Länge.

Die Tage zwängen sich in niedre Stuben,
Wo heisres Feuer krächzt in großen Öfen.
Wir stehen an den ausgefrornen Scheiben
10 Und starren schräge nach den leeren Höfen.

Gottfried Benn

Einsamer nie –

Einsamer nie als im August:
Erfüllungsstunde – im Gelände
die roten und die goldenen Brände
doch wo ist deiner Gärten Lust?

5   Die Seen hell, die Himmel weich,
die Äcker rein und glänzen leise,
doch wo sind Sieg und Siegesbeweise
aus dem von dir vertretenen Reich?

Wo alles sich durch Glück beweist
10 und tauscht den Blick und tauscht die Ringe
im Weingeruch, im Rausch der Dinge –
dienst du dem Gegenglück, dem Geist.

Ingeborg Bachmann

Die große Fracht

Die große Fracht des Sommers ist verladen,
das Sonnenschiff im Hafen liegt bereit,
wenn hinter dir die Möwe stürzt und schreit.
Die große Fracht des Sommers ist verladen.

Das Sonnenschiff im Hafen liegt bereit,   5
und auf die Lippen der Galionsfiguren
tritt unverhüllt das Lächeln der Lemuren.
Das Sonnenschiff im Hafen liegt bereit.

Wenn hinter dir die Möwe stürzt und schreit,
kommt aus dem Westen der Befehl zu sinken;   10
doch offnen Augs wirst du im Licht ertrinken,
wenn hinter dir die Möwe stürzt und schreit.

Christoph Meckel

Andere Erde

Wenn erst die Bäume gezählt sind und das Laub
Blatt für Blatt auf die Ämter gebracht wird
werden wir wissen, was die Erde wert war.
Einzutauchen in Flüsse voll Wasser
und Kirschen zu ernten an einem Morgen im Juni   5
wird ein Privileg sein, nicht für Viele.
Gerne werden wir uns der verbrauchten Welt
erinnern, als die Zeit sich vermischte
mit Monstern und Engeln, als der Himmel
ein offener Abzug war für den Rauch   10
und Vögel in Schwärmen über die Autobahn flogen
(wir standen im Garten, und unsre Gespräche
hielten die Zeit zurück, das Sterben der Bäume
flüchtige Legenden von Nesselkraut).

Shut up. Eine andere Erde, ein anderes Haus.   15
(Ein Habichtflügel im Schrank. Ein Blatt. Ein Wasser.)

Arbeitsaufträge

Eugen Gomringer,
Schweigen (S. 9)

1. *Beschreiben Sie die äußere Form, und versuchen Sie, die vermutete Absicht zu bezeichnen.*
2. *Lesen Sie diesen Text laut, und erläutern Sie die Schwierigkeit, die sich dabei ergibt.*
3. *Fassen Sie mit eigenen Worten zusammen, was Gerhard Kaiser auf S. 13 zu diesem „Problem" erläutert.*
4. *Welche Stellen im Text von Kaiser stimmen mit Ihren Vermutungen überein, welche neue Erkenntnisse erfahren Sie, worin weichen Ihre Vorstellungen von denen Kaisers ab?*

Andreas Gryphius,
Reyen der Höfflinge (S. 10–11)

Der Text findet sich zwischen der ersten und zweiten „Abhandlung" der Tragödie und steht in engem Zusammenhang mit der vorausgehenden Handlung:
Michael Baltus, der Feldherr des byzantinischen Kaisers Leo Armenius, hat sich mit anderen gegen seinen Herrn verschworen, da dieser als Tyrann gilt. Leo hat von der Unzuverlässigkeit Baltus' erfahren und plant auf das Drängen seiner Räte seinerseits dessen Beseitigung. Exabolius, einer der Räte, sucht in einer hitzigen Auseinandersetzung Michael Baltus von seinen Plänen abzubringen, doch als dieser sich immer mehr in seine Vorstellungen hineinsteigert, seine verräterischen Absichten in verblendetem Selbstgefühl immer deutlicher enthüllt, läßt Exabolius ihn in Ketten legen. Der Chor der Höfling preist in einer pindarischen Ode „die Allgewalt der Sprache, die Glück oder Verderben bringen kann" (M. Szyrocki).

1. *Die Ode ist fast wie eine (dialektische) Erörterung aufgebaut: Wie heißt ihr*

„Thema"? Welche „Problemlösung" findet Gryphius?
2. *Welche Erscheinungen machen diese Ode als Text des Barock deutlich?*
3. *Welche Vorstellung vertritt der Verfasser von der Funktion der Sprache?*

Gerhard Kaiser,
Konkrete Poesie beispielsweise
(S. 12–15)

Kaisers Text ist sicher nicht ganz leicht zu verstehen. Bedienen Sie sich bei der Erschließung der Worterklärungen auf S. 230 und eventuell auch eines Fremdwörterbuchs.

Sie können sich von den nachfolgenden Fragen leiten lassen.

1. *Worin besteht bei Gomringers „Text" die Analogie, also die Entsprechung, von Denkstruktur und Zeichenstruktur?*
2. *Welcher Unterschied zwischen Information und Kommunikation wird auf S. 12 von Zeile 10 bis Zeile 28 erkennbar?*
3. *Wie unterscheiden sich Gomringers „schweigen" und Morgensterns „Fisches Nachtgesang"?*
4. *Welche Funktion hat bei Gomringer die Lücke im typographischen Gefüge?*
5. *Was meint Gerhard Kaiser mit der Akzentverschiebung von der Zeichenfunktion innerhalb des Alphabets zur Bildfunktion (S. 15, Zeile 9 bis 13)?*

Nicolas Born, … und nichts als die Wahrheit? (S. 16–19)

1. *Der Textausschnitt zeigt den Journalisten Laschen in zwei verschiedenen „Welten". Beschreiben Sie den Unterschied.*
2. *Wieso „haßte (Laschen) die eigenen Berichte"? (S. 19, Z. 19 f.)*
3. *Ordnen Sie den Text in die Thematik des Kapitels ein.*

Johannes Bobrowski,
Sprache (S. 20)
1. *Beschreiben Sie den Bau der drei Stro-phen und die Syntax.*
2. *Inwiefern scheint die 3. Strophe auch inhaltlich von den beiden abgesetzt? Ein Ergänzen von Verben in den Stro-phen 1 und 2 könnte eine Verbindung herstellen. Ebenso kann ein weiteres Gedicht von Bobrowski („Immer zu be-nennen"), in dem er über sein Dichten spricht, eine Hilfe bieten. Dort heißt es:*

   „Immer zu benennen
   den Baum, den Vogel im Flug,
   den rötlichen Fels, wo der Strom
   zieht, grün, und den Fisch
5 im weißen Rauch, wenn es dunkelt
   über die Wälder herab.
   Zeichen, Farben, es ist
   ein Spiel, ich bin bedenklich,
   es möchte nicht enden
10 gerecht.
   Und wer lehrt mich,
   was ich vergaß: der Steinen
   Schlaf, den Schlaf
   der Vögel im Flug, der Bäume
15 Schlaf im Dunkel
   geht ihre Rede – ?

3. *Titel und letzte Strophe geben dem zunächst scheinbaren Naturgedicht einen anderen Sinn. (Hilfe: Ein Interpret meint „Die Natur ist Sprache ...". In welch übergreifen-dem Sinn wird also wohl „Sprache" im Titel verstanden? Welche Sprache ist mit der letzten Strophe gemeint? Man könnte übrigens auch gleich überlegen, ob die Sprache von Loriots Redner das „Haus des Nachbarn erreicht"?)*

Hans Magnus Enzensberger,
windgriff (S. 22)
1. *Beschreiben Sie die Abwandlung des in der 2. Zeile begonnenen Vergleichs.*

2. *Welche Vorstellung von der Wirkung des Worts wird in dem Gedicht sicht-bar?*
3. *Zeigen Sie in einem kurzen Vergleich Ähnliches und Unterschiedliches zwi-schen den Gedichten von Johannes Bobrowski und Hans Magnus Enzens-berger.*

Friedrich Schiller,
„Genueser!" (S. 23–24)
1. *Welche Absicht verfolgt Fiesco?*
2. *Mit welchen Mitteln versucht er sie zu erreichen? (Beachten Sie dabei insbe-sondere Textart, Kommunikationssi-tuation, Aufbau)*
3. *Welche Absicht könnte Schiller mit die-sem Text verfolgt haben?*
4. *Wie würden Sie diese „Rede" als Re-gisseur inszenieren? (Vgl. das Vorge-hen Caesars im folgenden Text)*

Walter Jens,
Die Generalprobe (S. 25–28)
1. *Machen Sie mit dem Text von Walter Jens eine Leseprobe. Welche rhetori-schen und demagogischen Tricks möchte Caesar dem Antonius beibrin-gen?*
2. *Auftrag für ein mögliches Referat: Lesen Sie die Textparallele in Shakes-peares „Julius Caesar" (III/2; abge-druckt z. B. in „Lesereise 7", S. 179ff.), vielleicht auch in der englischen Ori-ginalfassung, und informieren Sie sich über den historischen Hintergrund. Was ergibt der Vergleich?*

Friedrich Dürrenmatt,
„Gnädige Frau, meine lieben Gülle-ner!" (S. 28–29)
1. *Welche Absicht hat diese (scheinbare) Begrüßung? An welchen Stellen wird diese erkennbar? Achten Sie auch auf die Regiebemerkungen.*
2. *Welches Bild von Kläre Wäscher wird gezeichnet? Wie dürfte die Wahrheit ausgesehen haben?*

Loriot,
Die Bundestagsrede (S. 30–31)

1. *Die Fotos auf S. 30/31 verweisen darauf, daß es bei der Analyse von Reden nicht nur auf das gesprochene Wort ankommt. Versuchen Sie, die Wirkung von Gestik und Mimik für jedes Bild festzulegen.*
2. *Beschreiben Sie die Funktion der „Einführung" durch den Moderator. Halten Sie insbesondere fest, welche Person Sie nach diesen Worten erwarten.*
3. *Den Inhalt der Rede kann man mit wenigen Worten beschreiben. Wichtiger ist hier zu erfassen, welche sprachliche Erscheinung der Verfasser parodiert.*
4. *In welcher Beziehung ist dieser Text für die Gesamtthematik des Kapitels erhellend?*

Schwengler,
Computervariationen zu Goethes
„Maifest" (S. 32) und
Belzner,
Entstehung einer Computergrafik
(S. 33–34)

Goethes Gedicht „Maifest" gehört zu seinen „Sesenheimer Liedern". Es ist vermutlich im Mai 1771 entstanden und bringt die Freude über die wiedererwachende Natur zum Ausdruck.
Zum Vergleich sind die betreffenden Strophen hier abgedruckt:

> Wie herrlich leuchtet
> Mir die Natur!
> Wie glänzt die Sonne!
> Wie lacht die Flur!
>
> 5 Es dringen Blüten
> Aus jedem Zweig
> Und tausend Stimmen
> Aus dem Gesträuch
>
> Und Freud und Wonnen
> 10 Aus jeder Brust.
> O Erd', o Sonne,
> O Glück, o Lust,
>
> O Lieb', o Liebe,
> so golden schön
> 15 Wie Morgenwolken
> Auf jenen Höhn [...]

Wer die technischen Voraussetzungen besitzt, kann das beschriebene Verfahren selbst mit anderen Gedichten ausprobieren und unter den Fragestellungen auf S. 32 auswerten.
Um die Arbeitsweise eines Computers zu beurteilen, können Sie den Text von Friedrich Belzner heranziehen.

Hans Maier,
Auf Auge und Ohr hin entworfen
(S. 35–37)

1. *Auch dieser Text ist eine „Rede". Halten Sie fest, inwiefern Sie sich von der auf S. 30/31 abgedruckten unterscheidet.*
2. *Fassen Sie die Argumente, die sich streng auf das „Thema" beziehen, zusammen.*
3. *Suchen Sie im Text nach Gesichtspunkten, die Sie zur Beantwortung der Frage „Sollen sich die Schulen mit dem Computer beschäftigen?" verwenden könnten.*

Altes Testament,
Alles hat seine Zeit und Stunde (S. 40)

1. *Was ist an diesem Text als Bibeltext einigermaßen ungewöhnlich?*
2. *Wie könnte man die hier erkennbare Einstellung zum Schicksal des Menschen bezeichnen?*
3. *Welche Wirkung beim Zuhörer rufen die hier verwendeten Stilmittel hervor?*

Werner Bergengruen,
Leben eines Mannes (S. 41)

1. *Welcher Typ von Mensch, von Mann, wird hier vorgestellt?*
2. *Wie könnte man das Leben bezeichnen, das er führt?*
3. *Welche Rolle spielen die Zeitangaben? Was wird den einzelnen Zeitangaben jeweils zugeordnet?*

4. Welche Funktion haben die Wiederholungen?

5. Welche „Botschaft" will das Gedicht vermitteln?

Joachim Ringelnatz,

Liedchen (S. 43) und

Reinhard Lauer,

Werden und Vergehen (S. 43–44)

1. Beschäftigen Sie sich zunächst selbst mit diesem „Liedchen", ohne den nachfolgenden Text gelesen zu haben. Was fällt einem sofort auf hinsichtlich des Inhalts, des Satzbaus und des Rhythmus? Welcher sehr einfacher stilistischen Mittel bedient sich der Dichter?

2. Vergleichen Sie die eigenen Feststellungen und Einsichten mit der nachfolgenden Interpretation. Entspricht diese Interpretation so ungefähr Ihren eigenen Ergebnissen? Wo könnte man in Reinhard Lauers Gedichterklärung eventuell eine „Überinterpretation" sehen?

Arthur Schopenhauer,

Jungsein und Altsein (S. 45–46)

1. Wie könnte man den Unterschied zwischen Jungsein und Altsein, wie Schopenhauer ihn sieht, stichwortartig zusammenfassen?

2. Welche Einstellung zum Leben insgesamt wird deutlich?

3. Welchen Bereichen entstammen die verwendeten Bilder und Vergleiche?

Heinrich Heine,

Zum Lazarus (S. 46)

1. Wieso wendet sich der Fragende ausgerechnet an Lazarus?

2. Welches Grundproblem des Gottesglaubens wird angesprochen?

3. Was könnte mit den „heil'gen Parabolen" und den „frommen Hpothesen" gemeint sein?

4. Welche Einstellung zum Gottesglauben wird erkennbar?

Ambrose Bierce,

Parker Adderson, Philosoph (S. 47–52)

1. Informieren Sie sich in groben Umrissen über den amerikanischen Bürgerkrieg von 1861 bis 1865.

2. Versuchen Sie, den Aufbau der Geschichte zu skizzieren.

3. Was kennzeichnet den ersten Absatz? Welche Funktion hat er innerhalb der Geschichte?

4. Wo ist der dramatische Höhepunkt der Geschichte?

5. Was ergibt ein Vergleich der beiden Hauptfiguren?

Federico García Lorca,

Reiterlied (S. 53)

1. Lassen Sie sich den spanischen Originaltext von einem sprachkundigen Mitschüler oder Lehrer vorlesen.

2. Welche formalen Besonderheiten zeigt das Gedicht bezüglich Strophenbau, Textabfolge, Satzbau?

3. Wo gibt es Wiederholungen? Welche Funktion haben sie?

4. Welche symbolische Bedeutung hat in diesem Gedicht die Stadt Córdoba?

Franz Kafka,

Vor dem Gesetz (S. 54–55)

1. Informieren Sie sich anhand einer Literaturgeschichte über den Inhalt des Romans von Franz Kafka „Der Prozeß".

2. Fassen Sie den Inhalt der Parabel zusammen.

3. Wie lassen sich die beiden Figuren nach ihrer Verhaltensweise kennzeichnen?

4. Wie erscheint das Gesetz? Was könnte es bedeuten?

5. Was macht die „Dunkelheit" dieses Textes aus?

6. Informieren Sie sich über das Gespräch zwischen K. und dem Geistlichen, das sich im Roman an diese Parabel anschließt.

Walther von der Vogelweide, Owê war sint verswunden (S. 55–60)

1. *Lassen Sie sich den mittelhochdeutschen Text von ihrem Deutschlehrer vorlesen.*
2. *Welche Wörter oder Formulierungen sind für uns heute nicht mehr so ohne weiteres verständlich? Welche Besonderheiten des Mittelhochdeutschen werden erkenbar?*
3. *Vergleichen Sie die beiden neuhochdeutschen Übertragungen. Wo unterscheiden sie sich mit einiger Deutlichkeit? Welche steht Ihrer Meinung nach dem Original näher?*
4. *Wo wird im Text erkennbar, daß es sich um die Klage eines Alten handelt? Worüber beklagt er sich im einzelnen? Welchen Rat gibt er den Jüngeren? Was ist in der Rückschau die Einsicht seines bisherigen Lebens?*
5. *Informieren Sie sich über den historischen Hintergrund des Gedichts.*

**Friedrich Hölderlin,
Hälfte des Lebens** (S. 61)

1. *Was erscheint beim ersten Lesen an diesem Gedicht ungewöhnlich? Welche Stellen sind hier besonders zu nennen?*
2. *Vergleichen Sie die beiden Strophen nach Inhalt, Rhythmus, Bildern und Satzbau.*
3. *In welcher existentiellen Situation könnte das Gedicht entstanden sein?*

Ricarda Huch, Erinnerung (S. 62–63)

1. *In welchen Religionen findet sich der Glaube an eine Wiedergeburt?*
2. *Welches Lebens- und Naturverständnis läßt das Gedicht erkennen?*
3. *Was kennzeichnet die Erinnerung, von welcher Empfindung ist sie getragen?*

**Eduard Mörike,
Denk es, o Seele** (S. 63)

1. *Womit erklärt sich die Volkstümlichkeit dieses Gedichts?*

2. *Welcher Mittel bedient sich der Dichter bei diesem „Memento mori", bei dieser Erinnerung an den Tod?*
3. *Was kennzeichnet die verwendeten Bilder? Welchem Bereich sind sie entnommen?*
4. *Welche besondere Funktion könnte die Aussage in den letzten vier Versen haben?*

Hermann Hesse, Stufen (S. 64)

1. *Welches Lebensgefühl wird in diesem Gedicht erkennbar?*
2. *Worin sehen Sie die Kernaussagen des Gedichts?*

**Peter Huchel,
Letzte Fahrt** (S. 65)

1. *Wie ist der Ablauf der Schilderung?*
2. *Was kennzeichnet die Szenerie? Welche Vorstellungen von Licht und Farben werden geweckt?*
3. *Welche Bedeutung gewinnt das Tun des Vaters?*
4. *An welchen Stellen der Schilderung wird die Stille unterbrochen?*
5. *Welche Vater-Sohn-Beziehung wird schließlich erkennbar?*

**Paul Valéry,
Über den Fortschritt** (S. 68)

1. *Um welche Textsorte könnte es sich handeln?*
2. *Was will der Autor verdeutlichen? Welcher Mittel bedient er sich dafür?*
3. *Wie beurteilen Sie diese Kritik am „Fortschritt"?*

**Robert Musil,
Die Kunstform unserer Zeit** (S. 68–69)

1. *Was stört den Autor am Interview am meisten?*
2. *Der Autor kannte noch nicht das Fernsehinterview. Wie müßte er heute seine Aussagen über das Interview ergänzen?*
3. *Vergleichen Sie ein aktuelles Interview mit der Kritik Musils an dieser Form öffentlicher Befragung.*

4. *Welche Funktion hat das Interview in einer Demokratie?*

Pedro Salinas,
Das neue Analphabetentum (S. 69–72)

1. *Welche Differenzierung beim Analphabetentum nimmt der Verfasser vor?*
2. *Welche Bedeutung mißt er der umfassenden Lesefähigkeit zu?*
3. *Welche Gruppen nimmt er besonders aufs Korn?*
4. *Halten Sie die hier vorgebrachte Zivilisationskritik für berechtigt oder übertrieben?*

Elisabeth Noelle-Neumann,
Die Schweigespirale (S. 73)

1. *Wie verläuft nach Meinung der Autorin der Prozeß der Meinungsbildung?*
2. *Von welcher Verhaltensweise des Menschen geht sie aus?*
3. *Können Sie aktuelle Beispiele für Verschwiegenes und Veröffentlichtes nennen?*

Wolf Schneider,
Die Medien bestimmen
die Tagesordnung (S. 74)

1. *Vergleichen Sie diesen Text mit dem von Elisabeth Noelle-Neumann. Gibt es Übereinstimmungen?*
2. *Was sagt dieser Text über den Prozeß der Meinungsbildung aus?*
3. *Wie stellt sich die Rolle des Journalisten dar?*
4. *Welche politischen Schlußfolgerungen lassen sich aus diesem Text ziehen?*

Hans Magnus Enzensberger,
Bildzeitung (S. 74–75)

1. *Was kennzeichnet den Aufbau der ersten drei Strophen?*
2. *Was verbindet sie miteinander? Welcher andere Text spielt hier eine Rolle? Kennen Sie ihn aus Ihren Kindertagen?*
3. *Was wird in der vierten und fünften Strophe dem vorher Gesagten entgegengesetzt?*

4. *Mit welchen sprachlichen Mitteln arbeitet der Dichter?*

Neil Postman,
Die Tyrannei der Bilder
(S. 76–82)

1. *Was sind Ihrer Meinung nach die Kernaussagen des Textes?*
2. *Worin sieht der Verfasser vor allem die Problematik des Fernsehens?*
3. *Worin sieht er die Aufgabe der Schule? Wie wird sie seiner Meinung nach durch das Fernsehen bedroht?*
4. *Welche „Philosophie" der Medien läßt sich in dem Text erkennen?*
5. *Setzten Sie sich mit dem zuletzt gemachten Vorschlag auseinander.*

Die Schul-Master
der Nation (S. 82–83)

1. *Kennen Sie die hier vorgestellte Fernsehserie?*
2. *Vergleichen Sie selbst einmal die Videoaufzeichnung einer FS-Serie mit einer nur akustischen Wiedergabe. Welche Einsicht vermittelt ein solcher Vergleich?*
3. *Orientieren Sie sich in einer Programmzeitschrift, wie viele Sendungen dieser Art dem Zuschauer wöchentlich angeboten werden.*

Cordelia Edvardson,
„Eine dreckige Judengöre"
(S. 87–88)

1. *Cordelia Edvardson sagt nicht „ich", sondern „das Mädchen". Was kommt darin zum Ausdruck?*
2. *An welchen Textstellen sind Bitterkeit und Sarkasmus der Autorin zu erkennen? Mit welchen sprachlichen Mitteln werden sie angedeutet?*
3. *Lesen Sie sorgfältig die Information über Elisabeth Langgässer. Mit dem Hinweis auf ihre Novelle („Saisonbeginn") ist eine Vorwurf erhoben. Welcher?*

Elisabeth Langgässer,
Saisonbeginn (S. 89–91)

1. *Gliedern Sie den Text in thematische Abschnitte.*
2. *Welche sinnbildlichen Verbindungen bestehen*
a) *zwischen dem Aufstellen des Schildes und einer Kreuzigung,*
b) *zwischen Wegkreuz und Schild*
c) *zwischen den beiden Schildern und ihren Inschriften?*
3. *Warum erscheint der Wortlaut des Schildes erst im letzten Satz?*
4. *Die Überschrift ist vieldeutig. Inwiefern?*
5. *Handelt es sich bei dem Text um eine Novelle oder eine Kurzgeschichte? Begründen Sie.*

Cordelia Edvardson,
Der Judenstern (S. 91–93)

1. *Erschließen Sie die Bedeutung der Textstelle im Zusammenhang des Romans.*
   Überprüfen Sie, wenn möglich, Ihre Ergebnisse an der Ganzschrift (Cordelia Edvardson: Gebranntes Kind sucht das Feuer).
2. *Charakterisieren Sie den Stiefvater, das Mädchen, die Mutter.*
3. *Wäre bei anderem Verhalten einer dieser Personen ein anderer Ausgang der Verhandlung möglich gewesen? Begründen Sie.*

Walter Bargatzky,
Geiseln – Listen – Zahlen (S. 95–98)

1. *Informieren Sie sich über Karl Heinrich von Stülpnagel in einem Lexikon.*
2. *Formulieren Sie, wie Otto von Stülpnagel hier mit den befohlenen Geiselerschießungen umgeht.*
3. *Warum war seine Taktik „wahrscheinlich die unglücklichste, die er wählen kann"?*
4. *Vergleichen Sie das Ende der beiden Vettern! Überlegen Sie, welche Alter-*

native die Militärs zum damaligen Zeitpunkt gehabt hätten.

Willi Graf, München-
Stadelheim, den 10. IX. 43
(S. 99–100)

1. *„Die letzten Briefe der Erschossenen … Man fragt sich … ob man unter gleichen Umständen derselben Größe fähig wäre" (Bargatzky).*
   Überlegen Sie, was Sie selbst im Angesicht des Todes Angehörigen oder Freunden schreiben würden.
2. *Analysieren Sie den gedruckten Briefkopf. Was läßt sich daraus über die Situation der politischen Gefangenen und Verurteilten im Unterschied zur Situation der KZ-Häftlinge ablesen?*

Dietrich Bonhoeffer,
Von guten Mächten treu und still umgeben (S. 101–102)

1. *Für welchen besonderen Tag und in welcher Situation ist das Gedicht geschrieben?*
2. *Formulieren Sie die Hauptaussage (ca. drei Sätze).*
3. *Nennen Sie die wesentlichen Formmerkmale des Gedichtes. Vergleichen Sie diese mit den Gedichten von Celan, Sachs und Domin.*

Anna Seghers,
„Unter dem Schatten des Todes"
(S. 102–107)

1. *Informieren Sie sich über den Verlauf des Frankreichfeldzugs, die Besetzung Frankreichs, Vichy-Frankreich und die Rolle Petains im 2. Weltkrieg.*
2. *Skizzieren Sie an Hand der Informationen des Textes den möglichen Weg eines deutschen Flüchtlings.*
3. *Welche Beziehung besteht zwischen dem erzählenden Ich und der „Montreal"?*
4. *Wie erklären Sie sich den Wechsel von Todesangst zu innerer Ruhe bei Ankunft der Deutschen?*

Paul Celan,
Espenbaum (S. 108)

1. *Welche Formelemente machen den Text zum Gedicht?*
2. *Welche Bilder bestimmen jeweils die Strophen?*
3. *Welchen Vorgang bzw. welches Schicksal deuten sie an?*
4. *Ließe sich eine Fortführung der Strophen denken?*

Nelly Sachs,
In der Flucht (S. 109)

1. *Der Text entstammt der Gedichtsammlung „Flucht und Verwandlung". Welche Bilder und Aussagen dieses Gedichtes sind den beiden darin genannten Themen jeweils zugeordnet? Beachten Sie die erste und letzte Strophe.*
2. *Wie könnte man den Raum des Gedichtes umschreiben? Welche zeichenhafte Bedeutung kommt den Elementen dieses Raumes zu? Wie sind die den Themen „Tod" und „Leben" zuzuordnen?*
3. *Erläutern Sie die Aussage der letzten Strophe.*

Hilde Domin,
Herbstzeitlosen (S. 110–111)

1. *Welche Information über das Schicksal der mit „wir" bezeichneten Menschen gibt der Text in Strophen 1–4?*
2. *Was bedeutet das dreimalige, betonte „Für uns"? Achten Sie bei dieser Überlegung genau auf Satzbau und Aussage.*
3. *Auf welche Aussagen bezieht sich das Wort „damit" in Strophe 6?*
   Von welcher „Ankunft" kann ein (alternder) Mensch im eigenen Gesicht lesen?
4. *Formulieren Sie den Zusammenhang zwischen Überschrift und Aussage des Gedichts.*

Guy de Maupassant,
Die Stuhlflickerin (S. 114–119)

1. *Frankreich im letzten Drittel des 19. Jhs. – Was wissen Sie über den gesellschaftlichen und sozialen Hintergrund der Erzählung?*
2. *Informieren Sie sich über Leben und Werk Maupassants.*
3. *Wie verbindet der Dichter in der Erzählung menschliche Tragik und gesellschaftliche Kritik?*

Ernest Hemingway,
Das Ende von Etwas (S. 120–123)

1. *Ist das überhaupt eine Liebesgeschichte?*
2. *Welche Rolle kommt dem Dialog in dieser Erzählung zu?*
3. *Vergleichen Sie diese Erzählung mit anderen Ihnen bekannten Werken Hemingways. Wo liegt der Unterschied?*

Marie Luise Kaschnitz,
Lange Schatten (S. 124–129)

1. *Vergleichen Sie die Dialoge mit denen bei Hemingway.*
2. *Welche Rolle spielt die Natur als Hintergrund in der Erzählung?*
3. *Was läßt sich über den Wandel der Gefühle bei Rosie aussagen?*

Ulrich Plenzdorf,
Charlie (S. 130–133)

1. *Was können Sie über den Inhalt von Plenzdorfs „Neue Leiden des jungen W." aussagen?*
2. *Wie beschreibt Plenzdorf die Gefühle des Ich-Erzählers?*
3. *Der Dialog als Mittel der Gestaltung.*
4. *Komik und Tragik liegen in dem Text nahe beieinander. Das läßt sich gut aufzeigen.*

Christa Wolf,
Der geteilte Himmel (S. 133–136)

1. *Reicht die Textstelle aus, um die beiden Liebenden zu charakterisieren?*
2. *Welche Rolle spielen die Verwandten?*
3. *Welche Verwandlung geht durch die Begegnung mit Manfred und Rita vor?*

Bertolt Brecht,
Die Liebenden (S. 138)
1. *Informieren Sie sich genauer über den Lyriker Brecht.*
2. *Warum wählt Brecht die Kraniche als Symbol für die Liebenden?*

Erich Kästner,
Sachliche Romanze (S. 139)
1. *Warum wohl wählte Kästner für sein Gedicht den Titel „Sachliche Romanze"?*
2. *Welche Rolle spielt die Zeit in diesem Gedicht?*
3. *Welches Bild der Liebe wird erkennbar?*

Johann Wolfgang von Goethe,
Wie der „Werther" entstand
(S. 142–144)
1. *Was wissen Sie über den Lebensweg Goethes bis zu den geschilderten Ereignissen?*
2. *Wie setzt sich Goethe mit Nicolais Parodie „Die Freuden des jungen Werthers" auseinander?*
3. *Warum wählte Goethe den programmatischen Titel „Dichtung und Wahrheit" für seine Autobiographie? Welche Rückschlüsse läßt das für die Aussage über die Entstehung des „Werther" zu?*

Theodor Storm, Zu Besuch bei
Eduard Mörike (S. 146–149)
1. *Storm besuchte Mörike im Jahre 1855. Was wissen Sie über Leben und Werk der beiden Männer zu diesem Zeitpunkt?*
2. *Welche Gründe mögen Mörike veranlaßt haben, sich so kritisch über Heine zu äußern?*
3. *Storm zitiert das Gedicht „Neue Liebe" von Mörike. Lesen und interpretieren Sie es.*
4. *Strom erwähnt Mörikes „Mozart". Welche Bedeutung kommt dieser Dichtung im Rahmen des Mörikeschen Gesamtwerkes zu?*

Theodor Fontane,
Über den eigenen Stil (S. 150–151)
1. *Versuchen Sie, die angesprochenen Unterschiede im Stil Fontanes und der Marlitt am Beispielen aufzuzeigen.*
2. *Wie schätzt Fontane seine schriftstellerische Arbeit ein?*
3. *„Ich behandle das Kleine mit der gleichen Liebe wie das Große …" Erklären Sie die Äußerung an einem konkreten Beispiel.*

Annette von Droste-Hülshoff,
Der Dichter (S. 151–152) und
Peter Gan,
Epistel über das Entstehen von Gedichten (S. 153–154)
1. *Entspricht die Auffassung vom Dichter Ihrem eigenen dichterischen Schaffen? Belegen Sie an einem Beispiel.*
2. *Interpretieren Sie die Grundstimmung der beiden Gedichte.*

Siegfried Lenz,
Wie ich begann (S. 155–161)
1. *Umreißen Sie kurz die literarische Situation in Deutschland 1949 (s. auch S. 162/162).*
2. *Was wissen Sie über den Inhalt und Form des Romans „Es waren Habichte in der Luft"?*
3. *Informieren Sie sich über die weitere Entwicklung von Siegfried Lenz.*
4. *Welche Einzelheiten über den sogenannten Literaturbetrieb, also Verlags- und Zeitungsarbeit, kann man dem Text entnehmen?*

Günther Eich, Inventur (S. 164)
1. *Was bedeutet „Inventur" in der Geschäftswelt?*
2. *Welche Gegenstände werden genannt? Welche Bedeutung haben sie offenbar für den Verfasser?*
3. *Welche Funktion haben die Demonstrativ- und Possessivpronomina?*
4. *In welcher Situation befindet sich der Verfasser?*

5. *Was läßt dieses Gedicht als so außergewöhnlich erscheinen?*

Peter Huchel,
Der Rückzug (S. 165)

1. *Mit welchem anderen Kriegsgeschehen korrespondiert der Rückzug?*
2. *Was haben die einzelnen Bilder gemeinsam? Wo findet sich noch Leben?*
3. *Suchen Sie nacht Texten, in denen „des Krieges Ruhm" geschildert wird, und vergleichen Sie.*

Wolfgang Borchert,
Das Brot
(S. 166–168)

1. *Was erscheint in Aufbau und Sprache dieser Kurzgeschichte ungewöhnlich?*
2. *Welche Rolle spielt das Brot in dieser Geschichte?*
3. *Wie läßt sich das Verhältnis der Eheleute beschreiben?*

Hans Werner Richter,
Die hoffnungsvollen Hoffnungslosen
(S. 168)

1. *In welcher Situation befinden sich die jungen Männer?*
2. *Welche Erwartung verbirgt sich hinter dem letzten Satz?*

Heinrich Böll,
An der Brücke
(S. 169–172)

1. *Worauf zielt diese Satire ab?*
2. *Welche Einstellung zu dieser „Arbeit" wird deutlich? Wie läßt sie sich erklären?*
3. *Informieren Sie sich über das Futur II. Warum lieben es die Statistiker besonders?*
4. *Versuchen Sie sich selbst an einer Satire im Stile Bölls. Sie könnten ihre Situation in der Schule als Thema wählen.*

Günter Eich,
Der fünfte Traum
(S. 172–174)

1. *Warum läßt der Autor diese Szene ausgerechnet in New York spielen?*

2. *Welche Vorstellungen verbinden wir mit Termiten?*
3. *Welche „Botschaft" will der Autor vermutlich aussenden?*
4. *Machen Sie in Gemeinschaftsarbeit den Versuch, eine Alltagsszene als Hörspiel zu gestalten.*

Bertolt Brecht,
Der Radwechsel (S. 176)

1. *In welcher Beziehung stehen äußeres Geschehen und Reflexion?*
2. *Das Gedicht endet mit einer Frage. Läßt sie sich beantworten?*
3. *Was verrät der Text über die Gemütslage des Verfassers?*

Gottfried Benn,
Nur zwei Dinge (S. 177)

1. *Was ist die Kinderfrage, was die Antwort des Wissenden?*
2. *Was könnte mit „Fernbestimmung" gemeint sein?*
3. *Wie erscheint die Einstellung des Verfassers zum Leben, wenn er dieses auf die „nur zwei Dinge" reduziert?*

Horst Bienek,
Vom Nachkrieg geschlagen (S. 178)

1. *Was überrascht zunächst einmal bei der Überschrift?*
2. *Welche Angaben gliedern den Text?*
3. *Wo liegt Workuta? Welche Vorstellungen verbinden sich mit diesem Namen?*

Johannes R. Becher,
Partei (S. 179–180)

1. *Informieren Sie sich über die Geschehnisse in der von Stalin beherrschten Sowjetunion zu der Zeit, als das Gedicht geschrieben wurde.*
2. *Welcher lyrischen Form könnte das Gedicht zugezählt werden?*
3. *Welche Eigenschaften werden der Partei zugeschrieben?*
4. *Welche historische Rolle spielt die Partei in diesem Gedicht?*
5. *Welche Aufgabe kommt der Partei in den letzten Zeilen zu?*

Reiner Kunze,
Der Vogel Schmerz (S. 180)

1. *Welcher Abschnitt der jüngeren deutschen Geschichte ist der Hintergrund dieses Gedichts?*
2. *Welche äußeren und inneren Vorgänge werden hier in Beziehung gebracht?*
3. *Wie ist die Aussage über die Brücken zu verstehen?*

Uwe Johnson,
Reifeprüfung 1953
(S. 181–183)

1. *Wie läßt sich Direktor Siebmann charakterisieren?*
2. *Welcher Mittel bedient sich der Schulleiter, um das Vertrauen des Schülers Petersen zu gewinnen?*
3. *Was ist der Grund dafür, daß Petersen schließlich die Frage des Direktors nicht beantwortet?*
4. *Welche Auffälligkeiten in Rechtschreibung und Zeichensetzung sind im Text zu finden? Haben sie eine besondere Funktion?*

Erich Fried,
Schwächer (S. 183)

1. *Was wirkt an der Überschrift, dem Schriftbild und der Zeichensetzung ungewöhnlich?*
2. *Wer sind „sie"?*
3. *Womit korrespondiert das Wort „stärker"?*
4. *Welcher gedankliche Übersprung findet in den letzten Zeilen statt?*

Hans Magnus Enzensberger,
Restlicht (S. 184)

1. *Was bewirkt der doch recht ungewöhnliche Gedichtanfang beim Leser?*
2. *Wie zeigt sich das Verhältnis zwischen Natur und Menschenwerk?*
3. *Welches Lebensgefühl des Verfassers kommt zum Ausdruck?*
4. *Schreiben Sie das Gedicht um (z. B. mit dem Anfang „Nein, nein, ich gehöre nicht zu denen …").*

Martin Walser,
Die Artikel, die ich vertrete
(S. 185–188)

1. *Was kennzeichnet in der landläufigen Vorstellung den Beruf des Vertreters?*
2. *Was erfahren wir über den Werdegang dieses Vertreters, was über seine Verkaufsmethoden?*
3. *Welches Bild der freien Wirtschaft wird hier gezeichnet?*

Heimito von Doderer,
Die Dämonen (S. 189–191)

1. *Welche sozialen Gegensätze werden deutlich?*
2. *Welches Charakterbild Leonhards wird erkennbar?*
3. *Welche Bedeutung haben hier die Begriffe „Zufriedenheit" und „Bequemlichkeit"?*

Thomas Bernhard,
Luftangriff auf Salzburg (S. 192–195)

1. *Wie empfinden die Jugendlichen die kriegsbedingten Lebensumstände?*
2. *Wie erscheint das Verhalten der Erwachsenen?*
3. *Welche Rolle spielen die Begriffe „Konfrontation", „Faszination" und „Katastrophe"?*
4. *Wie zeigt sich der Gegensatz zwischen Vorstellung und Realität?*

Ulla Hahn, Danklied (S. 195)

1. *Wer könnte der Adressat dieses Danklieds sein?*
2. *Welche Rolle spielt der Angesprochene?*
3. *Welche Lebenseinstellung wird hier erkennbar?*

Bertolt Brecht,
Mutter Courage und ihre Kinder
(S. 196–198)

1. *Informieren Sie sich über den historischen Hintergrund des Stückes.*
2. *Welches Bild des Krieges wird gezeigt?*
3. *Welcher dramatischen Mittel bedient sich der Autor?*

Friedrich Dürrenmatt,
Der Besuch der alten Dame
(S. 199–202)

1. *Welche Bühneneffekte werden einge-*
   setzt?
2. *Was kennzeichnet das Gespräch zwi-*
   schen Claire Z. und Ill?
3. *Ist das Gezeigte noch Komödie oder*
   schon Groteske? Worin besteht der Un-
   terschied?

Friedrich Dürrenmatt,
Thesen zum Theater (S. 202)

1. *Welches Welt- und Menschenbild wird*
   hinter diesen Äußerungen sichtbar?
2. *Könnte man der ersten Behauptung im*
   Hinblick auf die Geschichte der letzten
   Jahrzehnte zustimmen?

Friedrich Dürrenmatt,
Modell Scott (S. 203)

1. *Welche dramatischen Varianten wer-*
   den vorgestellt?
2. *Was macht Dürrenmatt selbst aus der*
   dramatischen Vorlage?
3. *Warum ist für Dürrenmatt die*
   schlimmstmögliche Wendung einer Ge-
   schichte die in die Komödie?

Max Frisch,
Der Autor und das Theater
(S. 204)

1. *Warum setzt der politische Dramatiker*
   Brecht auf die Abbildbarkeit der Welt?
2. *Was läßt hingegen Frisch an der Ab-*
   bildbarkeit der Welt zweifeln?
3. *Frisch sieht als Antwort auf die Unab-*
   bildbarkeit der Welt nur die Utopie
   bzw. die Vision. Wie unterscheiden sich
   die beiden Begriffe?

Peter Weiss,
Die Ermittlung (S. 205–206)

1. *Wie läßt sich die Art der Zeugenver-*
   nehmung bezeichnen?
2. *Worum geht es den Angeklagten offen-*
   bar?
3. *Welchen Einblick in das Konzentrati-*
   onslager gibt der Text?

4. *Wie verbinden sich hier Dokumentati-*
   on und Dramatik?

Reiner Kunze,
Deckname Lyrik (S. 207–209)

1. *Was zeigen die Textausschnitt über die*
   Aktenführung der Staatsicherheit?
2. *Was erscheint der Beobachtung wert?*
3. *Mit welchen Methoden soll die Zielper-*
   son verunsichert werden?

Christoph Hein,
Die Ritter der Tafelrunde (S. 209–211)

1. *Informieren Sie sich über die Artus-*
   und die Gralssage und über Parzival.
2. *Welche Absicht des Autors wird er-*
   kennbar, wenn man den Text vor dem
   Hintergrund der ehemaligen DDR
   sieht? Warum bedient sich der Autor
   dieser alten Sagen?
3. *Was könnte hier mit dem Gral gemeint*
   sein?

Lutz Rathenow,
Der Rest vom Gedicht (S. 212)

Hier rechnet einer nach dem Ende der
DDR mit der Herrschaft der Greise ab.

1. *Was meint der Autor hier mit „Treue-*
   lust"?
2. *Ist der hier genannte „Satz des Jahres"*
   tatsächlich auch zum Satz der nächsten
   Jahre geworden?

Worterklärungen

Gryphius, Reyen der Höfflinge (S. 10–11)
Reyen: im barocken Trauerspiel die dem antiken Chor nachgestalteten Chöre (nach Gero von Wilpert)
Chloris: Gestalt aus der griechischen Mythologie, Vegetationsgöttin

G. Kaiser, Konkrete Poesie beispielsweise (S. 12–15)
Heines „Seegespenst": Es handelt sich um ein Gedicht aus dem Zyklus „Nordsee" (1825/1826), der zu den „Reisebildern" Heines gehört. Die darin lange und kunstvoll aufgebaute Stimmung wird am Ende zerstört.
Goethes „Nachtlied": Gemeint ist Goethes Gedicht „Ein Gleiches": Über allen Gipfeln/Ist Ruh/In allen Wipfeln/Spürest du/Kaum einen Hauch;/die Vögelein schwiegen im Walde./Warte nur, balde/Ruhest du auch.
„Galgenlieder": 1905 veröffentlichte Gedichtsammlung von Christian Morgenstern
autonym: wörtl. selbst, eigenständig „lauten"
Signifikant: Signifikant und Signifikat sind Begriffe aus der Linguistik, die Ferdinand de Saussure (1857–1913) mit seinem posthum 1916 erschienenen Werk „Cours de linguistique générale" eingeführt hat. Signifikant ist das „Bezeichnende", der Name.
Signifikat: das „Bezeichnete" (s. auch Signifikant), der Sinn

Born, … und nichts als die Wahrheit? (S. 16–19)
Tiger-Miliz von Chamoun: Truppe Camille Chamouns, des Führers der „Nationalliberallen Partei", die mit der rechtsstehenden Falangistenpartei verbunden ist.
Falange: ursprünglich in Spanien gegründete antikommunistische faschistische Bewegung. Ihr Name dient als häufig gebrauchte Bezeichnung für rechtsstehende Gruppen.
„Wächter der Zeder": eine der militanten Gruppen im Libanon
PLO: Abk. für „Palestinian Liberation Organization" = palästinensische Befreiungsorganisation

W. Jens, Die Generalprobe (S. 25–28)
der Fingermann: gemeint ist: Mörder
Pantasmagorie: Gaukelei
Usipeter: westgermanischer Volksstamm am Niederrhein, von Caesar 55 v. Chr. besiegt
Tencterer: westgermanischer Volksstamm, mit den Usipetern von Caesar geschlagen

H. Maier, Auf Auge und Ohr hin entworfen (S. 35–37)
„Allmähliches Verfertigen der Gedanken beim Reden": nimmt Bezug auf einen ähnlich überschriebenen Aufsatz, „Über die allmähliche Verfertigung der Gedanken beim Reden", den der Dichter Heinrich von Kleist im Jahre 1805 in Königsberg verfaßt hat.
Aleatorisches: mehr Zufälliges, rechtlich nicht Bindendes

Lauer, Werden und Vergehen (S. 43–44)
Perpendikeluhr: Pendeluhr
Moritat: von Bänkelsängern vorgetragener Erzählgesang mit leieriger Melodie

Heine, Zum Lazarus (S. 46)
Parabolen: Parabeln, Gleichnisse

Bierce, Parker Adderson, Philosoph (S. 47–52)
Agonie: Todeskampf
Szessionsarmee: Armee der konförderierten Südstaaten im amerikanischen Bürgerkrieg 1861–1865

Walther, Oweh wohin entschwanden (S. 57–58)
Böse Briefe: Bannung Friedrichs II. durch Papst Gregor IX. in Jahre 1227
… mit seiner Lanze erringen: Anspielung auf den Hauptmann Longinus, der nach der Legende unter dem Kreuze Christi bekehrt wurde

elegie (S. 59–60)
Elegie: Klagelied, Trauerdichtung
longinus: s. o. bei Walther: „ … mit einer Lanze erringen"

Salinas, Das neue Analphabetentum (S. 69–72)
Aureole: Ruhm, Glanz, Heiligenschein
Trivium: die früheren drei Schulfächer Grammatik, Rhetorik und Didaktik
Quadrivium: in früherer Zeit die vier Wissenschaften Musik, Arithmetik, Geometrie und Astronomie
Septenarium: Die Fächer des Trivium und des Quadrivium bildeten zusammen die „sieben freien Künste", eine Siebenereinheit.
Barrès: Maurice, frz. Schriftsteller (1862–1923)
„Das Gastmahl" von Plato: aus sieben Reden bestehendes im Verlauf eines Mahls geführtes Gespräch über die Liebe, das der griech. Philosoph Plato (427 oder 428–347 oder 348 v. Chr.) verfaßte.

Postman, Die Tyrannei der Bilder (S. 76–82)
Meta-Medium: ein „Über"-Medium, das nicht nur vermittelt, sondern selbst bestimmt

Axiome: Grundsätze, die nicht bewiesen werden müssen

erkenntnistheoretisch: Die Erkenntnistheorie ist eine Teildisziplin der Philosophie, welche die Frage nach der Erkenntnismöglichkeit des Menschen stellt.

Morse: Samuel (1791–1872), Erfinder der Morseschrift

Bell: Alexander Graham (1847–1922), Erfinder des Telephons

Edison: Thomas Alva (1847–1931), Erfinder der Phonographen und der Glühlampe

Marconi: Guglielmo (1874–1937), Erfinder der drahtlosen Funkübertragung

De Forest: Lee (1873–1961), Erfinder der Verstärkerröhre

Zworykin: Vladimir (1889–1982), Erfinder im Bereich der Fernsehtechnik

Eisenstein: Sergej (1898–1948), berühmter russischer Filmregisseur

Langgässer, Saisonbeginn (S. 89–91)

Wucherblume: Margerite

Trollblume: Butterblume, Sumpfdotterblume

I.N.R.I.: Iesus Nazarenus Rex Iudaeorum, Jesus von Nazareth, König der Juden

Edvardson, Der Judenstern (S. 91–93)

Wilhelm Lehmann: Lyriker (1882–1968)

Proserpina: lat. Name der griech. Göttin Persephone, einer Tochter des Zeus und der Demeter. Sie wurde von Pluto, dem Gott der Unterwelt, geraubt und zu seiner Gemahlin gemacht. Seitdem weilt sie ein Drittel des Jahres (während des Winters) in der Unterwelt, so lange ist die Erde unfruchtbar, und zwei Drittel des Jahres bei ihrer Mutter.

Bargatzky, Geiseln – Listen – Zahlen (S. 95–98)

Pétain: Philippe (1856–1951), frz. Marschall. Er schloß 1940 als Ministerpräsident den Waffenstillstand mit Deutschland ab, wurde dann Staatschef des von den Deutschen nicht besetzten Rest-Frankreichs (Vichy-Frankreichs) und arbeitete als solcher mit Hitler-Deutschland zusammen. 1945 wurde er wegen Hochverrats und „Kollaboration" zum Tode verurteilt, aber zu lebenslänglicher Haft begnadigt.

OKH: Oberkommando des Heeres

Keitel: Wilhelm, geboren 1882, hingerichtet in Nürnberg 1946, war ab 1938 Chef des neuen Oberkommandos der Wehrmacht und Hitlers militärischer Berater. Er leitete im Juni 1940 die Waffenstillstandsverhandlungen mit Frankreich in Compiègne.

Bälz, Jonathan Schmid, George: deutsche Offiziere, Mitarbeiter im Hotel Majestic

requiriertes: beschlagnahmtes

Demission: Entlassung

W. Graf, München-Stadelheim, den 10.X. 43 (S. 99–100)

Joachim: Willi Grafs Patenkind

Ossy: ein Freund Willi Grafs

Seghers, „Unter dem Schatten des Todes" (S. 102–107)

Prestataires: frz. Hilfstruppen im Zweiten Weltkrieg

Maupassant, Die Stuhlflickerin (S. 114–119)

Gloriole: Heiligenschein

Apotheose: Verherrlichung, Vergöttlichung

Hemingway, Das Ende von Etwas (S. 120–123)

Elritzen: Karpfenart

Kaschnitz, Lange Schatten (S. 124–129)

Macciastauden: oft undurchdringliche Gebüschsformation im Mittelmeergebiet, die sich vor allem aus Baumheide und Hartlaubhölzern zusammensetzt

Basilisk: Fabelmischwesen aus Drache und Hahn, dessen Blick tötet

Wolfsmilchstaude: eine über die ganze Erde verbreitete Pflanzenfamilie

Goethe, Wie der „Werther" entstand (S. 142–144)

Jerusalem: Der Kammersekretär Karl Wilhelm Jerusalem verübte wegen unglücklicher Liebe 1772 in Wetzlar Selbstmord. Goethe verarbeitete die Umstände seines Todes im „Werther".

Merck: Der Schriftsteller Johann Heinrich Merck (1741–1791) gehörte zum Bekanntenkreis des jungen Goethe, dessen frühe Arbeiten er kritisch beeinflußte.

Georg Schlosser: der badische Beamte G. Schlosser (1739–1799) vermählte sich 1773 mit Goethes Schwester Cornelia.

Weygand: Christian Friedrich (1743-1806), Verleger und Buchhändler in Leipzig.

Nicolai: Christoph Friedrich Nicolai (1733–1811) war Buchhändler, Schriftsteller und Kritiker in Berlin. Er schrieb unter dem Titel „Die Freuden des jungen Werthers" eine Parodie auf Goethes Roman.

Vignette: urspr. Ornament, später: Ziertitelbildchen

Chodowiecki: Daniel Chodowiecki (1726–1801) galt als der bedeutendste Buchillustrator in der zweiten Hälfte des 18. Jhs. und illustrierte auch den „Werther".

Storm, Zu Besuch bei Eduard Mörike (S. 146–149)

Perron: Bahnsteig

„Negotio publico …": Durch den Dienst abgehalten, sende ich einen lieben Freund, dich an meiner Stelle zu empfangen.

Monaden: nach Vorstellung des Philosophen Leibnitz die kleinsten in sich geschlossenen und unteilbaren Wesen, aus denen die Welt zusammengesetzt ist

Karl Mayer: schwäbischer Dichter (1786–1870), der vor allem als Lyriker hervortrat

Geibel: Der Dichter Emanuel Geibel (1815–1884) stammte aus Lübeck und lehrte von 1852–1868 als Professor für Ästhetik an der Universität München.

Heyse: Der heute weitgehend vergessene Paul Heyse (1830–1914) zählte einmal zu den bekanntesten und gefeiertesten deutschen Dichtern des 19. Jhs. Er trat als Erzähler, Lyriker und Dramatiker hervor und erhielt 1911 den Nobelpreis für Literatur.

„L'Arrabiata": soviel wie „weiblicher Trotzkopf", eine der bekanntesten in Italien spielenden Novellen Heyses

Fontane, Über den eigenen Stil (S. 150–151)

Marlitt- oder Gartenlaubenstil: Eugenie Marlitt ist das Pseudonym der Schriftstellerin Eugenie John (1825–1887), die zahlreiche, sehr beliebte Unterhaltungsromane vor allem für die Familienzeitschrift „die Gartenlaube" (daher G'Stil) schrieb.

„Wär ich nicht Puler …": Fontane spielt hier auf eine Äußerung von Friedrich Schillers Wilhelm Tell an: „Wär' ich besonnen, hieß' ich nicht der Tell" (Dritter Aufzug, 3. Auftritt).

Herwegh: Georg Herwegh (1817–1875) war ein politisch ungemein engagierter Dichter, der auch in der Revolution von 1848 aktiv hervortrat.

Droste-Hülshoff, Der Dichter (S. 151–152)

Scherben: alte Bezeichnung für einfachen Blumentopf

Gan, Epistel über das Entstehen von Gedichten (S. 153–154)

Herr Bender: Hans Bender (geb. 1919) war Herausgeber der literarischen Zeitschrift „Akzente", später Chefredakteur der Zeitschrift „magnum"

Hain von Mamre: bedeutendes biblisches Heiligtum in Südpalästina. Hier zeltete schon Abraham.

S. Lenz, Wie ich begann (S. 155–161)

redigieren: einen Text bearbeiten bzw. druckfertig machen

umbrechen: den gesetzten Text seitenweise für den Druck gliedern

archetypisch: der Urform entsprechend, vorbildlich

Deskription: Beschreibung

Willi Haas: Kulturkritiker und Schriftsteller (1891–1973)

kabbelig: hier: durcheinanderbewegt

Ornithologie: Vogelkunde

„verfietschern": abgeleitet von engl. Feature, d. h. ein aktuelles Hörbild gestalten

Endres, Die Gruppe 47 (S. 175–176)

Ruf: Münchener Kulturzeitschrift, 1946–1947; hg. von A. Andersch und H. W. Richter, verboten von der amerikanischen Militärregierung

Lamentationen: Wehklagen, Jammern

Bienek, Vom Nachkrieg geschlagen (S. 178)

Faulkner: William (1897–1962), zu dieser Zeit viel gelesener, amerikanischer Erzähler

Satre: Jean-Paul (1905–1980), französischer Schriftsteller und Philosoph, Hauptvertreter des Existentialismus

Johnson, Reifeprüfung 1953 (S. 181–183)

demagogisch: volksverführend, hetzerisch

Walser, Die Artikel, die ich vertrete (S. 185–188)

Petrefakte: Versteinerungen

Tempus edax rerum: lat.: Die Zeit zernagt die Dinge

Syndikus: ständiger Rechtsbeistand eines Unternehmens

Doderer, Die Dämonen (S. 189–191)

Phalanx: geschlossene Front

Dürrenmatt, Modell Scott (S. 203)

Shakespeare: William (1564–1616), englischer Dramatiker, Vorbild des klassischen deutschen Dramas

Scott: Robert Falcon (1868–1912), englischer Polarforscher, der beim Versuch, als erster Mensch den Südpol zu erreichen, umkam

Beckett: Samuel (1906–1989), irischer Dramatiker, Vertreter des sog. absurden Theaters, das seine Figuren in einer sinnentleerten Welt zeigt, um die Orientierungslosigkeit des modernen Menschen darzustellen

reduzieren: zurückführen, vereinfachen

dialektisch: in Gegensätzen, d. h. nach dem Schema These-Antithese-Synthese denkend

Weiss, Die Ermittlung (S. 205–206)

Hofmann: Der früherer Schutzhaftlagerführer Franz Johann Hofmann wurde im Frankfurter Auschwitz-Prozeß zu lebenslangem Zuchthaus verurteilt

Hein, Die Ritter der Tafelrunde (S. 209–211)

Larmoyanz: Weinerlichkeit, Rührseligkeit

Kleines Lexikon wichtiger Begriffe

Allegorie

Die Allegorie (das Wort ist abgeleitet von griech. allegorein = etwas anders ausdrücken) will einen abstrakten Denkvorgang durch einen Vergleich oder ein Sinnbild veranschaulichen. So vergleicht zum Beispiel Gryphius das Leben mit einem Schachspiel („Ebenbild unsers Lebens"), oder die Gerechtigkeit wird als Frauengestalt dargestellt, die eine Binde vor den Augen trägt (weil sie ohne Ansehen der Person richtet) und Schwert und Waage in den Händen hält. In „Lesereise" 10 ist Georg Heyms Personifikation des Krieges (in seinem Gedicht „Der Krieg" auf S. 34) auch ein Beispiel für eine Allegorie.

Autobiographie

Eine Biographie (von Griech. bios = Leben und graphein = Schreiben: Beschreibung eines Lebens) ist die Darstellung eines Menschenlebens sowohl hinsichtlich der äußeren Lebensumstände und Ereignisse als auch der geistigen und seelischen Entwicklungen.

In der Autobiographie stellt der Verfasser das eigene Leben dar, zumindest bestimmte Abschnitte daraus, die entscheidenden Wendungen und die großen Zusammenhänge. Er tut dies vielleicht, um sich und anderen Rechenschaft über seine Gedanken, Taten und Entscheidungen zu geben. Bekannte Autobiographien sind die „Confessiones" (d. h. Bekenntnisse) des Heiligen Augustinus oder Goethes „Dichtung und Wahrheit". Die Titel lassen schon ahnen, wie schwierig es ist, eine schonungslos objektive und zugleich künstlerisch geformte Darstellung von sich selbst zu geben. Die Grenzen zwischen Dichtung und Wahrheit bleiben immer fließend. Cordelia Edvardson hat darum ihre Kindheitsbiographie „autobiographischen Roman" genannt (s. S. 87). Einfacher verhält es sich in dieser Hinsicht mit Lebenserinnerungen (Memoiren), das sind meist tagebuchartige Berichte über die äußeren Ereignisse des Lebens, über Begebenheiten und Begegnungen mit Mitmenschen, die sich zu einer bestimmten Zeit und an einem bestimmten Ort zugetragen haben. Bargatzkys „Hotel majestic" ist ein Beispiel dafür (s. S. 95 ff.).

Natürlich können auch Tagebücher und Briefe erfunden, d. h. „Fiktionen" sein, wie in Goethes Roman „die Leiden des jungen Werthers", in den gleichwohl sehr viel Selbsterlebtes eingegangen ist (s. S. 142 ff.).

Blankvers

Der vom englischen blank verse abgeleitete Ausdruck bezeichnet einen reinen reimlosen Vers. Er setzt sich aus fünf Jambenpaaren zusammen und endet entweder mit einem vollständigen letzten Fuß: xx́ xx́ xx́ xx́ xx́ oder mit einer überzähligen (unbetonten) Silbe im letzten Fuß: xx́ xx́ xx́ xx́ xx́x.

Die Versform entwickelte sich in Frankreich und fand von dort Eingang in die italienische und vor allem in die englische Dichtung. Einer der prominentesten englischen Dichter, der den Blankvers verwendete, war William Shakespeare. In der deutschen Dichtung gewinnt er vermehrt seit der Mitte des 18. Jahrhunderts an Bedeutung, zunächst in Übersetzungen von Werken Shakespeares, später, Ende der 70er Jahre wird er mit Lessings „Nathan" zum Vers des deutschen Dramas schlechthin. Aber auch in Gedichten, z. B. von Schiller, und später Heinrich Heines, Theodor Storms und Stefan Georges, findet sich der Blankvers, während er in der epischen Dichtung nur selten verwendet wird.

Brief

An sich wissen wir, was wir uns unter einem Brief vorzustellen haben, oder? Schauen wir einmal genauer hin, so sehen wir uns verblüfft einer Vielfalt von Texten gegenüber: Da gibt es die privaten Briefe an Freunde und Verwandte und die Geschäftsbriefe, die Briefe an Behörden und an Organisationen … Einiges teilen sie bei aller Unterschiedlichkeit; sie bestehen im allgemeinen aus:

– Briefkopf (Anschrift des Absenders, Adresse, Abfassungsort und -zeit)
– Anrede
– eigentlichem Brieftext
– Schluß, der meist den Charakter einer Formel hat (Mit freundlichen Grüßen, Herzliche Grüße usw.)
– Unterschrift

Es liegt auf der Hand, daß sich mit dem Grad der Vertrautheit zwischen Absender und Adressat auch der Ton, der Stil eines Briefes ändert. Nicht zuletzt hängt es davon auch ab, ob wir den Brief mit der Schreibmaschine oder mit der Hand schreiben. Wichtig ist in diesem Zusammenhang schließlich, ob wir eher etwas mitzuteilen haben, den Empfänger informieren möchten, oder ob wir ihn zu einer Handlung bewegen wollen (z. B. daß er mich in seinem Unternehmen einstellt, daß er ein bestimmtes Produkt kauft, Mitglied in einem Verein wird).

In „Lesereise" 10 findet sich ein Brief im Kapitel „Verfolgung – Widerstand – Exil" (S. 99 f.).

Dialog

Im weitesten Sinn versteht man unter einem Dialog jede Art von partnerbezogenem Wechselgespräch zwischen zwei oder mehreren Menschen. Im Unterschied zum Alltagsgespräch aber handelt es sich zumeist um einen gewichtigen Inhalt, wie er etwa in Rede und Gegenrede zur Klärung von Standpunkten zum Ausdruck kommt.

Der literarische Dialog im engeren Sinn hat darin wohl seinen Ursprung. In seiner langen Geschichte begegnet er uns als bewußt gewählte Form des kunstvoll geführten philosophischen Gesprächs, dessen wohl berühmtester Vertreter Platon (427–347 v. Chr.) war. Er sah in ihm die geeignete Form des Philosophierens, weil im Dialog ein umstrittener Gegenstand von verschiedenen Seiten beleuchtet, also (scheinbar) objektiv dargestellt werden konnte. Insbesondere mit Dialogen wie „Phaidon", „Kriton" u. a., in denen Sokrates die beherrschende Gestalt ist (sog. Sokratische Dialoge), liefert Platon ein Vorbild, das für die Griechen, Römer und die späteren Europäer Gültigkeit hatte. Man bediente sich dieser Form, weil sie gegenüber der systematischen Gedankenentwicklung den Vorteil größerer Anschaulichkeit, Lebendigkeit und die Möglichkeit der offenen Entscheidung bietet. Die Themen wandeln sich dabei: bei Johannes von Tepl (um 1350) steht am Ende des Mittelalters die Grausamkeit des Todes im Mittelpunkt eines durch Gott entschiedenen Streits, in der Zeit der Aufklärung wendet sich Lessing in „Ernst und Falk" (1778–1780) der Geschichtsphilosophie zu, während Johann Gottfried Herder knapp zehn Jahre später in seiner Schrift „Gott. Einige Gespräche" wieder die religiöse Thematik aufgreift. In unserem Jahrhundert hat Bert Brecht mit seinem Fragment „Flüchtlingsgespräche" (1940–1944) die wohl bekannteste Dialogfolge verfaßt. Es handelt sich um einen „Dialog über den Weltlauf", den der Physiker Ziffel und ein Metallarbeiter namens Kalle, (wie Brecht) zwei Flüchtlinge aus Deutschland, im Bahnhofsrestaurant von Helsinki beginnen. – Die szenische Aufführung (in München 1962) zeigt, daß eine Verbindung besteht zwischen der selbständigen literarischen Form Dialog und dem Dialog auf der Bühne im Drama.

Anders als der Dialog in Erzähltexten, der in der Regel als vom Erzähler eingeführt erscheint, ist der dramatische Dialog unmittelbare Äußerung der handelnden Personen. Er bewirkt „ein Handeln, ein Erleiden, eine neue Situation, aus der ein neuer Dialog entsteht" (Friedrich Dürrenmatt, zit. nach Manfred Pfister, Das Drama, S. 387). In dieser Erklärung des Dialogs wirkt noch eine lange für gültig gehaltene Vorstellung, wonach „Drama Handlung durch Sprache im Dialog" sei. Im modernen Drama gibt es aber Dialoge, die Themen entfalten, die nicht handlungsbezogen sind. Im sog. Absurden Theater gehört es im Extremfall zum Wesentlichen des Stücks, daß Dialoge völlig wirkungslos sind. Samuel Beckett („Endspiel") oder Edward Albee („Wer hat Angst vor Virginia Woolf?") zeigen die Beziehungslosigkeit von Menschen durch die Unfähigkeit, in einem Dialog aufeinander einzugehen. Dialogstörungen (z. B. durch unterschiedliche Sprachcodes, durch das Fehlen von Mindestübereinstimmungen, durch absichtliches Mißverstehen-Wollen u. ä.) können aber „wissenden" Zuschauer aber auch komische Wirkungen auslösen. Viele Dialoge Karl Valentins leben davon. Andreas Gryphius macht in „Horribilicribifax" von ähnlichen Mitteln Gebrauch. Was es mit dem Text „Schul-Master der Nation" für eine Bewandtnis hat, sollte ihr euch selbst einmal ansehen (S. 82).

Episches Theater.

In dem von Bertolt Brecht entwickelten Gegenentwurf zum klassischen Theater tritt ein erzählerisches Element zwischen Publikum und Bühne, um (wie in der Epik) die Handlung zu vermitteln. Dadurch wird ein Wesensmerkmal des Dramas, das Geschehen durch handelnde Personen direkt darzustellen, eingeschränkt. Bei dem erzählerischen Element kann es sich um eine Erzählfigur (eine Person) oder aber um erzählerische Mittel, z. B. Vorwegnahme bzw. Kommentierung des Inhalts durch Spruchbänder, Lautsprecheransagen, Songs, handeln. So wird die Spannung verringert und Distanz zum dargestellten Geschehen geschaffen, weil die unmittelbare Illusion durchbrochen ist (Verfremdung). Der Zuschauer soll sich nicht identifizieren, sondern reflektieren (s. S. 196 ff.).

Essay

Essay heißt ursprünglich „Versuch". Damit sollte u. a. zum Ausdruck gebracht werden, daß der Autor mit seinem meist kurzen, locker und anregend geschriebenen, aber stilistisch ausgefeilten Prosastück über ein philosophisches, wissenschaftliches oder künstlerisches Problem keinen

Anspruch auf Vollständigkeit oder Allgemeingültigkeit erhebt. Die Bezeichnung geht auf Montaignes 1580 erschienene „Essais" zurück. Im Gegensatz zu einer wissenschaftlichen Abhandlung oder einer Erörterung will der Essay seinen Gegenstand nicht streng analysieren oder systematisch darlegen, sondern ihn mit wechselnden, originellen, geistreichen Betrachtungen und Überlegungen in seinen vielfältigen Zusammenhängen erhellen.

Der Essay präsentiert eine subjektive, persönliche, oft auch etwas einseitige Sicht der Dinge und überzeugt oder besticht eher durch geschliffene Formulierungen als durch Argumente. Wie Brief, Dialog oder Glosse zählt er zu den „offenen" literarischen Formen.

Walter Hilsbecher schreibt in seinem „Essay über den Essay" (1962): „Der Essay ist ein Spiel mit der Freiheit, ein Versuch, bis an den Rand ihrer Versuchung zu gehen – und nicht zu erliegen […]"

In diesem Band können etwa die Texte von Paul Valéry, Robert Musil oder Peter Salinas als Beispiele dienen (S. 68 ff.).

Freie Rhythmen

Freie Rhythmen entstanden in der deutschen Versdichtung in bewußter Auflehnung gegen die Regelpoetik des Martin Opitz. Als erster verwendete sie Friedrich Gottlieb Klopstock.

Es handelt sich um Verse, die reimlos, metrisch ungebunden und beliebig lang sind und eine wechselnde Anzahl von Hebungen und Senkungen aufweisen. Die rhythmisch bestimmten Verse sind nicht regelmäßig in Strophen, sondern oft sinngemäß in Gruppen von unterschiedlicher Länge angeordnet.

Neben Klopstock verwendeten in der deutschen Dichtung vor allem der junge Goethe, Novalis, Heine, Rilke, Benn und Brecht freie Rhythmen.

Glosse

Sie ist die Schwester des Kommentars. Während dieser in Presse und Rundfunk eine bestimmte Meinung zu politischen, kulturellen oder wirtschaftlichen Ereignissen und Problemen wiedergibt, hat die Glosse auch Unterhaltungscharakter. Sie sieht das Geschehen von der heiteren Seite, spießt Mißstände auf, spottet über die Eitelkeit der Politiker ebenso wie über Modetorheiten oder Auswüchse z. B. des Sports. Ihre Kritik ist nicht derb, sondern originell und von eher gemäßigter Schärfe, die auch mit Wortspielen und Vergleichen bewirkt wird. So hat sie manches mit → Parodie und → Satire

gemeinsam, nur daß sie eben stärker auf den Tag zugeschnitten ist und danach mit der Aktualität auch manches von ihrer Originalität einbüßt. So verwundert es nicht, daß die Glosse an bestimmte öffentliche Medien wie Rundfunk, Fernsehen und vor allem die Zeitung gebunden ist (s. S. 68 ff.).

Groteske

In dem Wort steckt lat. „grotta" = die Gruft. Unter Groteske verstand man ursprünglich ein Rankenornament der römischen Antike, auf deren Muster und Figuren man in der Renaissance zurückgriff. In der Literatur bezeichnet man eine derbe, verrückte, ja völlig absurde Dichtung als G. Komisches und Grausiges werden im ironischen Spiel miteinander verbunden; was zunächst nur lächerlich erscheint, erregt durch die Erkenntnis seines tieferen Sinns Entsetzen. Ein Beispiel für eine G. ist Dürrenmatts Drama „Der Besuch der alten Dame" (s. S. 199 ff.). In der Umgangssprache nennen wir etwas „grotesk", wenn es dem normalen Menschenverstand widerspricht.

Hörspiel

Das H. ist eine durch die Erfindung des Rundfunks ermöglichte dramatische Form. Seine große Zeit war in den 50er Jahren, also vor der Ausbreitung des Fernsehens. Es arbeitet mit Stimmen, Geräuschen und Musik. Das H. nutzt wie der Film die technischen Möglichkeiten der Ein- und Überblendung, der Montage und des Schnitts. Es gibt keine räumliche und zeitliche Begrenzung. Der Zuhörer ist nicht nur passiver Konsument, sondern auch Mitgestalter des Geschehens durch seine Imaginationskraft. Ein Hörspiel mit großer Wirkung war Günter Eichs „Träume" (s. S. 172 ff.).

Ironie

Das griechische Wort bedeutet soviel wie Verstellung. Eine ironische Redewendung oder ein ironischer Text verstellen sich. Sie gewinnen ihren Sinn aus der bewußten und erkennbaren Umkehr, meinen sie doch das Gegenteil von dem, was sie aussagen, und enthüllen auf diese Weise Mängel. Ein ironisches Lob ist in Wirklichkeit ein verkappter Tadel. Redner verwenden schon seit der Antike gern ironische Bemerkungen und Anspielungen. Ein bekanntes Beispiel ist die Rede des Mark Anton, den Shakespeare darüber hinaus das Stilmittel der Wiederholung einsetzen läßt: „Und Brutus ist ein ehrenwerter Mann", behauptet er immer wieder und kann das ihm zuhörende Volk dennoch vom Gegenteil überzeugen. In diesem Zusammenhang verdient auch „die Generalprobe", ein Ausschnitt aus „Die Verschwörung" von Walter Jens, Beachtung (s. S. 25–28) Echte Ironie ist spitz und trägt nur selten dick auf. Sie wendet sich deshalb an intelligente Zuhörer oder Leser.

Komödie

Das Wort stammt aus dem Altgriechischen und ist zusammengesetzt aus „komos" = ausgelassener Festzug und „ode" = der Gesang. Wie die Tragödie hat auch die K. ihren Ursprung im Dionysoskult. In der attischen Polis des 6. und 5. Jahrhunderts v. Chr. war das Theater ein Teil des staatlichen Götterkults. Als Meister der attischen K. gilt Aristophanes (etwa 445–386). Gegenstand seiner Werke ist das Leben in der Polis, in diesem überschaubaren Staatswesen der Antike, wo man die Unarten seiner Mitbürger besonders gut beobachten und vor einem verständnisvollen Publikum mit dankbar aufgenommener Derbheit in Szene setzen konnte. Aristophanes geißelte in seinen Komödien die öffentlichen Mißstände, vor allem in der Rechtsprechung. Die wichtigsten Vertreter der römischen K. waren Plautus (etwa 250–184) und Terenz (etwa 200–159). In der K. werden in der Regel menschliche Schwächen und Eigenarten gezeigt und belacht. Die K. lebt vom Gegensatz zwischen dem Erwarten, Normalen und dem tatsächlich Dargestellten. Unterschieden wird im wesentlichen zwischen Charakter-K. und Situations-K. Als der klassische Vertreter der französischen K. gilt Jean-Baptiste Moliere (Le Malade imaginare"). Als Vertreter der deutschen K. sind vor allem zu nennen Gotthold Ephraim Lessing („Minna von Barnhelm), Heinrich von Kleist („Der zerbrochene Krug") und Gerhart Hauptmann („Der Biberpelz").

Friedrich Dürrenmatt schließlich hat die K. hin zur Tragikomödie geführt, wo uns bei der Darstellung des Lächerlichen und Grotesken das Lachen im Hals stecken bleibt, weil wir hinter dem Vordergründigen die hintergründige und bedrohliche Realität der Welt erkennen können (s. S. 199 ff.).

Kurzgeschichte

„Kurzgeschichte" ist zwar eine Übersetzung des amerikanischen Begriffs „short story", doch nur die Namen stimmen überein; denn in Deutschland unterscheiden wir die Kurzgeschichte von anderen Formen der Kurzprosa wie Novelle oder Anekdote. D. h., sie ist strenger definiert als die amerikanische short story (vgl. z. B. Ernest Hemingways „Das Ende von Etwas", S. 120 ff.). Die ersten Kurzgeschichten entstanden nach dem Zweiten Weltkrieg. 1949 gab Wolfgang Weyrauch die Kurzgeschichtensammlung „Tausend Gramm" heraus. Er rief nach einer „Kahlschlag-Literatur", die von allem Überflüssigen befreit werden müsse. Die Menschen sollten sich nicht mehr von schönen Texten einlullen lassen. Die Kurzgeschichte wollte die Menschen aufschrecken, schockieren, in ihrer Haltung verändern.

Am eindrucksvollsten hat Wolfgang Borchert, der 1947 im Alter von erst 26 Jahren starb, mit seiner „Trümmerliteratur" (die Geschichten spielen in Trümmern der zerbombten Städte, Armut, Leid, Hoffnungslosigkeit, aber auch Güte und Menschlichkeit in dieser trostlosen Zeit erfaßt („An diesem Dienstag", „Das Brot", S. 166 ff., „Die Küchenuhr", „Nachts schlafen die Ratten doch"). Etwa gleichzeitig begann Heinrich Böll Kurzgeschichten zu schreiben: eine erste Sammlung erschien 1950 unter dem Titel „Wanderer, kommst du nach Spa …" (s. S. 169 ff.).

Was aber ist nun diesen Kurzgeschichten, die in der Nachkriegszeit entstanden, gemeinsam? Die Kurzgeschichte ist straff komponiert und hebt eine bedeutsame Zeitspanne im Leben eines Menschen heraus (so z. B. die Begegnung zwischen Rosie und dem zwölfjährigen Jungen in der Geschichte von Marie Luise Kaschnitz auf den S. 124 ff. Im Mittelpunkt der Kurzgeschichte stehen Außenseiter, zu kurz Gekommene, Hilflose, Verachtete, Schwach in oft aussichtsloser Lage (z. B. Elisabeth Langgässers „Saisonbeginn", S. 89 ff., Wolfgang Borchert „Schischyphusch" oder Wolfdietrich Schnurres „Jenö …"). Der Leser soll nicht unterhalten, sondern provoziert, aktiviert werden.

Die Handlung beginnt plötzlich, ohne Einleitung, und bricht jäh ab. Alles bleibt offen. Es gibt aber auch während des Erzählens keine Abschweifungen. Die Sprache ist knapp und karg: Die Leute sprechen, wie ihnen „der Schnabel gewachsen ist". Alle diese Merkmale blieben erhalten. Als längst die Themen gewechselt hatten und mit dem Wiederaufbau in den fünfziger Jahren das Wirtschaftswunder begann, das die Menschen wieder satt und selbstzufrieden machte.

Lied

Diese meist einfach gebauten, sangbaren Gedichte begegnen uns im Laufe unseres Lebens immer wieder – ob als Wiegen- oder Kinderlied, Wander-, Liebes- oder Kirchenlied.

Das Lied hat seinen Ursprung im frühen Mittelalter, wo es – noch einstrophig – bei bestimmten Anlässen (Tanz, Arbeit, Liebe, Tod) gesungen wurde. Der Minnegesang des Hochmittelalters ist als Bestandteil des höfischen Lebens, was Vers- und Reimkunst betrifft, höher entwickelt und kennt bereits mehrere Strophen (s. z. B. Walther von der Vogelweides „Owé war sint verswunden", S. 55 ff.). Erst im Spätmittelalter entsteht das Volkslied. Johann Gottfried Herder, auf den die Bezeichnung zurückgeht, der junge Goethe und später Achim von Arnim und Clemens Brentano sammelten diese einfachen, gereimten Lieder, deren Verfasser meistens nicht bekannt sind. Die Hinwendung zum Volkslied während der Zeit des Sturm und Drangs und der Romantik ging so weit, daß man versuchte, den volkstümlichen Charakter der Lieder in eigenen Gedichten nachzubilden.

Metapher

Das Wort kommt aus dem Griechischen und bedeutet soviel wie „Übertragung". Ein Wort oder eine Wortgruppe wird aus dem ursprünglichen Sinnzusammenhang herausgenommen und als Bild in einen anderen Zusammenhang übertragen. Ein Beispiel: „Kopf" bezeichnet einen Körperteil, wird aber auch im übertragenen Sinne bildhaft verwendet.

Er ist der Kopf des ganzen Unternehmens", „Er ist ein kluger Kopf", „in der Gefahr darf man den Kopf nicht verlieren"; aber auch: „Briefkopf", „Tonkopf", „Nadelkopf". Bei genauerem Hinsehen wird deutlich, daß die Sprache insgesamt bildhaft, metaphorisch ist. Solche Metaphern kommen in allen Bereichen unserer Sprache vor, auch in der Umgangssprache. Bei vielen Wörtern nehmen wir allerdings nicht mehr wahr, daß sie dem Ursprung nach Metaphern sind: „Eindruck", „begreifen", „bestehen", „Laufbahn", „Augenblick" usw. Jean Paul meinte denn auch, daß die Sprache eine Sammlung verblaßter Metaphern sei. Demgegenüber ist eine Metapher wie z. B. „die große Fracht" (in Ingeborg Bachmanns Gedicht gleichen Titels) noch als solche erkennbar (s. S. 217).

Metrum

Der Begriff bezeichnet zunächst das Versmaß. Darunter versteht man die regelmäßige Anzahl und Abfolge von Silben in einem → Vers. Sie bilden sein metrisches Schema. Das Versmaß läßt sich nach Länge und Kürze, Hebung und Senkung bestimmen; man kann auch sagen: es bemißt sich nach der „Quantität" der im Vers aufeinanderfolgenden Silben.

Es kann aber auch nach den Betonungsverhältnissen erklärt werden. Dann bestimmt man das Versmaß nach der Folge von betonten und unbetonten Silben. Für diese Form der „akzentuierenden" Messung ist allerdings das Wort wichtiger als die Silbe; Wortakzent und Versakzent müssen übereinstimmen, d. h. Wörter im → Vers müssen so ausgesprochen werden können wie in der nichtpoetischen Sprache auch. Seit Opitz' „Buch von der deutschen Poeterey" (1624) gilt dies als verbindlich in der deutschen Dichtung. So kommt es, daß die Franzosen z. B. den Alexandriner als zwölfsilbigen Vers bezeichnen, während wir darin einen sechshebigen erkennen. Unter Metrum versteht man auch den Versfuß (manchmal, innerhalb der deutschen Metrik, auch Verstakt genannt). Er stellt – wie der Takt in der Musik – die kleinste rhythmische Einheit dar, die man mißt. Durch seine ständige Wiederholung entsteht eine regelmäßige Reihe in einer Verszeile. Wenn man in einer Verszeile die Versfüße finden will, kennzeichnet man die Hebungen durch eine Iktus (Akzentstrich). Die Zahl der Hebungen und ihr Verhältnis zu den Senkungen kann man bezeichnen. Die häufigsten sind:

Jambus (x×́)
Trochäus (×́x)
Anapäst (xx×́)
Daktylus (×́xx)

Mehrere Versfüße in einer Zeile bilden einen → Vers.

Motiv

Das Motiv ist in der Psychologie und im Strafrecht der Beweggrund für eine Tat; in der bildenden Kunst ist es der Gegenstand der Darstellung, z. B. eine Berglandschaft, und in der Literatur bezeichnet man so eine sich immer wieder ergebende menschliche Grundsituation, die zu einem bestimmten Thema gehört: z. B. Konflikte zwischen Geschwistern zu einer Familiengeschichte, eine Geistererscheinung zu einer Gespensterstory und zur Liebesgeschichte Eifersucht oder der erste Kuß.

Aus der Musik stammt der Begriff „Leitmotiv". Das ist die „kleinste musikalische Formeinheit", eine einprägsame rhythmische und melodische Tonfolge, wie sie z. B. in den Musikdramen Richard Wagners zur Charakteristik bestimmter Personen, Gegenstände oder Stimmungen dient. In der Literatur bezeichnet man dementsprechend als Leitmotiv Gegenstände, Erscheinungen oder Formulierungen, deren wiederholte Nennung bzw. Verwendung etwas Bestimmtes anklingen läßt, auf Bedeutungsschwerpunkte hinweist und so den Leser bei der Herstellung von Zusammenhängen „leitet".

Parabel

Das Wort kommt aus dem Griechischen und bedeutet „Nebeneinanderwerfen". Üblich ist auch die Übersetzung „Gleichnis", doch führt sie leicht zu Mißverständnissen, ist das Gleichnis doch eine selbständige literarische Form, die sich von der Parabel unterscheidet. Zwar wollen beide etwas veranschaulichen, verdeutlichen, und sie gehören beide wie die Fabel zur lehrhaften Dichtung. Bei beiden ist für das Verständnis die Übertragung von dem dargestellten, konkreten Ereignis auf eine „höhere" gemeinte Erkenntnis wesentlich. Doch während im Gleichnis (z. B. in vielen Bibelgleichnissen) das Gesagte mit dem Gemeinten (eine allgemeine Wahrheit, eine höhere Einsicht) erzählerisch miteinander verknüpft ist, der Leser also bei der Interpretation gleichsam „an die Hand genommen" wird, ist dieser mit der Parabel sehr viel stärker gefordert: Kennzeichen der Parabel ist, daß sie keine bestimmte Interpretation ausdrücklich nahelegt, sondern den Leser indirekt auffordert, selbst verschiedene Auslegungen zu erwägen, die in der Parabel – anders als im Gleichnis – ausgespart sind. Sie verlangt also in besonderem Maße den denkenden Leser. Berühmt ist die Parabel von den drei Ringen in Gotthold Ephraim Lessings „Nathan der Weise". In diesem Band findet sich auf den S. 54/55 Franz Kafkas berühmte Parabel „Vor dem Gesetz".

Parodie

Wer ein Gedicht oder eine Erzählung parodiert, versucht, sie ins Komische umzuwandeln. Das gelingt wohl am besten dadurch, daß man Form und Ton des Vorbilds beibehält, die Worte aber verändert und so dem Ganzen einen anderen Sinn gibt. Natürlich wirkt eine Parodie nur dann richtig, wenn der Zuhörer oder Leser das literarische Vorbild kennt. Wenn wir hören, „Wer reitet so spät durch Nacht sich wund, das ist der Vater mit seinem Hund", dann wissen wir sogleich, daß diese Worte den „Erlkönig" parodieren wollen. Das ist auch sehr deutlich, aber keineswegs besonders gut; denn eine gute Parodie verzerrt nicht nur, sondern sucht mit der Umkehr ins Komische auch Schwächen der Vorlage zu enthüllen.

Rede

Sie ist die gebräuchlichste Form des öffentlichen Sprechens und begegnet uns insbesondere als Ansprache, Festrede, Parlamentsrede oder politische Massenrede. Je nach ihrer Art bedient sie sich unterschiedlicher rhetorischer Mittel (→ Rhetorik). Als kennzeichnend gilt heute, daß weniger sachliche Information beabsichtigt ist, Emotionalität im Vordergrund steht und dafür häufig Wertungen vorkommen.

Als Form der asymmetrischen Kommunikation (nur einer spricht) stößt sie beim Hörer auf eine bestimmte Erwartungshaltung, die sich in der Regel auch auf außersprachliche Zeichen (Kleidung, Blumenschmuck usw.) erstreckt.

In der antiken → Rhetorik unterschied man zwischen Genus iudiciale (Gerichtsverhandlung), Genus delibertivum (Heeres- oder Volksversammlung) und Genus demonstrativum (besondere Anlässe, die regelmäßig wiederkehrten).

Rhetorik

Das ist doch reine Rhetorik, sagen wir gelegentlich und meinen, jemand sage mit vielen Wörtern nichts, rede nur mit schönen Worten um die Sache herum. Diese negative Bewertung reicht weit zurück. In der Zeit des Sturm und Drangs z. B. wurde mit der Ablehnung alles Künstlichen und Regelhaften gegenüber der ursprünglichen Kraft des „Natürlichen" auch die Kunstfertigkeit in der Rede verachtet. Im „Urfaust" (V. 195–200) erklärt Faust seinem Famulus Wagner:

„Mein Herr Magister, hab Er Kraft!
Sei Er kein schellenlauter Tor!
Und Freundschaft, Liebe, Bruderschaft,
Trägt die sich nicht von selber vor?
Und wenn's Euch Ernst ist, was zu sagen
Ist's nötig Worten nachzujagen?"

Schon der römische Politiker Cato der Ältere (234–149 v. Chr.) meinte : „Rem tene – verba sequuntur." (Halt nur die Sache fest, die Worte werden sich dann schon einstellen.)

Aber Rhetorik, die „Praxis und Theorie der auf Wirkung bedachten Rede" (Kurt Schlüter), hat eine lange Tradition. Mit dem Aufkommen von Staatsformen, die öffentliche Auseinandersetzung von Parteien duldeten oder voraussetzten, wurde die Beherrschung der dafür geeigneten Mittel des Sprechens und Auftretens eine Notwendigkeit: Politiker, die gewählt wurden, Rechtsgelehrte, die wirkungsvoll ihre Sache vertreten wollten, Staatsmänner, die in Krieg oder Frieden (Leichenreden, Verteidigungsreden, Aufrufe) Massen zu gewinnen suchten, ließen sich für solche Zwecke ausbilden. Im 5. Jahrhundert gab es in Sizilien und etwas später in Athen Rednerschulen, in denen der systematische Aufbau einer Rede gelehrt wurde. Sehr früh ging es darum, neben der blumig-ausschmückenden Sprache Möglichkeiten zu vermitteln, durch Argumente eine gegnerische Position zu erschüttern. Der Philosoph Aristoteles versteht daher z. B. in seinem Buch „Rhetorik" diese als „das Vermögen, bei jedem Gegenstand das möglicherweise Glaubenerweckende zu erkennen" und die notwendigen Mittel zu verwenden, um andere von seiner Glaubhaftigkeit zu überzeugen. Als eine der sieben „freien Künste" (Artes liberales) diente die Rhetorik neben der Grammatik, der Dialektik, der Arithmetik, der Geometrie, der Musik und der Astronomie der Ausbildung eines freien Griechen.

Roman

Ursprünglich eine mittelalterliche Bezeichnung für eine Dichtung, die nicht im Latein der Gelehrten, sondern in der romanischen Volkssprache verfaßt war. In heutiger Bedeutung ein größeres Erzählwerk in Prosa. Der Roman stellt im Gegensatz zur Novelle nicht ein bestimmtes einzelnes Ereignis, sondern einen Lebensabschnitt oder gar das ganze Leben eines Menschen dar. Der Roman kann mehrere Handlungslinien verknüpfen und verschiedene Darstellungsmittel verwenden. Die Zahl der handelnden Personen ist nicht eng begrenzt. Man unterscheidet die Romane nach thematischen und formalen Merkmalen, z. B. Schelmenroman, Abenteuerroman, Kriminalroman usw. , und Briefroman, Ich-Roman usw. Wie unterschiedlich das sein kann, was wir als Roman bezeichnen, läßt sich schon an den Ausschnitten erkennen, die dieser Band in den einzelnen Kapiteln bietet.

Satire

Die Satire ist eine Spottdichtung. Sie will Mißstände, Unsitten, aber auch bestimmte Personen oder Ereignisse anprangern. Und da das in den meisten literarischen Formen möglich ist, kann der Dichter seinen Spott in ein Gedicht, eine Fabel, eine Erzählung oder in einen Roman kleiden. Im letzten Falle spricht man dann von einem „satirischen Roman", bei Gedichten oder Epen einfach von Satiren.

Die Dichter nutzten schon immer gern alle Möglichkeiten, die sich ihnen boten, wenn sie mit spitzer Feder Mißstände aufspießten und verspotteten. Sie verwendeten die Satire auch häufig als Waffe in der geistigen und literarischen Auseinandersetzung mit Gegnern. Die Lacher hatten sie dann allemal auf ihrer Seite. Und weil Dummheit und Überheblichkeit nie aussterben, werden Dichter auch in Zukunft immer wieder Satiren schreiben müssen (s. z. B. S. 30 f., 68 f.)

Strophe

Viele Begriffe der Poetik stammen aus der griechischen Antike, und viele stehen dort in einem Zusammenhang, der uns heute nicht mehr geläufig ist. So zum Beispiel der Begriff „Strophe" (Griech. „Wendung").

Der Chorgesang in der griechischen Tragödie war durch Tanzbewegung und Wendungen des Chores (z. B. zum Altar) nach außen hin gegliedert. Den Bewegungen entsprachen die gesungene Strophe und die (gleichgebaute) Anti-Strophe der Chorlieder.

Der Ausdruck „Strophe" wurde im 17. Jahrhundert anstelle von „liet" und „Gesätz" (Meistersang) übernommen und bezeichnete dann eine Reihe von Verszeilen, die in sich meist einen inhaltlichen Zusammenhang haben und sich mit weiteren Strophen zu einer größeren Einheit verbinden. Häufig haben sie dieselbe äußere Form (wie z. B. beim Lied), dies ist aber nicht Bedingung.

In der Zeit des Barock wurde besonders das vielstrophige Kirchenlied gepflegt und das in streng geregelte Strophen eingeteilte Sonett bevorzugt. Vorher schon waren andere Strophenformen, u. a. aus dem Italienischen übernommen worden (z. B. Stanze: 8 Zeilen, Terzine: 3 Zeilen).

Am bekanntesten sind wohl die vierzeiligen Strophen des Volksliedes – einer Form, der sich ganz besonders Johann Gottfried Herder zugewendet hat. Auf ihn geht übrigens auch die Bezeichnung „Volkslied" zurück.

Symbol

Das Wort kommt aus dem Griechischen und bedeutete ursprünglich das Zusammenfügen eines Erkennungszeichens, z. B. eines Ringes. die Ringteile hatten die gleiche Funktion wie eine Losung oder eine Parole. Man konnte sich damit zu erkennen geben, ausweisen. Das Wort „Symbol" bedeutet in unserem Sprachgebrauch etwas Anschauliches, Bildhaftes, was für etwas anderes steht, das sich nur schwer oder gar nicht darstellen läßt. Es gibt Zeichen- und Farbsymbole, z. B. für Treue (Ringe), Liebe (Herz, Rot, die rote Rose) und Trauer (Schwarz), und es gibt symbolische Handlungen, die etwas ausdrücken und sinnfällig machen sollen: die Friedenspfeife rauchen, das Kriegsbeil begraben, eine Strohpuppe oder eine Fahne öffentlich verbrennen usw. In der Literatur war der Symbolbegriff im Laufe der Geschichte dem Wandel unterworfen. In der Malerei wie in der Literatur bezeichnet man eine bestimmte Entwicklung in der zweiten Hälfte des 19. Jahrhunderts als Symbolismus (in der Dichtung eine bestimmte Richtung der Lyrik, zu der auch Stefan Georges Gedicht „Komm in den totgesagten park" auf S. 214 gehört).

Utopie

Sie ist ein konstruiertes Gesellschaftssystem, mit dem der Erfinder indirekt Kritik an den bestehenden Zuständen üben will. Die Reihe der bekanntesten staatsphilosophischen Utopien beginnt mit Platons Lehre vom Staat. Dieser griechische Philosoph lebte von 428–348 v. Chr. In seinem Idealstaat besteht Lebens- und Gütergemeinschaft. Die Erziehung der Kinder ist Sache des Staates. Frauen und Männer sind gleichberechtigt. Der Staatszweck ist höchstmögliche Gerechtigkeit, worauf Staatsmänner zu achten haben, die zugleich Philosophen sind. Der englische Humanist und Staatsmann Thomas Morus (1478–1535) entwarf mit seiner „Utopia" (1516) nach dem Vorbild Platons das Modell eines puritanischen Idealstaates. (Das Wort „Utopia" ist griechischen Ursprungs und bedeutet „Nirgendland".) Auch hier ist alles Gemeinbesitz, und alles ist genormt: Häuser, Städte und sogar die Kleidung. Das Gold wird verachtet und zur Herstellung von Nachttöpfen verwendet. Das Familienleben ist patriarchalisch. Maßgabe des Zusammenlebens ist die Vernunft. Platon und Morus entwarfen Staatsmodelle, die einen Kontrast zu den mißlichen Zuständen in der jeweils eigenen politischen Realität darstellen sollten. Man kann sie als positive Utopien bezeichnen. Im 20. Jahrhundert entstanden negative Utopien, die ein pessimistisches Bild einer künftigen Gesellschaft zeichneten. Zu nennen sind hier der Roman „Schöne neue Welt" (1932) des Engländers Aldous Huxley (Textausschnitt in „Lesereise" Bd. 9, S. 97) und der Roman „1984" (1950) des Engländers George Orwell (Textausschnitt in „Lesereise Bd. 9, S. 126). Zu bedenken ist jedenfalls, was der französische Dichter Alphonse Lamartine (1790–1869) gesagt hat: „Die Utopien von heute können zu Wirklichkeiten von morgen werden."

Vergleich

Einen Vergleich anstreben – so heißt es in der Fachsprache der Juristen, und gemeint ist damit die gütliche Beilegung eines Streits, der zwischen zwei Parteien entbrannt ist. Ein gerichtlicher Vergleich kann auch den Konkurs eines Unternehmens abwenden helfen, denn er sieht vor, daß die Gläubiger auf einen Teil des ihnen zustehenden Geldes verzichten.

Wie es bei diesen Rechtsfällen darum geht, bei aller Unterschiedlichkeit der Interessen eine gemeinsame Basis zu finden, so stellen auch Vergleiche in Texten und Gesprächen, zum Zwecke größerer Anschaulichkeit verwendet, aufgrund der Gemeinsamkeit zweier Sachverhalte (tertium comparationis) eine Beziehung her. Sie ist sprachlich häufig durch ein „so ... wie" oder eine „wie ... so" realisiert: (so) schön wie Aphrodite, (so) stark wie ein Bär, (so) weiß wie Schnee usw. Schon Homer hat sich in seinen Epen gern des Vergleichs bedient. Ein besonders schönes Beispiel in unserem Lesebuch ist Hermann Hesses Gedicht „Stufen" (s. S. 64), das mit einem Vergleich beginnt: „Wie jede Blüte welkt und jede Jugend/dem Alter weicht, blüht jede Lebensstufe/ (...) zu ihrer Zeit (...)".

Vers

Wie die Versfüße (→ Metrum) kann man die Verszeilen, wenn sie regelmäßig sind, bezeichnen. Man mißt sie nach der Zahl der Versfüße: z. B. Trimeter (3 Füße); Pentameter (5 Füße); Hexameter (6 Füße).

Eine sechshebige Jambenzeile ist der Alexandriner, der – wie auch die fünfhebige (vers commun) – in den Sonetten der Barockzeit häufig verwendet wurde.

Über das geregelte Metrum hinaus ist ein Vers vom Rhythmus geleitet. Wie ein Läufer sich in einem bestimmten (aber variablen) Rhythmus bewegt, „seinen" Rhythmus sucht, bewegt sich auch die Wortfolge in der Verszeile. Er läßt sich nicht wie das Metrum in feste Formen binden, ist vielmehr von der Beteiligung des Sprechenden am Inhalt geprägt. Es geht „um Darstellung, um Stimmung, um Ausdruck, auch von Leidenschaft" (Gerhard Storz), aber auch um reine Bewegung ohne erkennbaren Grund oder Inhalt, aus der Sprache heraus.

Verzeichnis der Texte nach Formen

Autoren- und Quellenverzeichnis

Die mit einem * gekenzeichneten Überschriften sind keine Originalüberschriften.

Bachmann, Ingeborg
geb. 1926 in Klagenfurt, gest. 1973 in Rom
Die große Fracht, S. 217. Aus: I. Bachmann,
Werke. Bd. 1. Hrsg. von Christine Koschel, Inge
von Weidenbaum, Clemens Münster. München:
R. Piper Verlag, 1978

Bargatzky, Walter
geb. 1910 in Baden-Baden
Geiseln – Listen – Zahlen*, S. 95. Aus: W. Bargatzky, Hotel Majestic. Ein Deutscher im besetzten Frankreich. Freiburg i. Br./Basel u. a.: Herder
Verlag 1987

Becher, Johannes R.
geb. 1891 in München, gest. 1958 in Berlin (Ost)
Partei, S. 179. Aus: J. R. Becher, Auswahl in
sechs Bänden. Berlin: Aufbau-Verlag 1952

Belzner, Friedrich
geb. 1930 in Neuendettelsau/Mittelfranken
Entstehung einer Computergrafik, S. 33. (Originalbeitrag, 1988)

Benn, Gottfried
geb. 1886 in Mansfeld/Westpriegnitz, gest. 1956
in Berlin
Nur zwei Dinge, S. 177. Aus: G. Benn, Sämtliche Werke. Stuttgarter Ausgabe. In Verb. mit Ilse
Benn hrsg. v. Gerhard Schuster. Band I. Gedichte 1. Stuttgart: Klett-Cotta 1986, S. 320
Einsamer nie –, S. 216, Aus: G. Benn, Gesammelte Werke. Hrsg. v. Dieter Wellershoff. Bd. 3:
Gedichte. Wiesbaden: Limes Verlag 1960,
S. 140

Bergengruen, Werner
geb. 1892 in Riga, gest. 1964 in Baden-Baden
Leben eines Mannes, S. 41. Aus: W. Bergengruen, Figur und Schatten. Gedichte. München:
Nymphenburger Verlagshandlung 1958

Bernhard, Thomas
geb. 1931 in Heerlen/Holland, gest. 1989 in
Gmunden/Österreich
Luftangriff auf Salzburg*, S. 192. Aus: Th.
Bernhard, Die Ursache. Eine Andeutung. Mün-
chen: dtv 1977, S. 23 ff.

Bienek, Horst
geb. 1930 in Gleiwitz/Oberschlesien, gest. 1990
in München
Vom Nachkrieg geschlagen*, S. 178. Aus: H.
Bienek, Nachwort zu: Der Blinde in der Biblio-
thek. München: Hanser 1986

Bierce, Ambrose
geb. 1842 in Ohio, verschollen, vermutlich ermordet 1914 in Mexiko
Parker Adderson, Philosoph, S. 47. Aus: A.
Bierce, Die Spottdrossel. Hrsg. von Mary Hot-
tinger. Übers. von Joachim Uhlmann. Zürich:
Diogenes Verlag 1963

Bobrowski, Johannes
geb. 1917 in Tilsit, gest. 1965 in Berlin (Ost)
Sprache, S. 20. Aus: J. Bobrowski, Schattenland
Ströme. Stuttgart: Deutsche Verlags Anstalt
1962
Immer zu benennen, S. 219. Aus: a. a. O.

Böll, Heinrich
geb. 1917 in Köln, gest. 1985 in Bornheim bei
Bonn
An der Brücke, S. 169. Aus: Wanderer, kommst
du nach Spa ... Bornheim: Lamuv; dtv-Nr. 437,
S. 62 f.

Bonhoeffer, Dietrich
geb. 1906 in Breslau, gest. 1945 im KZ Flossen-
bürg/Oberpfalz
Von guten Mächten treu und still umgeben,
S. 101. Aus: Helmut Gollwitzer u. a. „Du hast
mich heimgesucht bei Nacht". Abschiedsbriefe
und Aufzeichnungen des Widerstandes 1933-
1945, Christian Kaiser Verlag München. Text in
der von Prof. E. Bethge korrigierten Fassung.

Borchert, Wolfgang
geb. 1921 in Hamburg, gest. 1947 in Basel
Das Brot, S. 166. Aus: W. Borchert, Das Ge-
samtwerk. Reinbek bei Hamburg: Rowohlt
1959, S. 304 ff.

Born, Nicolas
geb. 1937 in Duisburg, gest. 1979 in Breese bei
Dannenberg
…und nichts als die Wahrheit?*, S. 16. Aus: N.
Born, Die Fälschung. Reinbek bei Hamburg:
Rowohlt Verlag 1979

Brecht, Bertolt
geb. 1898 in Augsburg, gest. 1956 in Berlin (Ost)
Die Liebenden, S. 138. Aus: B. Brecht, Gesam-
melte Werke. Frankfurt a. M.: Suhrkamp Verlag
1967, Bd. 2: Stücke 2, S. 535 f.
Der Radwechsel, S. 176. Aus: a. a. O., Bd. 10:
Gedichte 3, S. 1009
Mutter Courage, S. 196. Aus: a. a. O., Bd. 4:
Stücke 4, S. 1409, 1430 f.

Celan, Paul (eigtl. Paul Antschel)
geb. 1920 in Czernowitz/Bukowina, gest. 1970 in Paris
Espenbaum, S. 108. Aus: P. Celan, Mohn und Gedächtnis. Stuttgart: Deutsche Verlags Anstalt 1981

Doderer, Heimito von
geb. 1896 in Wien, gest. 1966 in Wien
Die Dämonen, S. 189. Aus: Die Dämonen. München: Beck Verlag 1985, S. 122 ff.

Domin, Hilde (eigtl. Hilde Palm)
geb. 1912 in Köln
Herbstzeitlosen, S. 110. Aus: H. Domin, Nur eine Rose als Stütze. Frankfurt a. M.: S. Fischer Verlag 1959

Droste-Hülshoff, Annette von
geb. 1797 auf Schloß Hülshoff bei Münster, gest. 1848 in Meersburg/Bodensee
Der Dichter, S. 151. Aus: A. von Droste-Hülshoff, Werke in Auswahl. Hrsg. von Clemens Heselhaus. München: Carl Hanser Verlag 1948

Dürrenmatt, Friedrich
geb. 1921 in Konolfingen/Schweiz, gest. 1990 in Neuchâtel/Schweiz
„Gnädige Frau, meine lieben Güllener!"*, S. 28. Aus: F. Dürrenmatt, Der Besuch der alten Dame. Zürich: Diogenes Verlag 1980
Der Besuch der alten Dame, S. 199. Aus: a. a. O.
Thesen zum Theater*, S. 202. Aus: F. Dürrenmatt, Theaterprobleme. In: Theater. Essays und Reden. Zürich: Diogenes Verlag 1980, S. 33 f.
Modell Scott, S. 203. Aus: F. Dürrenmatt, Die Wiedertäufer. Zürich: Diogenes Verlag 1980, S. 101 ff.

Edvardson, Cordelia
geb. 1929 in München
„Eine dreckige Judengöre"*, S. 87. Aus: C. Edvardson, Gebranntes Kind sucht das Feuer. Aus dem Schwedischen von Anna-Liese Kornitzky. München/Wien: Carl Hanser Verlag 1986
Der Judenstern*, S. 91. Aus: a. a. O.

Eich, Günter
geb. 1907 in Lebus/Oder, gest. 1972 in Großgmain/Salzburg
Inventur, S. 164. Aus: Gesammelte Werke, Bd. 1, Die Gedichte. Hrsg. von v. H. Ohde. Frankfurt am Main: Suhrkamp 1973
Der fünfte Traum, S. 172. Aus: G. Eich, Träume. In: Fünfzehn Hörspiele. Frankfurt a. M.: Suhrkamp 1966

Endres, Elisabeth
Die Gruppe 47*, S. 175 Aus: E. Endres, Die Literatur der Adenauerzeit. München: dtv. 1983, S. 131 ff.

Enzensberger, Hans Magnus
geb. 1929 in Kaufbeuren/Allgäu
windgriff, S. 22. Aus: H. M. Enzensberger, blindenschrift. Frankfurt a. M.: Suhrkamp Verlag 1964
Bildzeitung, S. 74. Aus: H. M. Enzensberger, verteidigung der wölfe. Frankfurt a. M.: Suhrkamp Verlag 1957
Restlicht, S. 184. Aus: H. M. Enzensberger, Zukunftsmusik. Frankfurt a. M.: Suhrkamp Verlag 1991

Fontane, Theodor
geb. 1819 in Neuruppin, gest. 1898 in Berlin
Über den eigenen Stil*, S. 150. Aus: Theodor Fontane und Bernhard von Lepel. Ein Freundschaftsbriefwechsel. Hrsg. von Julius Petersen. München: Verlag C. H. Beck 1940

Fried, Erich
geb. 1921 in Wien, gest. 1988 in Baden-Baden
Schwächer, S. 183. Aus: E. Fried, Anfechtungen. Berlin: Wagenbach 1967

Frisch, Max
geb. 1911 in Zürich, gest. 1991 in Zürich
Der Autor und das Theater, S. 204. Aus: Öffentlichkeit als Partner. Frankfurt a. M.: Suhrkamp Verlag 1967

Gan, Peter
geb. 1894 in Hamburg, gest. 1974 in Hamburg
Epistel über das Entstehen von Gedichten, S. 153. Aus: P. Gan, Schachmatt. Gedichte. Zürich/Freiburg i. Br.: Atlantis Verlag 1956

García Lorca, Federico
geb. 1898 in Fruentevaqueros/Granada, gest. 1936 in Viznar/Granada (erschossen)
Canción de Jinete, S. 53. Aus: Hugo Friedrich, Die Struktur der modernen Lyrik. Von der Mitte des 19. Jahrhunderts bis zur Mitte des 20. Jahrhunderts. Reinbek bei Hamburg: Rowohlt Taschenbuch Verlag 1956
Reiterlied*, S. 53. Aus: a. a. O.

George, Stefan
geb. 1868 in Büdesheim/Hessen, gest. 1933 in Minusio bei Locarno
Komm in den totgesagten park*, S. 214. Aus: St. George, Sämtliche Werke in 18 Bänden. Hg. von der Stefan George Stiftung, Stuttgart. Bd. 4: Das Jahr der Seele. Bearb. v. Georg P. Lachmann. Stuttgart: Klett-Cotta 1982, S. 12

Goethe, Johann Wolfgang von
geb. 1749 in Frankfurt am Main, gest. 1832 in Weimar
Wie der „Werther" entstand*, S. 142. Aus: Goethes Werke. Hrsg. von Erich Trunz. München: Verlag C. H. Beck 1978, Bd. 9
Maifest, S. 220. Aus: a. a. O., Bd. 1
Ein Gleiches, S. 230. Aus: a. a. O., Bd. 1
Gomringer, Eugen
geb. 1925 in Cachuela Esperanza/Bolivien
schweigen, S. 9. Aus: E. Gomringer, worte sind schatten. die konstellationen. Hrsg. v. M. Heißenbüttel. Reinbek b. Hamburg: Rowohlt 1969, S. 27
Graf, Willi
geb. 1918 in Kuchenheim/Euskirchen, gest. 1943 in München (hingerichtet)
München-Stadelheim, den 10. IX. 43*, S. 99. Aus: Gewalt und Gewissen. Willi Graf und die „Weiße Rose". Hrsg. von Klaus Vielhaber, Hubert Hanisch und Anneliese Knoop-Graf. Würzburg: Echter Verlag 1963
Gryphius, Andreas
geb. 1616 in Glogau/Schlesien, gest. 1664 in Glogau
Reyen der Höfflinge, S. 10. Aus: A. Gryphius, Leo Armenius. Hrsg. von Peter Rusterholz. Stuttgart: Verlag Philipp Reclam jun. 1971
Hahn, Ulla
geb. 1946 in Brachthausen/Sauerland
Danklied, S. 195. Aus: U. Hahn, Spielende. Stuttgart: Deutsche Verlagsanstalt 1983
Hein, Christoph
geb. 1944 in Heinzendorf/Schlesien
Die Ritter der Tafelrunde, S. 209. Aus: Chr. Hein, Die Ritter der Tafelrunde. Frankfurt a. M.: Luchterhand Literaturverlag 1990, S. 16 ff.
Heine, Heinrich
geb. 1797 in Düsseldorf, gest. 1856 in Paris
Zum Lazerus, S. 46. Aus: H. Heine, Sämtliche Werke. Hrsg. von Klaus Briegleb. München: Carl Hanser Verlag 1975, Bd. 6/I
Hemingway, Ernest
geb. 1899 in Oak Park/Illinois, gest. 1961 in Ketchum bei Sun Valley/Idaho
Das Ende von Etwas, S. 120. Aus: E. Hemingway, 49 stories. Übers. von Annemarie Horschitz-Horst. Reinbek bei Hamburg: Rowohlt Verlag 1966
Hesse, Hermann
geb. 1877 in Calw/Württemberg, gest. 1962 in Montagnola/Schweiz
Stufen, S. 64. Aus: H. Hesse, Gedichte. Zürich: Fretz & Wasmuth Verlag ³1942

Heym, Georg
geb. 1887 in Hirschberg/Schlesien, gest. 1912 in Berlin
Der Winter, S. 216. Aus: G. Heym, Dichtungen und Schriften. Hrsg. von Karl Ludwig Schneider. Hamburg/München: Heinrich Ellermann Verlag 1964
Hölderlin, Friedrich
geb. 1770 in Lauffen am Neckar, gest. 1843 in Tübingen
Hälfte des Lebens, S. 61. Aus: F. Hölderlin, Sämtliche Werke. Hrsg. von Friedrich Beissner. Stuttgart: Kohlhammer Verlag 1961
Huch, Ricarda
geb. 1864 in Braunschweig, gest. 1947 in Schönberg/Taunus
Erinnerung, S. 62. Aus: Gedichte von Ricarda Huch. Leipzig: H. Haessel Verlag 1922
Huchel, Peter
geb. 1903 in Berlin-Lichterfelde, gest. 1981 in Staufen/Breisgau
Letzte Fahrt, S. 65. Aus: P. Huchel, Chausseen, Chausseen. Frankfurt a. M.: S. Fischer Verlag 1982
Der Rückzug, S. 165. Aus: a. a. O.
Jens, Walter
geb. 1923 in Hamburg
Die Generalprobe*, S. 25. Aus: W. Jens, Die Verschwörung–Der tödliche Schlag. Zwei Fernsehspiele. München: R. Piper Verlag 1974
Johnson, Uwe
geb. 1934 in Cammin/Pommern, gest. 1984 in Sheerness-on-Sea
Reifeprüfung 1953, S. 181. Aus: I. Babendererde. Reifeprüfung 1953. Frankfurt am Main: Suhrkamp 1987
Kästner, Erich
geb. 1899 in Dresden, gest. 1974 in München
Sachliche Romanze, S. 139. Aus: E. Kästner, Lärm im Spiegel. Zürich: Atrium Verlag 1929
Kafka, Franz
geb. 1883 in Prag, gest. 1924 in Kierling bei Wien
Vor dem Gesetz, S. 54. Aus: F. Kafka, Sämtliche Erzählungen. Hrsg. von Paul Raabe. Frankfurt a. M.: S. Fischer Verlag 1978
Kaiser, Gerhard
geb. 1927 in Tannroda/Thüringen
Konkrete Poesie beispielsweise, S. 12. Aus: G. Kaiser, Augenblicke deutscher Lyrik. Frankfurt a. M.: Insel Verlag 1986 (= it 978)

Kaschnitz, Marie Luise
geb. 1901 in Karlsruhe, gest. 1974 in Rom
Lange Schatten, S. 124. Aus: M. L. Kaschnitz,
Lange Schatten. Hamburg: Claassen Verlag
1960

Kunze, Reiner
geb. 1933 in Oelmitz (Erzgebirge)
Der Vogel Schmerz, S. 180. Aus: gespräch mit
amsel (frühe gedichte, sensible wege, zimmer-
lautstärke). Frankfurt am Main: Fischer 1984
Deckname Lyrik, S. 207. Aus: R. Kunze, Deck-
nahme Lyrik. Frankfurt am Main: Fischer 1990,
S. 11, 14 f., 87 ff.

Langgässer, Elisabeth
geb. 1899 in Alzey, gest. 1950 in Rheinzabern
Saisonbeginn, S. 89. Aus: E. Langgässer, Gesammelte Werke in Einzelausgaben. Düsseldorf:
Claassen Verlag 1969

Lasker-Schüler, Else
geb. 1869 in Elberfeld, gest. 1945 in Jerusalem
Mein blaues Klavier, S. 214. Aus: E. Lasker-
Schüler, Sämtliche Gedichte. Hrsg. von Fried-
helm Kemp. München: Kösel Verlag 1966

Lauer, Reinhard
geb. 1935 in Bad Frankenhausen
Werden und Vergehen, S. 43. Aus: Frankfurter
Allgemeine Zeitung vom 26. März 1988, Nr. 73

Lenz, Siegfried
geb. 1926 in Lyck/Masuren
Wie ich begann, S. 155. Aus: Universitas. Zeitschrift für Wissenschaft, Kunst und Literatur.
Hrsg. von H. W. Bähr. Jg. 1976, H. 6

Lichtenberg, Georg Christoph
geb. 1742 in Oberramstadt bei Darmstadt, gest.
1799 in Göttingen
Man muß nie denken, dieser Satz ist mir zu
schwer*, S. 3. Aus: G. Chr. Lichtenberg, Aphorismen. Ausgewählt und eingeleitet von Friedrich Sengle. Stuttgart: Verlag Philipp Reclam
jun. 1987

Loerke, Oskar
geb. 1884 in Jungen/Weichsel, gest. 1941 in Ber-
lin-Frohnau
Der Silberdistelwald, S. 215. Aus: O. Loerke,
Der Silberdistelwald. Gedichte. Berlin: S. Fischer Verlag 1934

**Loriot (eigtl. Bernhard Victor Christoph-
Karl von Bülow)**
geb. 1923 in Brandenburg/Havel
Die Bundestagsrede, S. 30. Aus: Loriots Dramatische Werke. Zürich: Diogenes Verlag 1981

Maier, Hans
geb. 1931 in Freiburg
Auf Auge und Ohr hin entworfen, S. 35. Aus:
Süddeutsche Zeitung vom 31. Mai/1. Juni 1986

Maupassant, Guy de
geb. 1850 auf Schloß Miromesnil bei Dieppe,
gest. 1893 in Passy bei Paris
Die Stuhlflickerin, S. 114. Aus: G. de Maupassant, Fräulein Fifi. Madame Baptiste und andere
Novellen. Übers. von Irma Schauber. München:
Wilhelm Goldmann Verlag 1963

Meckel, Christoph
geb. 1935 in Berlin
Andere Erde, S. 217. Aus: Chr. Meckel, Ausge-
wählte Gedichte 1955-1978. Königstein/Ts.:
Athenäum Verlag 1979

Mörike, Eduard
geb. 1804 in Ludwigsburg, gest. 1875 bei Stuttgart
Denk es, o Seele, S. 63. Aus: E. Mörike, Sämtliche Werke. Hrsg. von Herbert G. Göpfert. München: Carl Hanser Verlag 1964

Musil, Robert (Edler von)
geb. 1880 in Klagenfurt, gest. 1942 in Genf
Die Kunstform unserer Zeit, S. 68. Aus: Der
Monat, Jg. 1955, H. 78

Nietzsche, Friedrich Wilhelm
geb. 1844 in Röcken bei Lützen, gest. 1900 in
Weimar
Vereinsamt, S. 213. Aus: F. Nietzsche, Gedichte.
Hrsg. von Jost Hermand. Stuttgart: Verlag Phi-
lipp Reclam jun. 1981

Noelle-Neumann, Elisabeth
geb. 1916 in Berlin
Die Schweigespirale (Ausschnitt), S. 73. Aus: E.
Noelle-Neumann, Die Schweigespirale. Berlin
(West): Ullstein Verlag 1982

Plenzdorf, Ulrich
geb. 1934 in Berlin
Charlie*, S. 130. Aus: U. Plenzdorf, Die neuen
Leiden des jungen W. Frankfurt a. M.: Suhrkamp
Verlag 1976

Postman, Neil
geb. 1931 in New York
Die Tyrannei der Bilder. Das amerikanische
Fernsehen und die Zertrümmerung der Bildung,
S. 76. Aus: Frankfurter Allgemeine Zeitung vom
10. August 1985, Nr. 183 (Übers. von Penelope
Bues)

Rathenow, Lutz
geb. 1952 in Jena
Der Rest vom Gedicht, S. 212. Aus: L. Rathenow, Verirrte Sterne. Vastorf: Merlin Verlag
1994

Richter, Hans Werner
geb. 1908 in Usedom/Pommern, gest. 1993 in
München
Die hoffnungsvollen Hoffnungslosen*, S. 168.
Aus: H. W. Richter, Unterhaltungen am Schie-
nenstrang. In: 1945 – Ein Jahr in Dichtung und
Bericht. Hrsg. von Rauschning. Frankfurt: Fi-
scher Taschenbuch Verlag 1965, S. 206 f.

Ringelnatz, Joachim (eigtl. Hans Bötticher)
geb. 1883 in Wurzen, gest. 1934 in Berlin
Liedchen, S. 43. Aus: J. Ringelnatz, Und auf einmal steht es neben dir. Gesammelte Gedichte.
Berlin: Henssel Verlag 1980

Sachs, Nelly
geb. 1891 in Berlin, gest. 1970 in Stockholm
In der Flucht, S. 109. Aus: N. Sachs, Ausge-
wählte Gedichte. Frankfurt a. M.: Suhrkamp
Verlag 1963

Salinas, Pedro
geb. 1891 in Madrid, gest. 1951 in Boston
Das neue Analphabetentum, S. 69. Aus: Die
Macht der Meinungsmacher. Die Freiheit zu in-
formieren und informiert zu sein. Hrsg. von
Gerd-Klaus Kaltenbrunner, Freiburg i. Br.: Her-
der-Verlag ²1980 (= Herderbücherei Initiative
Nr. 11)

Schiller, Friedrich
geb. 1759 in Marbach am Neckar, gest. 1805 in
Weimar
„Genueser!", S. 23. Aus: F. Schiller, Sämtliche
Werke. Hrsg. von Gerhard Fricke, Herbert G.
Göpfert und Herbert Stubenrauch. München:
Carl Hanser Verlag 1958, Bd. 1

Schneider, Wolf
geb. 1925 in Erfurt
Die Medien bestimmen die Tagesordnung, S. 74.
Aus: W. Schneider: Unsere tägliche Desinfor-
mation. Wie die Massenmedien uns in die Irre
führen. Hrsg. von Rolf Winter. Hamburg: Verlag
Gruner & Jahr ²1984

Schopenhauer, Arthur
geb. 1788 in Danzig, gest. 1860 in Frankfurt am
Main
Jungsein und Altwerden, S. 45. Aus: A. Scho-
penhauer, Welt und Mensch. Stuttgart: Verlag
Philipp Reclam jun. 1971

Schwengler, Gerhard
geb. 1942 in Nürnberg
Computervariationen zu Goethes „Maifest",
S. 32 (Originalbeitrag, 1988)

Seghers, Anna (eigtl. Netty Radvanyi)
geb. 1900 in Mainz, gest. 1983 in Berlin (Ost)
„Unter dem Schatten des Todes"*, S. 102. Aus:
A. Seghers, Transit. Darmstadt/Neuwied: Luchterhand Verlag ¹²1986

Storm, Theodor
geb. 1817 in Husum/Schleswig, gest. 1888 in
Hademarschen/Holstein
Zu Besuch bei Eduard Mörike*, S. 146. Aus: Th.
Storm, Sämtliche Werke. Berlin: Deutsche
Buchgemeinschaft 1961

Ungenannte Verfasser
Altes Testament: Alles hat seine Zeit und seine
Stunde, S. 40. Aus: Albert Strobel, Das Buch
Prediger. Düsseldorf: Patmos Verlag 1967
Die Schul-Master der Nation. 1. Auftritt:
Mensch Meier (Sprecher: Alfred Biolek), S. 82.
Aus: Kursbuch. Hrsg. von Karl Markus Michel
und Tilman Spengler. Heft 90: Die Medien. Ber-
lin: Kursbuch Verlag 1987

Valéry, Paul
geb. 1871 in Sète, gest. 1945 in Paris
Über den Fortschritt, S. 68. Aus: Der Monat, Jg.
1949, H. 5

Walser, Martin
geb. 1927 in Wasserburg/Bodensee
Die Artikel, die ich vertrete*, S. 185. Aus: M.
Walser, Halbzeit. Frankfurt a. M.: Suhrkamp
Verlag 1973

Walther von der Vogelweide
geb. um 1170 vermutlich in Niederösterreich,
gest. um 1230 bei Würzburg
Owê war sint verswunden, S. 55. Aus: Walther
von der Vogelweide. Gedichte. Ausgewählt und
übersetzt von Peter Wapnewski. Frankfurt a. M.:
Fischer Taschenbuch Verlag 1962
Oweh wohin entschwanden, S. 57. Aus: a. a. O.
elegie, S. 59. Aus: Walther von der Vogelweide.
In dieser Welt geht's wundersam. Die Gedichte.
Texte, Versübertragung und Gedichtfolge nach
der Ausgabe von Hubert Witt. München: Wink-
ler Verlag 1984

Weiss, Peter
geb. 1916 in Berlin-Neubabelsberg, gest. 1982
in Stockholm
Die Ermittlung, S. 205. Aus: P. Weiss, Die Ermittlung. Frankfurt am Main: Suhrkamp 1965,
S. 18 ff.

Wolf, Christa
geb. 1929 in Landsberg/Warthe
Der geteilte Himmel, S. 133. Aus: Chr. Wolf,
Der geteilte Himmel. Berlin: Gebr. Weiss Verlag
²1966

Bildquellenverzeichnis

Archiv für Kunst und Geschichte, Berlin: S. 41 (Kupferstich), 42, 45, 53, 59, 62, 109, 114, 120, 164, 177; Belzner, Friedrich, Olching bei München: S. 33, 34, 35 (Farbgraphik aus: Fr. Belzner, Visionen vom Leben und vom Tode. Haar bei München: Verlag Markt & Technik 1988); Bildarchiv Preußischer Kulturbesitz, Berlin: S. 2, 108, 166, 198; Delaunay, Robert: S. 137 (Ölgemälde, Kunsthaus Zürich – © 1989 by VG Bild-Kunst, Bonn); Englert, Günter, Frankfurt/M.: S. 200; dpa, Frankfurt/M.: S. 178, 185, 189, 192, 207; Feininger, Lyonel: S. 171 (Brücke III, 1917), Rheinisches Bildarchiv Köln, Museum Ludwig Köln; S. Fischer Verlag, Frankfurt/M.: S. 110; Gogh, Vincent van: S. 42 (Ölgemälde, Sammlung Bührle, Zürich); Carl Hanser Verlag, München: S. 86; Hartmann, Regula, Basel: S. 80 (© 1989 by Cartoon-Caricature-Contor, München); Hechelmann, Friedrich, Isny im Allgäu: S. 21, 38/39, 66/67, 84/85, 112/113 (= Umschlagbild), 140/141; Holz, Eberhard, Beaulieu sur Mer: S. 72 (© 1989 by Cartoon-Caricature-Contor, München); Chr. Kaiser Verlag, München: S. 101; Kollwitz, Käthe: S. 94 (Steindruck, Zyklus „Tod" – Blatt 8 © 1989 by VG Bild-Kunst, Bonn); Magritte, René: S. 14 (La Trahison des Images, 1948. Öl auf Leinwand, 13,5 x 16,5 cm. Privatbesitz Genf – © 1989 by Cosmopress, Genf); Ohlbaum, Isolde, München: S. 22, 133, 169; Prechtl, Michael Mathias, Nürnberg: S. 153 (Aquarell, Sepia, Farbstifte auf altem Büttenpapier); Privatbesitz: S. 99 (Anneliese Knoop-Graf, Bühl); Radziwill, Franz: S. 163 (Die Klage Bremens, 1946), Senatskanzlei Bremen, Rathaus (Foto: M. Menke)/© VG Bild-Kunst, Bonn; Rowohlt Verlag, Reinbek bei Hamburg: S. 16; Schiller-Nationalmuseum, Marbach am Neckar: S. 147 (Stereoskopaufnahme von T. Schneider); Schmeller, Joseph: S. 145 (Ölgemälde, Nationale Forschungs- und Gedenkstätten der klassischen Literatur in Weimar); Sven Simon (Fotoagentur), Bonn: S. 30/31; Süddeutscher Verlag (Bilderdienst); München, S. 99, 196; Ullstein Bilderdienst, Berlin: S. 199; Verlag Klaus Wagenbach, Berlin: S. 20; Zimmer, Reinhold: S. 128